KB239748

은퇴자의
창업성공 비결 16코스

M.B.IZARD 지음 / 황보 윤 옮김

사단법인
한국창업지도사협회
공인

창업을 위한 개별적
코칭방식

가리온

은퇴자의
창업성공 비결
16코스

초판 1쇄 인쇄 2011. 11. 11.
초판 1쇄 발행 2011. 11. 11.

지은이 · M.B.IZARD
옮긴이 · 황보 윤
펴낸이 · 양 우식
펴낸곳 · 가리온

서울특별시 금천구 독산동 1000-7
전화 · 892-7246 / 팩스 · 892-7247
등록 · 제17-152호 1993.4.9.

ISBN 978-89-8012-063-X 03320

잘못된 책은 바꾸어 드립니다.

은퇴자 • 예비은퇴자 • 예비창업가 • 직장인 • 자신만의 사업을 꿈꾸어 온 모든 분들을 위한 책

은퇴자의
창업성공 비결 16코스

겁먹지 마라! "시니어 창업"

베이비붐 세대가
자신의 사업을
시작해서
수익을 창출하고
삶을 즐기는
비법

사단법인
한국창업지도사협회
공인

창업을 위한 개별적
코칭방식

M.B.IZARD 지음 / 황보 윤 옮김

가리온

Copyright© Acheve Consulting Inc. 2010. All rights reserved.
No part of this book may be reproduced in any manner without
written permission from the publisher.

Published by Acheve Consulting Inc.
913-522-6184
www.consultACH.com

Printed in the United States of America
ISBN 978-0-9728748-3-0

이 책의 한국어판 저작권은 Shinwon Agency를 통한 저작권자와의 독점계약으로 도서출판 가리온에 있습니다.

저작권법에 의해 한국 내에서 보호를 받는 저작물이므로 무단전재와 복제를 금합니다.

이 책은 기업가의 사업계획과정에서 베이비붐 세대를 안내하기 위한 책이다. 이 책에서, 저자와 출판업자는 회계나 법률 혹은 다른 전문가의 조언이나 서비스에 관해서는 표현하지 않았다. 이 책은 독자가 그렇게 정보를 해석하지 않을거라는 합의에서 출판되었다. 독자가 구체적인 답변이나 전문적인 서비스를 위해서는 해당 분야의 변호사나 회계사 등 적절한 전문가들과 함께 살펴볼 것을 권장한다. 책 곳곳에, 수많은 웹사이트들이 나온다. 이것은 특정 웹사이트나 조직의 홍보를 목적으로 표현된 것은 아니다.

머리말

　수년간 장차 기업가가 되려는 분들과 사업계획업무과정- 사업계획을 작성하고 창업하는 방법- 에 대해 일해 오면서 사업계획을 작성하는데 시간을 더 많이 할당할수록 창업이후 시간과 에너지를 절약할 수 있다는 것을 분명히 알게 되었다. 다시 말해서, 창업하기에 앞서 기업가들의 필요와 목표에 맞는 사업방안을 찾아 평가하고 그들의 아이디어와 계획을 조정해나가는 과정이 중요하다는 것이다. 많은 경우 개인의 사업 아이디어는 미래에 대한 자신의 계획이나 꿈 혹은 그들의 기량을 활용하는 데 딱 들어맞지 않는다. 더군다나, 그들의 사업 아이디어에 대한 시장 생존 능력은 때로는 창업을 하고 난 후에나 알게 되어진다.

　베이비붐 세대는 젊은 세대 예비 기업가들보다는 더 많은 문제를 안고 있다. 50세 플러스 나이가 되면 노화문제에 대해 신경을 써야 하고, 창업에 대한 꿈을 이루면서도 노후대책이나 자녀의 대학 등록금을 위해 책정해 두었던 자금을 훼손시키지 않도록 해야 하는 문제를 안고 있다. 이런 현실에 직면해서, 많은 사람들이 기업가적 꿈을 포기하거나, 설령 창업을 강행한다 해도 그들이 열망하는 생활방식과 향후 자신들을 위한 꿈꾸던 미래 구상에는 도움이 안 되는 사업적 요구에 얽매이게 된다. 하지만 처음부터 사업 계획에 충실하면, 이러한 문제들은 피할 수 있을 것이다.

　이 책은 이러한 사업계획의 격차를 줄이기 위하여 쓰여 졌다. 즉 예비 기업가로 하여금 자신의 필요와 시장의 필요를 모두 충족하는 사업을 찾도록 도와주는 과정이다. 그리하여 성공적인 창업을 하도록 도와준다.

감사의 글

수년간 기업가에 대한 저의 관심을 지지하고, 특별히, 이 책을 내는데 함께 한 동료들께 매우 감사드린다. 이 책을 내는 데에는 Entrepreneurship 분야에서 전문가로 두드러진 역량을 보이는 Kathy Nadlman, Donna Duffey, Cheri Streeter 와 Barbara Cunningham 이 내용 감수팀으로 참여했다.

또한 Ken Gibson은 본 책 문체에 대한 귀중한 의견을 주었고, 나의 북클럽의 회원인 Diane James, Mary Sue Long, Bitsy Sader와 Karen Bullard는 반응테스트그룹과 첫 평론을 해 주었다.

또한 이 책의 이름을 짓는데 도움을 주신 Julie Haas와 책에 포함할 성공한 기업가들을 살피는데 도움을 준 모든 분들께 감사드린다. 기업가정신 센터 이사인 Diane Sabato, Malinda Bryan Smith, Tim Mittan, Mary Lea Dixon 및 Ginny Robert와 내용 감수팀원들에게도 감사드린다. 혹시 이름을 빠뜨린 분들에겐 미리 사과를 드린다.

다음으로 제 남편 Jack, 딸들, Brooke 와 Blair, 그리고 지난 일년반 동안 책집필에 관한 얘기를 인내심있게 들어준 가족과 친구들에게도 감사드린다.

그리고 끝으로 편집과 기술 전문성에 대해선 Pola Firestone, Kirsten McBride 및 Greg Gildersleeve에게, 멋진 책표지와 도안에 대해선 Gwyn Kennedy Snider 에게 특별히 감사드린다. 또한 제 일을 흥미진진하고 보람되게 한 수년간 만났던 수백 명의 기업가와 예비 기업가들게도 감사드린다.

역자 서문

이 책을 선택하여 번역하게 된 주된 동기는 기존의 창업 관련 서적들이 개념적이고, 경험적이며, 정성적인 측면에서 쓰여진 것과 달리하여 본 책은 독자들이 실제로 사용가능하고 읽는 과정에서 문제를 해결하고 의사결정을 행할 수 있도록 되어 있다. 즉 각 창업단계별로 구체적인 실행표(worksheet)와 평가표(checklist)를 제공함으로써 창업자들에게 실질적인 도움이 되도록 쓰여 졌기 때문이다.

모든 번역은 직역보다는 독자들이 이해하기 쉽게 한국 정서에 맞는 의역을 주로 하였다. 미국에서 사용되는 용어들의 뉘앙스(Nuance)를 최대한 살려서 한국 내에서 통용되는 용어로 바꾸었다. 또한 번역과정에서 미국의 정서와 다소 다른 상황들은 주기(註記)를 통해 읽는 과정에서 쉽게 이해하도록 번역하였다.

이 책에서 기업가는 흔히 사용되는 꾀할 기(企)의 기업가(企業家)가 아니라 일으킬 기(起)의 기업가(起業家)를 의미한다. 본 책의 원본인 Boomer Preneurs를 번역하면서 Entrepreneur를 기업가가 아닌 창업가로 번역하고자 하였으나 이미 Entrepreneur를 기업가로 일반적으로 널리 사용되고 있어 본 역서에서는 기업가를 사용할 때 Entrepreneur를 함께 사용하였다.

이 책이 나오기 까지 도움을 주신 (사)한국창업지도사협회의 이재희 부회장님, 김용식 사무총장님, 윤승배 지도사님, 도서출판 가리온의 양우식 사장님, 은평구 1인창조기업 • 시니어비즈플라자 김선원 총괄매니저님, 편집에 도움을 주었던 윤미래, 정준원, 격려해 주신 한밭대 양영석 교수님, 예원대 문윤걸, 조인석 교수님, 경남과기대 설병문 교수님, 호서대학교 글로벌창업대학원의 양해술 원장님, 전인오 부원장님, 서상혁, 하규수, 오성배 교수님, 중소기업청 최수규 국장님, 서승원 국장님, 김정일 서기관님, 이태원 서기관님께 감사드린다.

2011. 10.
서초동 연구실에서

목차

서론

　이 책은 자신의 사업체를 소유하고 싶은 당신의 미래에 대한 새로운 가능성을 열어줄 수 있다. 은퇴를 계획하고 있거나, 이미 은퇴했거나, 실직했거나, 자신의 사업을 하려는 오랫동안의 꿈을 완수하고자 하는 당신의 동기와는 상관없이, 기업가정신(Entrepreneurship)은 당신이 열망하는 미래로 가는 티켓이 될 것이다.

　이 책에서 커다란 위험 부담 없이 당신의 열망을 추구하는 법을 배우게 될 것이다. 또한 시작하려는 사업이 당신과 시장에 잘 맞는지에 대해 확인하는 단계를 취하게 것이다. 유잉 메리온 카우프만(Ewing Marion Kauffman)재단(*역자주: 1966년 미국의 사업가인 Ewing Marion Kauffman에 의해 세워진 기업가정신의 육성을 주 목적으로 하는 비영리재단 중 세계의 가장 큰 조직)에서 발표된 "Entrepreneurship Remains Strong in 2008 with Increasing Business Startups" 이란 글에 의하면, 55세에서　64세의 성인들이 가장 창업을 할 가능성이 큰 그룹이라고 한다; 바로 우리 베이비붐 세대 (*역자주 : 미국의 베이비붐 세대는 '45년생부터 '63년생까지, 한국의 베이비붐 세대는 '55년생부터 '63년생까지로 구분됨)이다! 또한 다소 젊은 분들도 멀지 않았다. 그러나, 여느 세대와 마찬가지로, 베이비붐 세대도 창업을 위한 생활여건, 필요 및 이유가 매우 다양하다.

　다음과 같은 유형의 베이비붐 세대가 있다:
- 은퇴를 하고서도 완전히 일을 그만두고 싶지 않은 동기에서 창업을 고려하는 분들
- 은퇴를 하였지만 재정상의 필요, 따분함, 혹은 수많은 이유로 다시 일을 고려하고 있지만 더 이상 취직은 하고 싶지 않은 분들

- 구조조정, 규모조정 혹은 해고로 인해 일자리를 잃은 후 일을 찾기 위한 대안을 모색하는 분들
- 항상 자신의 업체를 갖고 싶어했고 현재 그렇게 할 수 있는 위치에 도달한 분들
- 현재 수입이나 은퇴 후 수입을 보충하는 방편을 찾고 있는 분들

당신은 위 그룹 중 어디에 속하는가?

표면상으로는, 이 그룹들이 매우 다르게 보여도, 창업을 하는 베이비붐 세대들은 유사한 필요와 고민이 있다. 그들이 창업 계획을 추진해 나갈 때 모두가 그들이 모아온 은퇴 비상금은 그대로 지키고 싶은 것인 공통의 관심사이다. 그들은 또한 나이가 듦에 따라서 찾아오는 기력과 건강문제에 대해 고려하게 된다. 그러나 실직한 분들은 돈을 벌어야 한다는 데에 더 큰 재정상의 절박함에 놓여 있다. 왜냐하면 그들은 일을 그만두게 될 것이라는 것에 대한 준비를 해두지 않았기 때문이다. 준비는 수 일 혹은 수 주일을 요하는 문제다.

당신의 인생을 여기까지 이끈 상황과는 관계없이, 이 책을 읽고 이 책에 포함되어 있는 실전 단계를 따라 가다 보면, 당신이 성공적으로 창업을 할 수 있는 강력한 토대를 구축하게 될 것이다.

> *"인생이란 폭풍우가 지나가길 기다리는 것이 아니라*
> *그 빗속에서 춤추는 걸 배우는 것이다."*
> 비비안 그린(Vivian Greene)

당신이 가져가게 되는 것

이 책에서 당신은 다음과 같은 주요 질문에 답할 것이다;
- 50$^+$ 나이의 사람들이 창업하고자 할 때 어떤 요인을 고려해야 하는가?
- 창업을 하는 것이 당신을 위해 옳은 것인가?

- 어떻게 사업방안을 찾아 낼 것인가 혹은 사업방안이 있다면, 그것이 당신과 시장에 맞는 것인지 어떻게 아는가?
- 사업방안의 타당성과 시장 생존 능력을 어떻게 평가하는가?
- 어떤 조사를 해야 하며 어떤 유형의 사업계획을 작성해야 하는가?
- 창업을 하기 위해 취해야 할 단계들은 무엇인가?

기업가들에 대해 30년 이상 기업가(Entrepreneur)들과 일 해오면서 깨달은 사실은 창업 과정의 초기 계획단계에 더 많은 시간과 노력을 들이면 들일수록 창업과정에서 시간과 돈이 절약되고 기업가의 만족과 성공이란 측면에서 엄청난 보상이 있다는 것이다.

나의 이야기

수년간, 기업가정신(Entrepreneurship) 과목을 가르치는 교수로서 또 기업가정신 교과과정 컨설턴트로서, 수백 명의 사람들과 그들이 기업가의 꿈을 실현하도록 도우면서 함께 일해 왔다. 내 자신도 기업가로서, 창업과정의 도전들을 직접 경험했다.

내 사업을 일찍이 시작하지 않았더라면 기업가정신 교수란 직업에서 은퇴할 수 없었을 것이다. 나는 은퇴 전 약 10년간 파트타임 기준으로 창업하였다. 내 자신의 사업을 갖는다는 사실 하나로 55세인 나이에 아직은 정기적인 수입도 있고 도전적이고 흥미 있는 일임에도 정규직을 떠났다. 은퇴 시 사용하려고 모으고 또 딸들의 대학등록금으로 쓸 저축금중 일부를 사업에 투자하였다.

나는 베이비붐 세대 친구들, 동료들과 가족들이 은퇴하느냐 마느냐와 실직 후 취업을 하는 문제와 씨름하는 것을 지켜봤다. 수 많은 사람들이 일을 완전히 그만두거나 회사 생활로 돌아가는 것의 대안으로써 창업을 결심하게 된다. 어떻게 사업을 시작하는 가에 대한 서적은 많지만, 50⁺ 나이에 사업을 시작하는 베이비붐 세대 특유의 필요와 고민에 대해 다룬 책은 거의 구할 수 없다.

독자에게는 일대일 코칭이 가능하다
이 책을 읽어나가면서 경험 있는 창업지도사와 1 : 1 전화코칭에 관심 있는 분들은 www.consultACH .com에서 다양한 코칭선택에 대한 더 많은 정보와 경험 있는 상담 팀을 찾을 수 있다.
*역자주
한국창업지도사협회 웹사이트 www.jidosa.kr 또는 www.koceca.kr임

이 책을 쓴 이유는 그런 필요와 고민을 다루고자 한 것이다.

나 자신이 베이비붐 세대로서 그리고 수년간 수많은 벤처 사업 즉 부동산 유한회사, 소규모 제조업, 컨설팅 회사에 관여한 기업가의 한사람으로서 창업에 관한 필요와 고민이 개인적인 여건에 따라 다르다는 것을 알고 있다. 이 책 곳곳에서 이런 기업가의 경험들을 기술하였다.

이 책의 구성

이 책에서 당신은 창업을 위해 이 네 가지 단계를 따르게 될 것이다:

- 1단계 은퇴자가 창업시 고려해야 할 사항은 무엇인가 ?
- 2단계 자신과 시장에 맞는 창업 기회를 포착하라
- 3단계 창업아이디어를 검증하고 시장에서 테스트하라
- 4단계 사업의 실현가능성을 결정하고 시작하라

1단계와 2단계에서는 무엇을 할 것인가에 대한 문제에 역점을 두어 다룬다. 즉 어떤 유형의 사업을 할 것인가 이다. 처음에는 일반적인 베이비붐 세대에 초점을 맞추고, 그런 다음에는 당신 자신에게 초점을 맞춘다.

창업에 관해서 독자의 특별한 필요와 열망에 대한 관심은 중요한 부분임에도 불구하고, 기업가정신(Entrepreneurship)에 관한 대부분의 책에서 이러한 점을 찾을 수가 없다.

3단계의 사업방안을 개선하고 조사하라는 것은 성공한 기업으로부터 주요한 성공요인들을 찾아냄으로서 배우고 독자 스스로 체험해 보는 현장조사 기법을 공급함으로써 창업할 제품의 특징과 혜택 및 잠재적인 시장요구에 대한 해답을 얻을 수 있도록 하는 것을 말한다.

4단계의 사업의 실현가능성을 결정하고 시작하라 에서는 당신의 사업이 기술, 개인, 마케팅, 경영과 재정적인 측면에서 타당성이 있는지를 평가하도록 한다. 당신은 또한 축약된 사업계획을 준비한다.

책 곳곳에서, 당신의 사업을 만들기 위해 필요로 하는 일을 하도록 하는 실전단계들을 볼 것이다. 삶의 많은 값진 노력과 마찬가지로, 실전단계를 작성하는 데 더 많은 노력과 시간을 기울일수록, 책에서 더 많은 것을 얻을 것이다.

"작은 기업과 이전의 작은 기업, 두 종류의 사업이 있을 뿐이다."
작자미상

책의 다른 요소들은 각장 끝부분에서 성공기업가 사례들을 소개하고 있다. 사례에서 보여주는 기업가들은 인생에서 늦게 그들의 사업을 시작한, 당신과 같은 베이비붐 세대다. 초기에는, 대중매체에서 자주 조명한 유명 기업가를 포함하려고 했지만 이 책을 써나감에 따라 수년간 내가 함께 일한 기업가 대부분과 유사한 이야기를 가진 베이비붐 세대의 기업가들을 포함하는 게 더 낫다고 생각되었다. 이 기업가들은 이 책에서 줄곧 토의된 행동과 태도들의 본보기를 보여주고, 자신의 사업을 한다는 것이 비현실적인 꿈이 아닌 성취 가능한 목표라고 하는 생각의 전형적인 예가 된다. 이 기업가중 일부는 유명인사도 있지만, 대부분은 각 장 끝의 한 두 페이지 발췌문이나 짤막한 글에 소개된 놀라운 이야기를 가진 전형적인 기업가들이다.

다양한 점들을 뒷받침하기 위해 조사 자료가 이 책 곳곳에 포함되었으며 실제적인 팁과 조언이 '통찰력 혹은 지혜' 라는 코너에서 특집으로 다뤘다. 주의할 점은 당신이 하는 어떤 결정과 마찬가지로, 성공기업가사례, 전문가, 이 책의 저자에 의해 보여준 일부나 전체 정보 및 추천을 행동으로 옮기기에 앞서서, **스스로 조사하고 해당 전문가들과 상담하라.**

다음 장에서 1단계에서 해야 할 것들을 간략하게 살펴보게 된다. 50$^+$ 나이에서 일을 계속해 나가는 데 필요한 기본적인 결정사항들을 자세히 훑어보면서 제1장을 시작하자.

1 단계

은퇴자가 창업시
고려해야 할 사항은 무엇인가?

제 1 장
복귀, 은퇴 혹은 새로운 출발
Return, Retire or Reinvent

당신은, 나와 수 백만의 베이비붐 세대와 마찬가지로, 많은 회사의 최소 은퇴 연령인 마법의 나이 55세가 됐거나 빠르게 이르고 있다. 지금 당장에 은퇴를 심각하게 고려하지 않는다 해도, 당신은 인생 황혼기에 타인이나 당신자신이나 아니면 누구를 위하던지, 일하면서 얼마의 시간을 보낼 것인지에 대해 고려하게 되는 나이다.

희망적인 것은 베이비붐 세대에게는 선택권이 있다는 것이다. 한 기업가가 "베이비붐 세대는 건강하고, 부유하며 현명하다" 고 말했듯이 그들은 교육을 잘 받았고, 정신적인 안목이 신선하며 비교적 건강이 양호하다. 그들의 미래를 기대감과 흥미와 걱정, 두려움으로 보고 있으며, 혹은 오직 배우자의 은퇴를 두려워하고 있다! 그러나 당신은 나이나 실직으로 인해 은퇴[1]를 고려할 때, 마음속 깊은 곳에서는 다음 두 가지 질문이 계속해서 당신에게 생각난다: "돈은 충분할까?" 와 "은퇴하면 뭘 하지?"

수년간 은퇴계획을 세웠다면, 경제변화로 인해 시기가 변경되었더라도 향후 당신이 뭘 원하는지는 아마 분명히 알고 있을 것이다.

조기에 은퇴요구를 받거나 실직된 경우엔, 이에 대해 계획할 시간을 충분히 갖지 못하였고 순식간에 그렇게 되어버렸다고 느끼기 쉽다. 당신은 몇 년을 더

주[1] 기술적으로 "은퇴는 "생산 활동"은 그만두되 소비활동은 계속하는 것을 일컫는다. 이 책에서 "은퇴"란 용어는 정규직에서 떠난다는 의미로 사용한다.

일할 필요성과 일부는 결코 은퇴할 수 없다고 느끼게 된다.

당신이 어떻게 이 지점 – 실직, 실직이 임박한 혹은 현재 은퇴 상태 – 까지 도달했든지 간에, 당신은 자신에게 "지금 무엇을 할까?" 이라고 물음으로써, 지금부터 당신이 어떤 삶을 살길 원하는 지에 대해 결정할 기회를 가지게 되었다. 다음 절에서는, 당신이 어떤 것을 선택할 것인가에 대해 심층적으로 분석할 것이다.

복귀, 은퇴, 새로운 출발-어느 것인가? Return, Retire or Reinvent

많은 요인들이 이 중요한 시점에서 당신이 무엇을 할 것인가에 대해 결정을 내리는데 영향을 준다. 당신 자신에 물어보아야할 질문은 다음과 같다.

- 일로 돌아갈 것인가 그렇다면 창업할 것인가 아니면 취직할 것인가?
- 창업하든지 또는 취직하든지 간에 풀타임을 원하는가? 또는 파트타임을 원하는가?
- 어떤 유형의 일을 하고 싶은가 – 과거에 하던 것과 비슷한 것인가 전혀 다른 것인가?
- 수입을 창출하기 위한 재정목표 및 필요금액은 얼마인가?

지금부터 당신이 위와 같은 질문에 어떻게 답할 지 결정하게 하는 몇 가지 주요 요인을 살펴보자.

사회보장과 보험 Social Security and Insurance

일에 대한 당신의 결정에 영향을 주는 두 가지 매우 기본적인 문제가 바로 사회보장과 건강보험이다. 다음 도표는 종합사회보장혜택을 받는 은퇴연령을 나타낸다.(*역자주: 미국은 1935년에 전 국민을 대상으로 노후 대비 국민연금제도를 도입함. 이하 부분은 우리나라와 제도적인 차이가 있음을 감안하여야 함)

62세 정도에 빨리 사회보장혜택을 받는 경우도 있지만, 그런 경우 영구적으로 혜택이 줄어든다. 예를 들어, 62세에 은퇴할 경우엔 혜택이 원래보다 혹은 은퇴연령까지 기다렸다 받을 때 보다 약 25~30%적어진다. 일반적으로, 사회보장 받을 것을 미룰수록 사회보장혜택은 많아진다.

종합사회보장혜택을 받는 연령	
"www.socialsecunity.gov에 나온 도표임"	
출생년도	은퇴 연령
1942	65세 10개월
1943~1954	66세
1955	66세 2개월
1956	66세 4개월
1957	66세 6개월
1958	66세 8개월
1959	66세 10개월
1960년 이후 출생자	**67세**

조기 사회보장을 받을 수 있는 자격 이후에도 일을 한다면, 당신이 사회보장을 받든지 혹은 받지 않든지에 관한 결정적인 요인이 되는 것은 당신의 기대수입이다. 62세에 사회보장을 조직에 받고 계속 일을 하면서 급여를 받는 경우, 14,160달러(2009년 기준) 이상의 근로소득 중 매 2달러마다 약 1달러의 벌금을 물어야 한다. 소득세 납부를 배우자와 공동으로 하거나 결혼해서 개별적으로 하더라도, 합산된 수입이 위의 기준이상이면, 사회 보장 혜택에 대해 세금을 내야 한다. **추가적인 세부사항 및 연령과 수입에 대한 최근 결정에 대해 반드시 사회보장관청에 확인하라. 또 다른 중요한 고려사항이 보험이다.**

노인의료보험제도 해당 연령인 65세 이전에 퇴직하거나 특히, 항상 고용주나 배우자를 통해서 접하여 왔던 건강보험을 은퇴 이후로 전환하지 않은 분(통상적임)들은 얼마나 보험 들기가 어렵고 비싼지를 알고서는 자주 놀란다. 나 자신도 가족이 60세에 은퇴를 하자 연간 10,000달러 이상이 한 명의 가족건강보

사회보장법
이 법은 1935년 너무 늙거나 아파서 일을 못하는 사람들의 보호를 강력히 옹호한 첫 대통령중 하나인 루즈벨트 대통령이 서명한 것이다

험료로 추가되는 것을 봤다. 그는 65세에 노인의료보험제도 혜택이 주어지기 때문에 아직 5년이 남아 있다.

보험은 직장을 떠나기로 결정하기에 앞서 주의 깊게 조사해야 한다. 많은 조기은퇴자들이 단지 건강보험혜택을 위해 직장을 구하는 이유가 되기도 한다.

사회보장과 건강보험문제 및 당신의 일하는 환경에 미치는 영향을 주의 깊게 고려한 후, 그 다음으로 생각해야 할 것은 당신이 장차 일을 위해 얼마나 많은 시간을 원하거나 필요로 하는가이다.

여가생활과 일의 균형 Leisure-Work Balance

"은퇴"는 옛날에는 익숙하지 않은 표현이었다. 혹은 대부분의 인류역사 속에서 "은퇴"란 것은 없는 것으로 알고 있다. 주로 사냥, 수집과 농사중 하나를 하던 시기의 사회는, 우리가 오늘날 아는 은퇴는 정상적인 삶의 주기의 한 부분이 아니었다. 왜냐하면 사람들은 평생 동안 일했기 때문이다.

최근 수십 년 동안 더욱, 은퇴는 사회보장혜택의 적격 나이와 고용주들의 은퇴 프로그램의 영향으로 연령에 따라 촉발되었다. 고정 관념화된 은퇴는 은퇴자들이 골프장으로 향하거나 플로리다로 옮기는 것이 포함되었다.

오늘날 많은 사람들에게, 은퇴는 사람에 따라 매우 다르다. 즉 경제나 기대수명과 양호한 건강상태에 따라 은퇴 후 삶의 방법도 달라졌다.

많은 사람들이 은퇴를 경험한다. 나는 은퇴했지만, 주당 어디서든 20시간에서 50시간을 일하는 파트타임 방식이 좋다.

은퇴 후 무엇을 하기 원하는가? 란 질문을 받으면, 많은 사람들이 처음에 취미생활을 즐기며 여행이나 자원봉사를 하고 가족을 방문하며 보내고 싶다고 대답한다. 다시 말해서, 어떤 식으로든 일에 얽매이고 싶어 하지 않는다는 것이다.

종종 나중에, 삶에서 일의 중요성이나 재정상황의 현실을 깨닫는 순간, 마음을 바꿔 선택적으로 시간제든 정규직이든 일을 고려하기 시작한다. 실직이나 조기 은퇴를 당한 분들에게는, 은퇴가 갑작스러운 상황으로 인해 실행 가능한 선택이 되지 않는다.

당신의 여건이 어떻든 간에, 여가생활과 일 사이에 당신이 원하는 균형을 분

명히 하는 것이 출발점에서 유용한 계획이다. 「실전 단계 1.1」의 '여가생활과 일의 균형'이 당신에게 도움을 줄 것이다. 내가 이 실전단계를 완료했을 때, 적어도 5년 후에서 8년 후까지는 여전히 일하는데 관심이 있음을 확인했다. 그러나 나는 여행을 하고 가족을 방문할 수 있는 융통성이 허락되는 일을 결정할 수 있길 원했다. 첫 번째 여가생활과 일에 대한 선택도표에서는, "X"를 "일" 가까이에 놓았다. 그 다음 도표들에서는 "X"를 더 여가생활 쪽인 왼쪽으로 옮겼다.

어떻게 덜 일하고 더 많은 여가활동으로 옮기는가를 생각해 보고, 나는 더 많은 취미와 흥미 거리를 찾아내는 게 필요하다고 결정했고 지금부터 10년 후에도 여전히 대부분의 시간을 일하고 있을 것이다.

이번엔 당신차례다. 여가생활과 일 사이에서 가깝고 먼 미래 모두에 얼마나 많은 시간을 분배하느냐를 결정하기위한 시간을 가져라. 지금은 여가생활과 일의 균형이 어떻게 되었으면 하는가? 내년에는? 그 다음 6년에서 10년은? 향후 11년 혹은 그 이상에는?

1.1 실전단계
여가생활과 일의 균형
Leisure-work balance

아래 여가생활과 일의 균형 선택 도표에서, "여가생활"은 당신의 모든 시간을 근로 소득 없이 개인적인 흥미와 성취에 쏟는다는 것을 나타낸다 ; "일"은 창업이든, 직장생활이든지 주당 대략 40시간을 일하는 것을 가리키며 여가활동은 저녁과 주말로 국한된다는 의미다. 중간지점은 둘의 다양한 결합을 나타낸다.

첫 번째 선택 도표에는, 현재 당신이 가진 일과 여가생활의 균형을 가르키는 "X" 를 놓는다. 만일 풀타임으로 일한다면, "X"는 항상 오른쪽에 있을 것이다. 두 번째, 세 번째와 네 번째 선택도표에서는, 향후 5년 이내, 6년에서 10년 이내, 향후 11년 혹은 그 이상에는 당신이 갖고자하는 일과 여가생활의 균형을 가르키는 "X"를 놓는다. 자 당신의 선택은 무엇인가?

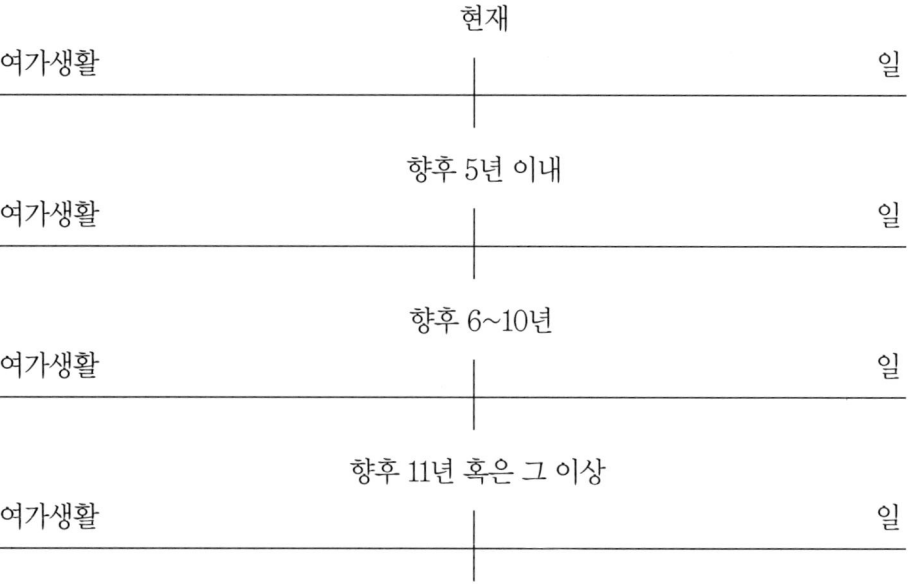

a. 당신이 있는 첫 번째 선택도표인 "현재"의 X 표시 위치에서 "향후 5년이내"의 선택도표의 X표시 위치로 이동하기 위해선 어떤 변화가 필요한가?

b. 당신이 있는 "향후 5년 후"의 선택 도표의 X표시에서 "6~10년 후"의
　 선택 도표의 X표시로 이동하기 위해선 어떤 변화가 필요한가?

c. 또한 당신이 있는 "향후 6~10년 후"의 선택 도표의 X표시에서 "향후 11 년 혹
　 은 그 이상"의 선택도표의 X표시로 이동하기 위해선 어떤 변화가 필요한가?

　방금 완성한 여가생활과 일의 선택도표를 살펴보면, 일과 여가생활의 균형이
나이에 따라, 수 많은 이유들(예를 들면, 건강, 활동력, 감소되는 일할 기회)로
인해 일반적으로 여가 활동 쪽으로 더 이동하는 것을 알았을 것이다.
　말씀드렸듯이, 나는 현재 어디서든 주당 20시간에서 50시간을 일한다. 나는
일과 여가활동이라는 최상의 두 세상을 가지고 있다고 생각한다. 나는 내 전문
성 즉 그동안 해왔던 일과 연관된 일을 하고 있으며, 대부분의 주간에는 친구들
과 가족들 그리고 취미생활로 시간을 보낸다. 주당 50시간이나 그 이상 일을 할
때 지금과 과거 젊은 시절 간의 차이점은 더 이상 너무 많은 주 동안 연속해서
일을 계속할 수는 없다는 것이다.

　향후 5~10년이나 그 이후 동안은, 내가 일하는 시간 량이 줄어들 것이다. 이
것은 부분적으로는 내 남편이 6년 연상이며 약 1년 전에 은퇴했기 때문이다. 우
리는 더 많은 시간을 여행하고 가족을 방문하며 보내고 싶다. 또 하나의 이유는
나도 언젠가 지칠 것이기 때문이다.
　당신은 과거보다 더 쉽게 "지친다"는 문제를 지금 알기에는 너무 젊을지 모르
지만 예외는 없다. 당신도 그렇게 된다. 나 혼자만 그렇게 얘기 하는 것이 아니
라, 60대의 수많은 내 친구들도 똑같은 얘기를 한다.

　자 당신이 계속해서 일할 것인지 아닌지에 영향을 주는 다른 요인을 살펴보
자 . 즉 다름 아닌 정신적인 요인들이다.

일에 대한 애착 Attachment to work

정말 일하길 좋아하는가? 일을 통해서만이 당신의 존재감을 갖는가?

이 두 개의 질문 모두에 "예"로 답한다면, 비록 재정상의 필요에 의해서가 아니더라도, 은퇴했거나 실직을 했더라도 일할 가능성이 크다. 일이 당신 삶의 중요한 부분이기 때문이다. 우리가 "하는" 일로 우리 자신을 평가한다면, 자의든 타의든 일을 그만둔다는 것은 우리의 자존감을 위협할 수 있다.

나도 내 일로 어느 정도는 내 자신을 평가하게 된다. 내가 은퇴 했을 때, 일하지 않는 것에 대해 걱정한다는 사실을 알았다. 그 주제에 관한 문헌으로부터, 나는 나 혼자만의 생각이 아니라는 걸 알았다. 이와 관련된 연구는 오하이오 주립대학 크리스틴 프라이스(Christine Price)의 연구논문 "일과 자존감"에서 확인되고 있다.

일하지 않는다는 사실이 당신에게는 어떻게 느껴지는가? 나처럼, 다소 염려하거나 걱정했다면, 다음 페이지에 나오는 '진단과 분석' 활동을 완성해 보라. 나의 경우에는 제시되어 있는 두 가지 질문에 답하는 게 매우 유익했다. 수년 동안 가족과 친구들에게 나는 이러한 질문들을 너무 자주 반복 질문을 해서 도리어 이제는 특수한 상황으로 내가 스트레스 받을 때 내게 이러한 질문들이 되돌아와서 자주 질문 받게 된다.

내 자신에게 첫 번째 질문을 하면서, 은퇴에 관해 염려하는 근원이 세 가지이란 걸 알았다; (a)돈을 충분히 저축하지 않았다는 것 (b)따분하게 될 거라는 것 (c)일이나 "생산 활동"없이는 사람으로서 가치 있는 자로 느끼지 못할 거라는 것이 두려웠다. 분명히, 나는 많은 두려움을 가졌다.

일과 자존감

오하이오 주립대학 크리스틴 프라이스(Christine Price)가 쓴 연구논문에서 "여자의사, 교사와 다른 전문가들이 사무직종과 구내식당보조와 같은 관습상 비전문가로 여기는 여성들보다 은퇴를 적응하는데 더 힘든 시간을 가진다고 발표했다 그들은 전문가적 정체성 상실과, 그 이후, 사회적 지위의 감소에 대해 이야기했다. 대조적으로, 비전문가 그룹에 있는 대부분의 여성들은 일을 떠나 후련하다고 말했다.

거의 30명의 은퇴여성-그들 중 반은 은퇴 전 전문적인 일을 했고 반면에 나머지 반은 비전문적인 일을 한 여성들임-에 대한 프라이스의 연구에서 "비전문직 그룹의 여성들이 상실감 없이 새로운 흥밋거리를 찾는다는 것을 알았다. 비교해 보면, 전문직 그룹의 여성들이 전반적으로 은퇴 경험을 즐기지만, 여전히 상실감을 느꼈다."

자료: 오하이오주 연구뉴스홈페이지
http:// researchnews.osu.edu/archive/wom
ret.htm.

내 자신에게 두 번째 질문을 하면서 이런 일이 발생했을 때 어떤 조치를 취해야 하는지에 대한 다른 방법들을 알아내는데 도움이 되었다. 충분히 저축하지 않은 것에 대한 두려움은 주의 깊게 은퇴계획을 함으로써 문제가 없었다. 따분하게 될 거라는 두려움은 평소 나의 습관이 항상 내 시간에 할 일에 대해 99가지를 생각하는 사람이었기에 내겐 적합하지 않았다.

자기가치에 관한 세 번째 걱정은, 조금은 도전의식을 북돋우는 것이었다. 불합리하다는 걸 알지만, 여전히 나는 자기 가치는 생산성에 있다고 생각한다. 내가 일하고 있는 것, 내가 성취하는 것에서 자신을 가치를 느낀다. 나는 일에 있어서는 성취가 가치라고 정의한다.

일 이외에, 어떤 활동이 성취감을 주며 도움이 되었는지 생각하는 시간을 가져라. 내가 알아낸 새로운 분야는 다음과 같다: 건강과 신체단련을 위해 헬스장에서 일주일에 네 번 운동하는 것, 사실 평소 하는 것 보다는 더 적극적으로 하는 것이다; 자원 봉사, 수년간 내가 말해오던 지역자선단체와 함께 자원 봉사일을 시작하는 것; 그리고 개인적으로 좋아하는 것, 도보여행을 위한 그림 같은 장소를 조사해서 적어도 한번은 도보여행을 할 일정을 계획해보는 것이다. 내가 생각했을 때, 일 이외에 수많은 관심거리와 가치 있는 것들이 만족감과 성취감을 제공한다.

실직이나 은퇴에 대해 가지고 있는 염려를 해결하려는 계획을 찾는 것은 오히려 힘을 부여하는 단계다; 스스로 노력하라

재정상의 필요조건 Financial Requisites

우리의 인생을 통해 나이에 따라 특정한 이정표가 계획된다. 예를 들어, 16세 때는 운전면허증을 따고: 21세 때는 합법적으로 음주를 할 수 있다. 그럼 62세나 65세에는, 우리는 은퇴한다, 맞는가? 반드시 그렇진 않다!

은퇴는 나이에 의해서가 아니라 자산(노후자금)에 의해 결정되어 지는 것이다. 이는 일부사람들에게는 사고방식을 변화시키는 기능을 한다. 즉, 일부사람들은 45세나 75세에도 은퇴한다.

은퇴를 고려함에 따라, 은퇴를 위해 노후자금이 얼마나 필요로 하는 지 큰 의

진단과 분석

당신 실직이나 은퇴 했을 때, 발생할 가능성 있는 가장 최악의 일은 무엇인가?

_____

_____

_____

_____

_____

_____

위와 같은 일이 발생한다면, 어떻게 그것을 해결하려고 할 것인가?

_____

_____

_____

_____

_____

_____

문이 생긴다. 돈이 얼마면 "충분할까"? 마법의 숫자는 뭔가? "숫자"는 그것을 결정하는 여러 가지 것들에 의존하며 사람마다 다르다는 것을 알게 된다. 그 주제를 다루는 레오 아이젠버그(Leo Eisenberg)의 'The Number' 라는 제목의 책도 나왔다.

은퇴 후 얼마나 많은 돈이 필요한가에 대해서 자주 반복되는 지침은 매년 은퇴 전 소득의 70~80%가 필요하다는 것이다. 이 숫자는 그러나, 당신이 은퇴 전 소득의 대부분 혹은 전부를 모두 쓴다고 가정한 것으로 보인다. 분명히, 일부 사람들은 그들의 수입보다 적은 지출로도 살고 그들에게 이 숫자는 은퇴하는 데 필요한 금액을 과대평가한 것이다. 어떤 사람들은 그들의 수입이상을 지출하면서 살고 그들에게 이 숫자는 미래의 지출을 감당하기에 적합하지 않다. 왜냐하면 그들의 근로수입이 현재의 지출을 감당하기에 적당하지 않기 때문이다.

노후자금 규모를 말해주는 재정설계도구가 있다. 나는 수년간 티 로우 프라이스(T.Rowe Price) 의 간편하고 작은 소프트웨어 프로그램을 사용했다. 오래 동안 같은 프로그램을 사용한 내 친구중 하나는 돈이 소진될 때를 근거로 그녀가 얼마나 오래 생존할지 정기적으로 내게 알려 주었다. 그녀의 원래 예측은 94세까지 생존한다고 하였다. 그런데 2008년 10월 금융위기로 최근 경제의 변동성이 커지자, 86세까지만 살 수 있다는 전화를 걸어왔다.

우리는 웃고 말았다.

재정설계사가 있다면, 언제 당신의 돈이 소진될지 나타내는 도표를 제공해 줄 수 있을 것이다. 당신은 그 도표에서 적색은 보기 싫어한다. 창업을 하든지 취업을 하든지, 일하는 것은 장래에 은퇴자산이 빠져나가는 것을 미연에 방지하는 방법이며, 따라서, 돈이 소진될 가능성을 줄여준다.

당신이 실직했다면, 미리 호화로운 계획은 짜지 못했을 것이다. 생활을 하기 위해 계속해서 일할 필요가 분명히 있다. 간단한 예산이나 현금유동성예측을 해보면 당신에게 이것이 필요하다는 것을 알게 해준다. 당신의 결정은 일을 하느냐 마느냐가 아니라 오히려 창업을 할 것이냐 아니면 취직을 할 것이냐이다.

재정상의 필요조건만이 많은 사람들이 얼마나 많이 그리고 얼마나 오랫동안 일하기 원한다는 것을 결정한다고 하더라도, 여가활동과 일에 대한 선호도와 일에 대한 애착은 다른 사람들에게는 결정적인 요인이 될 것이다.

일과 베이비붐 세대 Work and Baby Boomers

사람이 미리 예정된 나이에 갑자기 일을 떠나 다시 복귀하지 않는다는 개념은 CBS 뉴스기자 낸시 코드스(Nancy Cordes)의 보도와 같이 최근의 조사와는 그 결과가 다른 은퇴에 대한 옛날식 인식이다. 그녀의 보도에 따르면 거의 80%의 베이비붐세대들이 평균연령 63세 로 계획된 은퇴 후 파트타임으로 일할 거라 말한다고 했다. 2008년의 두드러진 세대 간 연구인 챨스 스왑과 노령화 물결(Charles Schwab and Age Wave)의 "은퇴 다시 생각하기(Rethinking Retirement)"에서는 약 70%, 즉 예비은퇴자 10명중 7명이 은퇴 후 일할 계획이 있다는 것이다.

"은퇴 다시 생각하기(Rethinking Retirement)"에서는, 대부분의 응답자들이 은퇴시 풀타임 보다는 파트타임을 선호하며, 60%는 현재와는 전혀 다른 분야에서 일하고 싶다고 말했다고 했다. 그것은 베이비붐세대가 새로운 것을 시도하고자 하고, 자기 자신의 사업체를 시작하는 것이 그들 중 하나 일 수 있다는 의미이다.

창업인가, 취업인가 The Self-Employment Option

70~80%의 예비은퇴자들이 은퇴 후 일을 계획하고, 당신도 그들 중 하나라면, 자신에게 이 질문을 해보라 "당신은 자신을 일할 것인가 타인을 위해 일할 것인가?"

메릴린치(Merrill Lynch)의 2005년 은퇴연구에 따르면, 조사에 참여한 5,111명의 베이비붐 세대중 11%가 자신의 사업을 시작하는 것이 은퇴 후를 위해 이상적인 계획이라 말했다 한다. 당신은 잡지나 인터넷 검색으로 유사한 정보를 찾았을 것이다. 또한 CNNMoney.com에서는 "더 많은 은퇴자들이 사업을 시작하는 경향이 있고, 베이비붐 세대는 단순히 골프장으로 향하지 않는다." 고 했다.

또한 나이는 일부 사람들이 생각하는 장벽이 되지 않는다. AARP의 조사에서는 자기 사업체를 운영하는 베이비붐 세대 세 명중 한명이 50세 이후 자기 사업체 운영하는 것으로 뛰어들었다. 혹은 은퇴를 위한 전환 수단으로, 또는 수입을 보충하거나 그들이 하고 싶은 것을 하려는 목적으로······.

자기 사업체를 운영하는 것은 베이비붐 세대 자신이 사장이 될 기회를 갖게하며 많은 사람들이 원하는 자유로움을 제공해 준다. 파트타임 취직을 해서 주 20시간의 일하는 것도 당신이 하고자 하는 일을 원하는 때에 하지 못하도록 방해할지도 모른다. 종종 당신이 하기 싫은 일을 주말이나 저녁시간에 주 20시간 동안 하도록 강요받거나 혹은 일 년 내내 요구 받을 수 있다.

지금이 창업 적기인가? Is Now a Good Time to Start a Business?

당신에게 지금이 창업 적기 인지는 당신이 어떤 유형의 사업을 시작하기 원하느냐에 달려있다. 그러나 일반적으로 베이비붐 세대가 시작하는 사업유형에 대해서, 그 답은 "예", 즉 지금이 창업 적기 이다 는 것이다. 여기에 몇 가지 이유가 있다:

- 많은 베이비붐 세대가 착수비용이 낮은 사업의 시작을 고려한다. 50+의 나이에, 그들은 착수투자금과 사업을 시작함에 따르는 재정적 위험부담을 최소화하길 원한다. 많은 사람들이 자기금융으로 사업을 한다. 많은 자본을 필요로 하는 창업은 현재와 같은 신용 경색 시기에는 금융기관으로부터 자금 조달이 용이하지 않다.

- 기회는 시장변화로 부터 창출된다. 이는 우리가 과거 수년간 동안 확인되었던 것이다. 혼란은 기민한 기업가들에게 기회가 된다. 경제침체기에 시작하고 번영한 회사의 예를 보기위해 GE, 맥도날드, 마이크로소프트를 포함한 회사의 내력을 살펴봐야 한다. 유잉 메리온 카우프만(Ewing Marion Kaufman)재단에서 출판한 최근 연구조사 "The Economic Future Just Happened"에 따르면, 2009년 포천지 500대 기업의 반수이상과 2008년 미국에서 가장 빨리 성장한 기업의 거의 반수가 불경기 중에 시작했다고 한다.

- 창업엔 시간이 걸린다. 은퇴했거나 실직했을 경우엔, 당신이 풍부하게 갖고 있는 시간이 자원이 될 것이다. 계획하고 조사하고 시장을 시험하는데 당신의 시간을 사용함으로써, 경제성장을 활용할 수 있도록 준비하게 될 것이다. 침체 경제에서 사업을 시작하는 것은 귀중한 교훈을 배울 수 있는 시간과 정보를 수집하고 향후 성장을 위해 사업을 준비하는 기회를 제공한다.

- 침체기에 창업을 하게 되면, 사업비용이 활황기 때보다 훨씬 덜 들 것이다. 이것은 종업원 비용(재능 있는 종업원들이 일을 그만두는 것이나 일을 충분히 하지 않는 것), 임대료, 사무실 집기비용, 광고비 등 이 있다.

- 고객은 다르다. 시장이 변화함에 따라 구매자들이 더 나은 가치와 더 저렴한 제품 및 서비스대안을 찾음으로 인해 현재 판매자에 대한 충실도가 떨어지게 된다.

- 당신의 기회비용이 낮을 수도 있다. 기회비용이란 당신이 차선의 대안을 버리고 하나의 대안을 선택할 때 포기하는 것들을 말한다. 은퇴하거나 실직한 분들에게 창업을 하게 됨에 따라 발생하는 기회비용은 골프취미와 TV 토크쇼들을 포기하는 것이다.

> "향후 20년간 당신은 한 일보다는 하지 않은 일로
> 인해 더욱 실망하게 될 것이다. 따라서 밧줄을 던져버려라.
> 안전한 항구로부터 멀리 항해하라. 무역풍을 돛에 달아라.
> 탐험하라. 꿈꾸라. 발견하라."
> 마크 트웨인(Mark Twain)

이 책의 각장 끝부분에서는, 각 장에 포함되어 있는 내용들의 전형적인 예가 되는 베이비붐 세대 기업가(Boomerpreneurs)들을 특집으로 소개한다. 어떻게 그들이 종업원에서 기업가로 변화했는지를 그들의 사례를 통해 교훈을 얻게 될 것이다.

성공 기업가 사례의 서론

빌 반데버그(Bill VanDeBerghe)가 은퇴 후 그의 아내 비키(Vickie)와 함께 어떻게 인터넷을 기반으로 한 자신의 기술적 경험을 활용했는지 다음 기업가의 글을 읽어 보라. 그들은 은퇴 후 받는 연금에 사업 수입을 더하기 위해, 사업을 전국 50개 주와 외국 10개국으로 확장시켜 사업이 성장했으며 가장 큰 고객은 호주에 있다.

성공 기업가 사례 Bill과 Vicki VanDeBerghe

Fox Hill Farm (FHF) 가죽
도소매 온라인 오토바이 가죽
오토바이용 의류, 헬멧과 액세서리

빌 반데버그(Bill VanDeBerghe)의 재정 설계사는 사우스웨스턴 벨 전화회사 (Southwestern Bell Telephone Company)에서 30년 근무 후 은퇴 첫 5~7년 동안 다른 수입 원천을 만드는 것은 안정적인 미래의 재정을 확보하는 데 도움이 될 거라고 제안하였다. 기회는 한 친구가 빌에게 그와 그의 아내 비키(Vicki)가 스터기스(Sturgis), 데이토나(Daytona) 및 머틀 비치(Myrtle Beach)에 있는 오토바이 장거리 용품 판매점에 제품을 판매하는 것을 돕는데 관심이 있는지 물었을 때 생겼다. 그에 따라 Fox Hill Farm 가죽회사가 2003년 봄에 시작됐다.

수개월간 오토바이 장거리 경주를 여행한 후, 빌과 비키는 집에 돌아와 "우리가 배운 것을 가지고 인터넷을 통해 온라인으로 제품을 판매할 기회가 왔다"고 말했다. 폭스 힐 팜 가죽회사(FHF) 소매 홈페이지(www. foxhillfarmleathercom) 는 2003년 12월 시작됐다. 제품류에는 가죽의류, 선글라스, 헬멧 등 오토바이 타는 사람들에게 필요한 모든 것을 포함하고 있다.

"우리는 인터넷사업을 구축하는데 있어 우리가 이전 직장에서 배운 기술을 활용할 수 있는 기회를 보았다."고 빌은 말했다. 그는 기술 사업 분야에서 경력을 쌓았고 비키는 골동품을 이베이에서 팔기 위한 사진 작업 경력을 가지고 있었다. 그래서 전자상거래 사업은 딱 맞는 사업이었다.

빌은 그들의 웹사이트를 만들기 위해 많은 조사를 했다. 그는 실용적인 온라인 상거래(Practical E-commerce)라는 잡지사를 발견해서 매우 도움이 되었다. 그 회사는 연간 백만 불 남짓의 매출 실적을 올리고 있었다. 빌과 비키는 자신들이 직접 홈페이지를 유지관리하고 있어서 경비를 많이 절감하고 전체적인 창조적으로 관리를 할 수 있었다.

반데버거(VanDeBerghe)부부는 마케팅이 그들의 가장 큰 도전 과제라는 걸 빨리 깨달았다. 초기에, 그들 홈페이지에 타깃 고객들의 방문을 유도하려고 야후와 구글의 클릭당 광고료 지불방식을 통해 광고하는 방법을 배웠다. 게다가, 검색엔진 결과를 유기적인 구역에 배치하기 위해 검색엔진 최적화의 중요성도 배웠다. 이로써 클릭당 광고료 지불방식과 관련된 지출비용을 줄일 수 있었다.

약18개월 동안을 운영한 후, 반데버거부부는 소매상들과 장거리경주 용품 판매점들이 도매로 제품을 구입하고자 할 때 요구할 수 있도록 전화 및 이메일접수를 시작했다. 소매상들과 경주용품 판매점들은 다양한

FHF사의 제품류를 좋아해서 제품을 직접 구매하기를 원했다. 그 후 얼마 지나지 않아, 반데버거는 별도 홈페이지 www.foxhillfarmwholesale.com 로 도매사업부를 시작했다. 2005년 여름 이래, 1,900명 이상의 도매고객을 확보했다.

"올해 우리 마케팅은 더 많은 도매고객에게 알리기 위해서 특정 산업의 잡지에 인쇄광고를 포함시키려고 한다. 비용은 비싸지만, 첫 달 광고 이후 매달 주문이 30% 늘어나는 것을 경험했다."고 빌은 말한다. 지난 이년간은, FHF는 또한 인쇄카타로그를 발행하였다.

"우리는 없거나, 매우 작거나, 최소한의 것만 필요한 회사로부터 구매요청을 받음으로써 소매를 시작했다"고 빌은 얘기한다. 우리는 도매업에도 그 철학을 도입했다. 기본 물량 구매원칙을 쓰지 않음으로써, FHF사는 큰 판매상들이 제공하지 않는 소액 판매 서비스를 할 수 있었다. FHF사의 소규모 소매상을 위해 한 번에 모든 것을 해결해 주는 쇼핑 사이트로 잘 운영하였고, 도매 판매는 전체 판매량의 85%를 형성하였다.

빌은 사업을 이천달러의 투자로 시작해서 전부 자기자본으로 충당하였다. 전화 회사로부터 받은 은퇴 자금이 재정적 안정을 갖게 하였고, 이로 인해 생계를 사업에 의존해야하는 사람들과는 훨씬 다른 결정을 가능하게 했다. 예를 들어, 초기 이년 동안, 모든 자금이 회사 성장을 위해 재투자되었다.

빌과 비키는 결국 사업을 매각할 때 보상받는다는 것을 기대하고 있다.

수입이 백만 달러에 이를 때 사업을 매각하는 것에 대해 고려하고 있다. 두 명의 잠재고객이 그들에게 벌써 접근했다. 한명은 그의 사업 특성상 계절적 균형을 맞추기 위해 인터넷 기반 사업체를 구매할 기회를 찾고 있는 사업가이다. 그가 가장 바쁜 계절은 가을과 겨울이다. 폭스 힐 팜(Fox Hill Farm)사가 가장 바쁜 계절은 봄과 여름이다.

빌은 인터넷을 통한 마케팅을 강력히 주장한다. 그는 "100년 전 사람들이 카탈로그를 통해 어떻게 구매했는지 살펴보라. 제품 사진을 기반으로 사람들은 매우 편리하게 구매한다."

빌과 비키는 필요할 경우 한명에서 두 명의 시간제 종업원을 고용해서 주당 대략 25시간을 일한다. 창업에 관심 있는 다른 베이비붐세대에게 조언해주고 싶은 것이 무엇인지를 묻자, 빌은 "기회는 끝이 없다. 당신

이 즐길 수 있는 것
과 개인적인 관심사
를 찾아라. 그리고
나서 조사하라.

www.foxhillfarmerleather.com 웹사이트 표지

제 2 장
베이비붐 세대의 건강, 자신감과 부
Boomers' Health, Self and Wealth

베이비붐 세대로서, 우리는 새로운 국면을 맞고 있으며, 노화에 대한 재정의, 경력에 대한 재정의, 그리고 인생전반의 가족구조에 대해서도 재 정의를 내리고 있다. 이것은 노후에 새로운 역할을 개척하고자 할 때 바뀌는 것이 아니다. 그동안 살아온 삶의 방식은 50년 이상이 걸렸기 때문이다.

90세까지 잘 살 수 있는 합리적인 기회가 있다는 걸 알게 되면서, 우리들 중 많은 분들이 금융 설계사들의 자산관리 서비스를 활용하고, 재정적인 경험과 마케팅 경험을 투자할 만한 자신의 사업을 수행하기 위해 활용하고 있다. 최근의 은퇴자들은 양호한 건강, 개인적인 부와 긍정적인 자신감 등의 많은 이유로 은퇴 후 생활이 무엇이고 어떻게 살아야 하는지에 대한 그 방식을 바꾸고 있다.

베이비붐 세대의 건강 Boomer Health

많은 내 또래 세대와 마찬가지로, 나는 순수한 의지력으로 위스키를 먹지 않거나 운동용 자전거 기구를 수백 또는 수천마일을 타지 않더라도 노후 시간을 보낼 수 있다고 생각했다. 그러나 모두 헬스클럽 회원임에도 불구하고, 베이비붐 세대 친구들에게 들은 첫마디는 "난 내가 전에는 잘 했는데……" 이었다.

결말은 다양하다: "5마일을 달린다," "하루 동안에 방에 벽지를 바른다" "토요일에 차 두 대를 세차하고 마당의 잔디를 깎는다" 혹은 "16시간을 일하고 일어

나서 다음날 다시 그렇게 한다." 입증되진 않았지만, 그런 조언들은 예전과 그랬던 것과는 다르다는 메시지를 준다.

좋은 소식은 우리가 처한 형태와 상관없이 2009년 질병관리예방센터(the Centers for Disease Control and Prevention) 자료에 따르면 미국 베이비붐 세대가 77.9세의 전례 없는 기대수명을 바랄 수 있다는 것이다. 크리스 크로울리(Chris Crowley)와 헨리 로짓 박사(Dr. Henry Lodge)의 베스트셀러작인 'Younger Next Year for Women'에서도 언급했듯이 "우리들 중 많은 사람이 잠재의식 속에 늙고 죽는다는 것을 생각한다. 헌데 사실상, 우리는 아마도 늙어 살 것이다. 좋든 싫든 간에 당신은 90대까지 살 것이다"

건강에 대한 고정관념을 반박하는 자료가 서서히 대중적으로 인식이 되면서 수명연장의 대부분의 발전은 의료 과학으로 인해 온 것이라는 것을 우리는 안다. 건강을 의식하는 55세 이상의 분들은 콜레스테롤과 탄수화물 수치를 점검하고 헬스장에서 규칙적으로 운동을 한다. 워싱턴포스트지 전속기자 롭 스타인(Rob Stein)은 기고문에서 "베이비붐 세대가 부모님 세대보다는 덜 건강한 것으로 보인다." "늘어나는 신체 관련 자료에 따르면 베이비붐 세대가 부모님 세대보다 황금기로 접어들 때의 건강상태가 더 나쁘다" 난 당신에 대해 모르지만 이점이 나를 두렵게 한다.

주된 기여요인중 하나는 우리가 부모님이나 조부모님보다 육체적으로 덜 활동하는 세대라는 것과 컴퓨터 앞에 앉아 일상생활을 하고 자동차를 운전하는 것 때문이다. 의료과학이 어느 정도는 우리를 구해주는 데 감사한다. 그러나 건강보험제도로 이동하는 순수한 베이비붐 세대의 숫자는 놀라우며 건강보험 전문가들은 더할 수 없이 나쁜 상황으로 생각한다.(*역자주: 미국에서는 국가에서 보장해 주는 의료보험은 일정 나이 이상인 경우에만 혜택을 주고 그 외에는 직장 또는 개인 부담임)

"당신의 건강을 지키는 유일한 방법은 먹고 싶지 않은 것을 먹고, 싫어하는 것을 마시고, 하고 싶지 않은 것을 하는 것이다."
마크 트웨인(Mark Twain)

사업선정에 미치는 건강의 영향 Health's Impact on Business Selection

개인적인 건강과 에너지 수준은 잠재적인 사업을 시작하려고 할 때 중요한 고려대상이다. 나의 재정 설계사가 "지금은 육체적인 자본으로 돈을 벌기 보다는 지적자본으로 돈을 벌어야 할 때다"라고 최근 언급했듯이, 그의 말은 사업을 시작하는 베이비붐 세대에 대해 시사하는 바가 있다. 그는 계속해서, 20년에서 30년의 근무경험을 가지고 있는 베이비붐 세대가 육체적인 정력과 활동이 요구되는 사업 보다는 그들이 가지고 있는 지적자본이란 막대한 저장소를 활용 하는 사업을 선택해야 한다고 말한다.

당신도 당신의 사업이 얼마나 "노인 친화적"인 사업인지 고려해야 한다. 온라인 사업이나, 재택근무 사업, 그리고 수많은 유형의 서비스사업들이 많은 50세 플러스 분들이 찾는 시간적 자유로움과 작업여건을 제공한다.

당신은 오랜 시간을 요하거나, 육체적인 노동이나, 대부분을 서있거나, 자주 혹은 과도한 출장을 피하고 싶어 할 수도 있다. 이러한 것들이 지금은 나빠 보여도, 향후 5년이나 10년 후는 어떤가?

타인과 동업을 하는 것은 자신의 사업의 업무량을 관리하기 위한 한 가지 전략이며 동시에, 부족한 능력을 보충하거나, 창업 상황에서 많이 요구되는 주 60시간 이상의 일에서도 흥미를 유지하게 하는 전략이다. 베이비붐 세대 기업가들과 함께 한 내 경험은 동업이 젊은 기업가들 보다는 베이비붐 세대 연령층에서 더 일반적이라는 것이다.

동업은 긴 시간과 주 7일을 일해야 하는 소매사업에서 특히 중요하고 일반적이다. 당신은 그런 동업 사례를 이 책을 통해 알게 될 것이다.

자신감 Self-Concept

50세 이상동안을 살면서 얻게 된 근무경력과 성공실적들은 그들에게 그들의 능력에 대해 긍정적인 자아상과 자신감을 가지게 했다. 직장생활의 정점에서 가졌던 자신감과 자존감은 베이비붐 세대가 익숙하지 않은 환경에서 일하게 되거나, 그들의 경험과 전문지식을 평가해주지 않는 사람들로 인해 힘들어 할 수 있다. 그러한 좌절이 어떤 사람들에게는 자신의 사업을 시작하려고 하는 데에 동기부여가 되기도 한다. 한 기업가는 나에게 "오랜 성공적인 직장생활 후에, 내 모든 결정이 타인에 의해 면밀히 살펴지고 철회될 때, 나는 정신적으로 매일 포기하고 싶은 내 자신을 발견했다."고 했다.

직장생활의 정점에서 은퇴한 분들은, 그들의 일이나 관계, 또 그들에게 주어졌던 혜택, 예를 들면, 사무실, 회사자동차, 행정 팀의 지원과 직위 들을 잃게 됨에 따라 자신감도 상실하게 된다. 예를 들어, 새로운 사람을 만날 때 "뭘 하세요?" 라는 상투적인 질문을 받으면 다소 위신이 손상된다고 느낀다. "은퇴했습니다"란 말은 은퇴전 답했던 "마케팅 부사장입니다" 또는 "간호사입니다"란 말보다 유쾌하지 않다.

많은 은퇴자들이 이 정체성의 상실을 경험하고는 어느 정도 받아주는 직장으로 돌아간다. 내가 직접 몇 가지 감정을 경험하지 않았다면 이 책에 쓰지 않았을 것이다.

베이비붐 세대의 부 Boomer Wealth

긍정적인 측면에서는, 나이가 듦에 따라 저축, 투자금, 부동산들을 축적할 가능성이 높고, 자본(대출, 투자자들)에 더 잘 접근할 수 있게 된다. 적합한 재정기반을 갖는 것은 자신의 사업을 할 수 있기 위해서는 중요한 요인이다.

젊은 시절에는 갖지 못했을 일종의 사치스러움 같은 것이다. 또한 우리 대부분은 대부분의 20대보다 창업하는 데 있어서 재정적으로 더 나은 위치에 있다. 당신 자신에게 물어 보아라, "누가 더 많은 돈을 갖는가? 자녀인가 나인가?"

그럼에도 불구하고, 베이비붐 세대는 퇴직연금이나 다른 저축금 같은 노후자금을 쓰는데 있어 매우 주의해야 한다. 중요한 것은 얼마나 많은 저축금을 가지고 있는 지와 당신의 기본 은퇴필요를 충족하는데 얼마나 많은 돈이 필요한지에 달려있다. 노후자금으로 충당해 둔 돈을 사업자금으로 투자한다는 것은 어렵다; 또한 혹 그 돈을 잃게 되면 그것을 만회할 시간이 많지 않다. 그녀가 계획했던 은퇴를 할 수 없게 된 한 기업가가 남긴 "은퇴자금의 손실" 을 읽어라.

은퇴자금의 손실

"독자들은 똑똑하고 일을 열심히 해도 여전히 실패할 수 있다는 것을 알 필요가 있다" 고 Carol[1]은 말했다. 그녀와 남편은 소매 프랜차이즈업에 투자를 하였다가 값비싼 교훈을 얻었다. "많은 다른 사람들과 마찬가지로, 우리는 프랜차이즈를 가입하면, 무조건 실패하지 않았을 거라 생각했다."고 그녀는 얘기했다. "상당한 주의를 기울였다고 생각했지만, 되돌아보면, 무엇을 알아보아야 할지 정말 몰랐다" 재무상태 전문가와 상담한 것이 머리가 혼란스러운 충고가 되고 말았다 한 공인회계사는 프랜차이즈 회사의 재무상태가 "웃긴다"고 했지만, 한 변호사와 다른 공인회계사는 좋다고 했다.

"비록 프랜차이즈회사[2]가 제공한 재무상태가 정확했다 하더라도(사실 정확하지 않았지만), 소매점 형태에선 높은 금액인 일 년에 750,000달러의 판매는 기록한 적이 없다. 이로 인해 매장 임대료, 재고, 운송료, 파손품 등의 비싼 운영비용을 감당하지 못했다." 3년 반 동안 급여를 받지 않고, 아침 10시부터 밤 11시까지 주 6일을 일해도 그들이 사업에 빚을 지지 않고 유지하기엔 힘이 들었다.

"전적으로 필요하지 않는 돈이라면 몰라도, 이 연령 소득층의 사람들이 창업이나 사업운영을 위해 은퇴 저축금에서 돈을 꺼낼 필요가 있는 일을 하는 것은 탐탁지 않게 생각한다." 우리 사업에 은퇴자금을 투자한 결과, 더 이상 여행을 많이 가지 않는다 ; 그럴 여력이 없다" 고 Carol은 말했다.

그들의 사업 경험이 우선순위를 바꿨다고 한다. 가족은 항상 중요했지만, 현재는 가족과 손자들과 더욱 더 많은 시간을 보낸다." 그게 우리에게 중요하다"

모든 것이 다 잘되더라도, 얼마나 오래 사업을 할 수 있으며 성공적인 벤처사업으로부터 언제 보상을 얻을 수 있겠는가? 또한 창업에 따른 심각한 실패율이 많은 사람들을 두렵게 한다. 자주 인용되는 통계에 의하면 창업기업의 반수가 4년 이내에 실패한다는 것이다.(*역자주: 2010년 8월 중소기업청 보고서에 따르면 국내 전체 창업 중소기업의 5년 이내 폐업율은 20%, 제조업은 5년 이내 폐업율이 23%, 음식점 및 숙박업이 5년 이내 22% 폐업율, 서비스업은 5년 이내 16% 폐업율, 20~30대 기업가의 5년 이내 폐업율은 25%, 40~50대 기업가의 5년 이내 폐업율은 19%, 60대 이상 기업가의 5년 이내 폐업율은 20%로 나타남)

주1) Carol은 기업가의 실명이 아니다.
주2) 그 프랜차이즈회사는 사업을 하지 않고 있다.

대부분 사업실패의 정의는 사업의 재정적 실적 결여와의 관련성을 포함한다. 내가 정의하는 사업실패는 약간 다르다. 사업 실패란 "창업자의 목표를 충족시키지 못하는 사업"이라는 것이다. 이 정의를 이용한다면, 만일 창업자의 목표가 지역사회에 베푸는 것이며 자선사업이 흥미롭고 오랫동안의 꿈이라면, 돈을 거의 못 벌거나 혹은 전혀 돈을 벌지 못해도 그 사업은 성공인 것이다.

사업실패에 관련된 숫자가 겁을 주고 있다 해도, 당신이 자신의 사업을 창업하는 것을 멈춰서는 안 된다. 그러나 당신이 시작하는 사업의 유형에는 현명해질 필요가 있다. 많은 사업들은 재정상의 위험부담요소를 거의 갖지 않고 시작될 수 있다. 따라서 개인적인 재정상의 위험부담도 재무파트너나 투자자를 영입하여 감소시킬 수 있는 방법이 있다.

성공 기업가 사례의 서론

엘리자베스 얼랜드슨(Elizabeth Erlandson)과 동업자인 아디스 스튜얼츠(Ardith Stuertz) 는 그들의 재능을 합침으로써 리코리스 인터내셔널(Licorice International)사를 성장하는 온라인 우편주문업과 소매사업으로 창업하여 성공하였다.

성공 기업가 사례 Elizabeth Erlandson

Licorice International
네브래스카 주, 링컨소재 온라인우편주문사업 및 소매점

리코리스 인터내셔널(Licorice International) 회사의 공동 소유주 엘리자베스 얼랜드슨(Elizabeth Erlandson)과 아디스 스튜얼츠(Ardith Stuertz)에게는 친구들과 동업을 하지 말라는 경고가 들어맞지는 않았다. 이전부터, 엘리자베스와 아디스는 사업을 같이 시작해 보고 싶다는 것을 서로 알았다. 그들은 제안해 오는 기술에 대해 각자 신중히 평가했고 어떤 사업을 선택해야 할지에 대해 기도했다.

Ardith Stuertz and Elizabeth Erlandson

그들의 초기 공동의 시도는 비영리 법인에게 회계, 인사관리와 홍보 서비스를 제공하는 컨설팅회사로서 엘리자베스는 "우리가 아는 것을 기반으로 한다"고 하며, "성공적인 동업의 비결은 핵심 가치관과 상호 존중이다. 이는 장기적 사업관계에 반드시 필요한 것이다." 고 한다.

그들의 컨설팅 회사는 엘리자베스와 아디스에게 동업자로서 함께 일할 수 있는 기회를 주었으며, 새로운 기술과 사업 약정을 개발하게 하였고, 그들이 정말 즐기며 할 수 있는 일을 찾게 했다. 또한 사업 성장은 그들이 일할 수 있는 시간에 의해 제약된다는 사실을 절실히 느끼게 했다. "컨설팅이라는 것은 당신의 시간을 파는 것이다"라고 엘리자베스는 말했다. 판매하고자 하는 제품을 결정하고는, 이 책 100쪽의 "나의 다이몬드는 어디에(Acres of Diamonds)"에서 "다이아몬드(승리하는 제품)를 위해 그들이 가지고 있는 뒤뜰(내자신과 내 주변)을 들여다보라" 라는 이야기로부터 그들은 영감을 얻었다.

제품을 성공적으로 만드는 것이 무엇인지에 대해 조사하면서 엘리자베스는 "사람들이 원하되 당장은 구할 수 없는 것"을 찾고 있다고 결론지었다.

"사람들이 원하되 당장은 구할 수 없는 것"에 대해, 감초사탕은 딱 들어맞는 얘기다. 이는 엘리자베스가 수년간 남편을 위해 검은 감초를 찾으면서 알게 되었다. 시어머니 앤나(Anna)는 뉴욕 주, 롱아일랜드에 소재한 한 작은 우편주문업체를 알아내고 거기서 아들이 좋아하는 것을 자주 주문했다. 앤나가 양로원으로 이사하고 그 아들 더그(Doug)에게는 맛있는 것의 공급이 중단됐다, 예전 주문양식을 공유해서 그녀는 그를 "놀라게" 할 수 있었다. 그녀는 훨씬 더 잘 했다. 그 사업체를 남편과 친구들인, 아디스와 존(John)과 함께 인수해 버렸다.

2002년 창립이래, 몇 번씩 이전을 해서 리코리스 인터내셔널사는 계속해서 성장이 가능했고 현재 링컨의 유서 깊은 헤이마켓(Haymarket) 지구에서 4,450 평방피트의 소매점으로 성장했고 세계 13개국에 160종 이상의 감초제품을 공급하고 있다.

미래에 관해서는, Elizabeth는 "우리 둘 모두 자선사업을 하기 원하며 현금이나 재능을 더 투입하여 사업을 계속 발전시킬 지 아니면 사업체를 매각할 지를 검토하고 있다."고 말했다. 나는 은퇴하는 것에 대해서는 아직 준비가 되어 있지 않다.

리코리스 인터내셔널(Licorice international)의 더 많은 정보를 얻기 원하시면 홈페이지 www.licoriceinternational.com 을 방문하라.

1 단계 은퇴자가 창업시 고려해야 할 사항은 무엇인가?
2 단계 자신과 시장에 맞는 기회를 포착하라
3 단계 창업 아이디어를 검증하고 시장에서 테스트하라
4 단계 사업의 실현가능성을 결정하고 시작하라

제 3 장
베이비붐 세대는 왜 창업하는가?
Why Do Boomers Start Business?

　베이비붐 세대는 다양한 이유에서 창업 하지만, 그 들 자신이 사장이 되고자 하는 열망은 젊은 층이나 노인 층 모두에게 주된 동기이다. 50세 이상 분들을 위한 홈페이지에서, 미국 중소기업청(SBA)은 다음의 다섯 가지 이유로 베이비붐 세대가 창업한다고 한다:

1. 자신이 사장이 되고 싶어서
2. 재정적 상태를 개선하기 위해서
3. 경력에서 얻는 기술을 활용하기 위해서
4. 활동적인 생활방식을 유지하기 위해서
5. 자신의 꿈을 실현시키기 위해서

　50세 이상 되신 분들의 창업과 관련된 주제에 대해서 SBA(미국 중소기업청) 홈페이지www.sba.gov/50plusentrepreneur/runningbusiness/index.html 를 방문할 것을 권장한다.

　기업가들과 함께 일 해온 내 경험으로는, 베이붐 세대가 자신의 사업을 시작하는 이유는 중소기업청(SBA)에서 꼽은 것들과 유사한데, 일반적으로 다음과 같은 범주로 나뉜다;

• 오랫동안의 꿈(Long-term dream)? 내 사업체를 갖고 사장(Boss)이 되고자 하는 것이 오랫동안 지녀온 꿈

- 부가적인 수입(Income stream)- 기본적인 생활이나 은퇴시 노후자금을 해결하는데 필요한 것을 보충할 수 있는 부가수입
- 재정상의 고통(Financial distress)? 실직으로 인한 생계수단의 곤란함 또는 재정적 조건의 변화에 따른 필요성
- 따분함(Boredom)? 활동적이고 뭔가 의미 있는 것을 하려는 열망
- 두려움(Fear)? 실직이나 미래의 생계수단 해결에 대한 두려움
- 나눔(Giveback)? 다른 사람들을 돕는 기회

오랫동안의 꿈 Long-Term Dream

아이나 10대라면 청량음료 판매대(*역자주: 미국 10대들이 Kool-Aid 분말가루로 음료수를 만들어 파는 아르바이트)나 잔디 깎기나 아기 돌보기를 자랑하지 않을 사람이 우리들 중 누가 있겠는가? 아주 어린 나이에 우리는 제품을 판매하거나 우호적인 고객에게 봉사함으로써 돈을 벌수 있을 것으로 생각했다.

이웃에 9살 난 크리스티(Christie)가 우리 문을 두드리고선 천 조각을 얻을 수 있는 지 물었던 기억이 난다. 난 그 천사 같은 아이에게 "없다"고 말할 수 없어서 남은 조각들을 샅샅이 뒤져서 찾은 것을 아이에게 줬다. 약 일주일 후, 아이는 내 천으로 만든 봉제인형을 하나 가지고 와서 내 어린 딸을 위해 인형을 살 의향이 있는 지 물었다. 그 아이의 기업가정신에 감탄했다. 물론 나는 그 인형을 샀다.

어떻게 우리는 크리스티와 같은 어린 기업가에서 수입의 수단을 위해 사업의 세계로 눈을 뜨도록 변화되었을까? 우리들 중 많은 분들이 좋은 부모님, 친척들과 친구들 그리고 교육체계로 인해 그렇게 하도록 고무 받았다.

초기 기업가의 꿈은 개인이나 가족의 재정적 어려움과 "안정된" 미래에 대한 열망으로 포기하여 왔을 지도 모른다. 지금, "장기적인 꿈"에 소개된 테리 보그스키(Terrie Boguski)의 경우처럼 더 적은 부담으로 지난날의 꿈을 추구하려는 위치에 있을 지도 모른다.

많은 사람들에게, 창업은 어릴 적 기업가의 근성으로 돌아가는 것이다. 리모

델링 사업이나 컨설팅회사를 창업하는 것을 포함할 수도 있다. 타인이 당신의 수입을 창출 해주는 데 의존하기보다 직접 수입을 창출하면서 자신을 찾는 것도 포함될 수 있다

"꿈꾸는 사람들과 그 꿈을 실현하기 위해
대가를 치를 준비가 된 사람들은 행복하다."
Leon Joseph Cardinal Suenens

부가적인 수입 Income Stream

수입 흐름이 중요하다. 이것은 특히 은퇴에 있어서 더욱 더 그렇다. 자신의 사업을 하는 것은 저축금과 투자금, 연금(만일 가지고 있다면 행운이다)과 국가 사회보장제도에서 오는 것에 추가되는 또 하나의 수입 흐름이다. 수입 흐름의 수는 많으면 많을수록 더 낫다.

최근 미국 주식시장과 경제의 변동 폭이 커짐에 따라, 많은 베이비붐 세대가 공포감으로 은퇴를 접하고 있다. 마치 그들의 은퇴 계획이라는 암반이 이동하는 모래위에 세워져 있는 것처럼 불안을 느낀다. 보스턴대학 은퇴연구소장인 알리시아 뮤넬(Alicia Munnell) 교수의 조사에 의하면, 43%의 가정이 일단 은퇴하면 기본 생활수준을 유지 할 수 없게 되는 위험에 빠진다고 한다. 이 위험 부담은 시간이 지날수록 커지고, 수입규모가 더 낮은 분들은 더 악화될 것으로 예상된다.

은퇴 기간 중 부가적인 수입을 얻으면, 당신의 미래 재정 기반이 지탱되는데 도움이 되고 은퇴 생활을 즐길 수 있게 한다.

우리들 중 많은 분들이 육체적으로나 정신적으로 60대나 70대까지 일할 수 있지만 이 기회의 창은 영원히 지속되지 않는다. 때로는 "106세 기업가 세상을 떠나다" 에 소개된 100 세 이상인 왈도 맥버니(Waldo McBurney) 의 경우처럼 더 오래 일을 한 분들의 이야기도 듣는다. 우리들 대부분에게, 건강과 에너지 요인은 왈도 맥버니보다 훨씬 더 수입-생산 활동의 해를 제한시킨다. 만일 지금 우리가 건강과 에너지 요인들을 무시하면, 장차 10년에서 20년후에 일하거

테리의 이야기는 149쪽에 소개돼 있다.

장기적인 꿈
테리 보그스키(Terrie Boguski)는 때때로 자신의 사업을 하려는 생각을 수년간 했다. 마침내 50세에 세 명의 자녀가 성장하였고, 남편은 안정된 직업을 가졌기에 창업의 위험부담을 맡기로 결심하였다. 테리의 이야기는 149쪽에 소개돼 있다.

106세 기업가 세상을 떠나다

2006년 미국에서 가장 나이 많은 근로자로 지정되었던 캔자스 주 퀸터(Quinter)에 거주한 왈도 맥버니(WaldoMcBurney)가 106세의 나이로 세상을 떴다. 그는 1950년대에 종자세척 사업을 시작해서 91세까지 운영했다. 맥버니는 양봉취미를 양봉업으로 전환해서 2008년 105세 나이에 매각했다. 그는 그가 늦었다고 말했다. AP뉴스보도와 2009년 캔자스 City Star의 소개를 근거로 함.

나 수입을 창출하는 선택권을 반드시 얻지는 못할 것이다.

수입을 창출하기 위한 기회의 창을 고려하는 것에 더하여, 그렇게 하지 못했을 때의 기회비용을 고려해 보라. 이 책 1장에서 기회비용에 대해 간략하게 살펴보았다. 아직 당신이 창업이든, 직장생활이든, 일을 해서 수입을 얻을 기회가 있다면, 친구들과 골프를 치거나 점심식사를 하는 것이 시간당 15달러, 25달러, 100달러 혹은 200달러 이상을 받고 일하는 것에 비해 기회비용이 너무 높다고 결정할 것이다.

이러한 개념을 전적으로 은퇴와 일에 확장 적용하면, 은퇴의 기회비용은 당신이 감당하지 못할 만큼을 결정하는 것일 수도 있다. 재정적인 기초가 충분히 해결된다고 해도, 당신은 은퇴이후에도 약간의 수입을 계속해서 얻고 싶어 할지도 모른다. 왜냐하면 원하는 여행 상품이나 고급품들은 노후자금에서 꺼내어 사고 싶지 않기 때문이다.

두려움 Fear

많은 베이비붐 세대는 미래에 그들의 직업의 안정성과 그들에게 일을 제공하는 직장의 지속성에 대해 확신하지 못한다. 그들은 현 직장에 대한 두려움을 해결하고 자신들의 경제적인 미래를 주도적으로 관리하기 위한 한 방법으로 사업을 시작 한다. 많은 사업들은 직장생활을 하면서 시작하기도 한다.

이러한 파트타임 사업들은 기업가들이 결과적으로 그들의 정규직을 편하게 그만둘 정도로 성장하기도 하고 또는 실직시 대비책으로써 파트타임 근무를 계속하기도 한다.

이러한 두려움은 베이비붐 세대에만 국한된 것이 아니다. 요즈음 젊은 사람들도 부모님의 걱정하시는 소리 혹은 또래들 중에서 직장 구조조정을 경험하면서 그들의 미래에 대해 준비할 방법을 찾고 있다. 나는 최근 인터넷기반 사업을 시작했던 젊은 교사와 얘기를 나눴는데 그녀는 실직에 대한 염려로 인해 야간에 그 사업을 운영하였다. 공직은 한때 사람이 가질 수 있는 가장 안전한 직업 중 하나로 인식되었으나, 지금은 경제 침체 환경으로 인해 전과 같지 않다. 그녀가 사업을 시작하게 된 계기는 52세의 보험설계사와 대화를 하다가 보험설계사 일에 대한 염려로 인터넷 사업을 시작했다는 얘기를 전해 들으면서 그 아이디어를 찾게 되었다고 말한다.

재정상의 고통 Financial Distress

20년 전에, 어메리컨 센튜리 투자회사(American Century Investments)의 창업주인 제임스 스타우어스(James Stowers) 3세가 발표한 재정계획 프레젠테이션에 참석한 적이 있다. 그가 한 말은 오늘에까지 굳게 남아있다. 그가 한 말을 설명하면, "늙는다는 것은 잘못된 것이 아니다, 또한 가난하다는 것도 잘못된 것이 아니다; 그러나 늙어서 가난한 것은 비극이다"란 것이다.

누가 베이비붐 세대가 은퇴계획서를 짤 때 최근의 주식시장의 심한 변동을 예상했겠는가? 은퇴한 분들에게, 내핍생활은 주가가 떨어져서 평가가 심하게 낮아진 펀드 계정에서 그들이 돈을 꺼내는 걸 늦춤으로써 발생하게 된다.

매우 신중하게 잘 계획된 은퇴 저축금조차도 늘어나는 평균 수명, 물가인상, 엄청난 건강관리비용과 경제변화로 인해 불충분한 것으로 나타날 수 있다. 그리고 실직한 분들은 선택할 수 있는 상황을 고려할 때 재정적 침체에 빠진다. 그 결과로, 많은 베이비붐 세대가 전통적인 은퇴 나이가 지나서 일을 하거나 종종 기업가들이 창업을 함으로써 미래 재정을 강화하기 위한 계획을 한다.

따분함 Boredom

은퇴를 바라볼 때, 많은 분들이 그들 인생의 제 2 막으로 보기보다도 휴가의 연장으로 본다. 종종 그들은 미래 재정에 대해서는 매우 신중하게 계획을 하지만 시간을 어떻게 보낼지는 별로 생각하지 않는다. 그러나 은퇴하자마자 초기의 "긴 휴가"의 행복감이 사라진 후에 그들은 "해야 할 일" 리스트를 엄청나게 많이 작성한다. 그런 후에는 어떻게 된다는 것인가?

어떤 분들은 은퇴 시 따분함과 소외됨과 목적의 결핍을 얘기한다. 123쪽의 성공 기업가 사례의 제임스 쉬한(James Sheehan)박사가 한 말 "당신은 항상 여행은 할 수 없고, 오직 골프는 많이 칠 수 있다"와 유사한 말을 들을 것이다.

그들은 장래에 의미를 줄 수 있는 무엇인가를 찾고 있다. 그리고 은퇴에 대해서 깊이 숙고하는 사람들은 이 가능성에 생각하는 듯하다. 찰스 스왑과 노령화 물결(Charles Schwab and Age Wave)에 의한 보고서 "은퇴 다시 생각하기(Rethinking Retirement)"에서 예비은퇴자 10명 중 7명이 은퇴시 일하기 원하며, 일을 계속하려는 그 주된 이유는 급여 때문이 아니라 지적활동을 활발히 할 수 있기 때문이라고 한다.

또 어떤 은퇴자들은 공허함을 메우기 위해 정규직 혹은 파트타임제 일을 고려한다. 그러나 많은 분들이 흥미 있는 일, 높은 급여를 제공하고, 동시에 그들 자신의 시간을 스스로 정할 수 있고 휴가를 위해 쉴 시간을 갖고 그들이 원할 때 여행할 수 있는 고용 조건들이 많이 없다는 것을 알게 되면 그 생각을 즉시 거부한다. 나는 은퇴한 베이비붐 세대 친구들이 일을 찾을 생각을 할 때 이런 제약들을 종종 불평하는 것을 들었다. 그들에게는 타인이 제공하는 일을 하기보다는 자신의 일을 하는 오직 하나의 선택권이 남아 있을 뿐이다.

나눔 Giving Back

찰스 스왑과 노령화 물결(Charles Schwab and Age Wave)의 보고서 "은퇴 다시 생각하기(Rethinking Retirement)"에서, 응답자의 45%가 은퇴시 가족과 지역사회를 위한 나눔에 강한 관심을 가진다고 한다. 이런 이타적(利他的)인 동기는 일부 기업가들이 시작하는 사업의 유형이나 사업이윤으로 무엇을 할 것인가에 영향을 준다.

예를 찾기 위해 지역사회를 꼭 둘러봐야 한다. 61쪽에 나오는 성공 기업가 사례인 케티 디번(Kathy Dibben)은 수영복, 여성용속옷 그리고 유방암 생존자들에게 필요한 가발과 의치를 취급하는 부티크인 앱솔루트 디그너티(Absolute Dignity)의 창업자다.(홈페이지 www.absolutedignity.com). 그녀 자신이 유방암 생존자로서, 캐티는 암 생존자들의 요구에 부응하는데 헌신하고 있으며 종국에는 자선사업을 하려고 한다는 것으로 알려져 있다.

*"조직을 시작하는 가장 좋은 이유는
의미 있는 것을 만드는 것이다.
그것은 세상을 더 나은 곳으로 만들기 위한
제품이나 서비스를 만드는 것이다"*
가이 가와사키(Guy Kawasaki), 기업가, 투자자, 작가

오늘날 많은 기업가들이 사회적인 책임과 생태적으로 자연을 파괴하지 않는 사업 수단들을 수행함으로써 지역사회와 환경 및 미래세대에 대한 관심을 표명하고 있다. "주주"의(stakeholder: 조직의 행위에 영향을 주거나 받을 수 있는 개인, 단체, 조직 혹은 제도[위키피디아, 무료 온라인 백과사전]) 개념을 포괄적으로 보는 그들은 우리 세계가 산업 부산물에 따른 공해, 지구온난화와 건강문제에 직면함에 대한 희망적인 해결점을 갖게 한다.

비록 이런 문제들의 해결은 역사적으로는 정부나 대기업의 역할인 것으로 보여졌지만, 134쪽에 나오는 카렐 삼솜(Karel Samsom) 과 신씨아 포스터(Cynthia Foster)같은 기업가들은 자신들의 책임으로 여김으로써 과거 생각들이 점차적으로 바뀌고 있다. 베니스해변의 환경 친화적 집에서 그들은 환경 파괴적이지 않고, 무독성인 건축자재와 태양열을 썼고, 또한 페인트와 마감재도 VOCs(페인트가 마르면 용제가 방출되는 휘발성 유기복합물)가 없거나 낮은 것을 사용하였다.

국가나 전 세계적인 차원에서, 빌 게이츠(Bill Gates)와 같은 기업가들은 자선사업의 성격을 바꾸었고 세계적인 규모의 자선기부와 지도력으로 앞장서고 있다. 이 책의 주제와 관련된 자선활동의 예는 기업가 정신(Entrepreneurship)을 위해 헌신한, 세계에서 가장 큰 재단인 카우프만(Kauffman)재단의 창설자 고(故) 유잉 매리온 카우프만(Ewing Marion Kauffman)의 자선활동이다. 그는 기업가적인 정신으로 자기 집 지하실에서 매리온 연구소(Marion Laboratories, Inc)란 이름으로 제약회사를 시작했다. 1989년 머렐 다우(Merrell Dow)에게 이 회사를 매각 했을 때는, 거의 10억불의 매출과 3,400명의 동료를 고용한 세계적으로 다각화된 거대 건강관리 회사로 성장했다. 말년에 그는 카우프만 재단을 통해 타인의 기업가적 성장을 격려하고 지원하는 데로 관심을 돌렸다.

당신의 사업이 자녀와 손자들의 건강한 환경뿐만 아니라 지역사회에 어떻게 공헌할 수 있을지를 고려하라. 또한 최근에는, 그렇게 하는 것이 종종 시장에서 경쟁력 우위를 갖는 원천이다.

> "나는 여러분의 운명이 어떻게 될지 모르지만,
> 한 가지 아는 것이 있다: 여러분 중에 정말 행복한 유일한
> 사람들은 어떻게 봉사할 지를 찾고 또 찾은 사람들이다"
> 앨버트 슈바이처(Albert Schweitzer)

창업을 하는데 가장 보편적인 동기들을 고려할 기회를 가졌으므로, 아래의 「실전단계 3.1」을 완성하면서 기업가가 되고자 하는 당신 자신의 동기에 대해 확인하는 시간을 갖자.

실전단계 3.1
창업을 위한 동기 **3.1**
Motivation for start-up

해당되는 모든 대답에 체크표시를 해서 당신이 자신의 사업을 하고 싶어 하는 주된 이유를 확인하라

___ **오랫동안의 꿈** : 내 사업체를 갖고 사장(Boss)이 되고자 하는 것이 오랫동안 지녀온 꿈

___ **부가적인 수입** : 기본적인 생활이나 은퇴시 노후자금을 해결하는데 필요한 것을 보충하고 갖고 싶은 고급품 구매에 필요한 부가수입

___ **재정상의 고통** : 실직에 따른 생계수단의 곤란함 또는 재정적 조건의 변화에 따른 필요성

___ **두려움** : 실직이나 미래의 생계수단 해결에 대한 두려움

___ **따분함** : 활동적이고 뭔가 의미 있는 것을 하려는 열망

___ **나눔** : 다른 사람들을 돕고 사회에 공헌하고 싶은 바램

「실전단계 3.1」에서, 당신의 창업동기가 무엇인지 알게 되었을 것이다. 나도 그랬다. 내 이유들은 다음과 같다: (a)따분함 - 활동적이고 뭔가 의미 있는 것을

하려는 열망, (b)부가적인 수입 – 은퇴를 보충하는 부가적인 수입, 그리고 (c)수년간 지녀왔던 나 자신의 사업을 하고자 하는 열망.

마지막 (c)와 관련해서, 20 여 년 전에 나는 친구들에게 교수가 되는 것이 기업가가 될 수 있는 가장 가까운 방법 이라고 말한 걸 기억한다. 실제로 아직 여전히 고정급여를 받는다.

성공 기업가 사례의 서론

나눔은 케티 디번(Kathy Dibben)이 창업하게 된 주된 동기이다. 그녀는 자신의 사업을 통해 다른 유방암생존자들이 필요로 하는 제품을 찾을 수 있도록 돕고 있다.

성공 기업가 사례 Kathy Dibben

앱솔루트 디그너티(Absolute Dignity)
유방암 수술 후 제품, 수영복, 여성용속옷,
가발 및 부드러운 머리 착용물 판매 소매점

2천만 개 이상 팔리는 시리얼박스에 자신의 사진이 실리는 것은 대부분의 기업가가 꿈꾸는 광고유형이다. 미주리 주(Missouri), 스미스빌(Smithville) 소재 소매전문부티크 앱솔루트 디그너티(Absolute Dignity) 의 케티 디번(Kathy Dibben)은 제너럴 밀스(General Mills)사의 시리얼박스에 소개된다는 걸 처음 접하고, 거짓말로 생각했다.

케티는 두 차례 유방암 수술을 했다. 제너럴 밀스사는 그녀의 회사 홈페이지내 마이스페이스(Myspace) 를 통해 알고는 시리얼박스에 유방암 알기운동을 하는 핑크투게더 닷컴(Pinktogether.com)의 네 명의 다른 사절과 함께 그녀를 포함하길 원했다. 캐티는 후에 화이버 원 바스(Fiber One Bars; *역자주: 미국의 유명한 시리얼 바 판매 회사)와 첵스 믹스 셀렉트(Chex Mix Select; *역자주: 미국의 종합 시리얼 판매 회사)에도 소개되었다.

Kathy Dibben

케티의 사업방안은 유방암 수술에 따른 수술 후 제품을 찾는데서 그녀가 경험한 엄청난 좌절에서 나왔다. 최후의 결정타는 아들 결혼식 때 칸쿤에서 입을 유방절제환자용 수영복을 찾는 것이었다. 모든 곳에 전화를 한 후, 마침내 매장 뒤편에 수영복이 약간 있는 수영장용품 회사를 찾아냈다. 캐티는 "이건 옳지 않다. 이걸 경험하는 게 나 혼자만이 아니다"라고 생각했다. 판매장소에 대한 그녀의 직관적인 느낌은 유방암생존자들이 개인적으로 필요한 제품을 찾을 수 있게 했으며, 다른 유방암생존자들과의 잦은 대화를 통해 서로 도와주는 환경이 만들어지게 되었다.

캘리포니아에서 로스쿨에 다니는 아들로 인해, 자금이 바닥이 났다. 이로 인해 캐티는 심각하게 고려하고 있던 개업을 단념하고 있었다. 그런데 어느 날 남편이 그녀의 오빠와 올케언니 소유의 소매점에서 목수 일을 하고 퇴근하면서 남편은 "내가 방금 당신가게를 위한 공간을 만들었소" 라고 내게 말했다. 남편은 오빠와 올케언니에게 현재 세입자가 혹시 나가면 그 공간에 관심이 있었다고 케티가 말하라고 권유했다. 그 기회는 그 후 6개월 내로 왔으나, 케티의 대답은 "난 준비가 안됐어요" 라는 것이었다. 가족 모두로 부터 "도울게요" 라는 말을 들은 후에, 캐티는 새로운 결심으로 4년 전에 미리 작성했던 사업계획을 다시 검토하게 되었다. 그래서 앱솔루트 디그너티(Absolute Dignity)사는 2007년 6월에 문을 열게 되었다.

제품선정 외에, 고객들은 앱솔루트 디그너티(Absolute Dignity)사가 여느 가게와 다른 점은 그들이 매장에 들어서면 "따뜻함과 긍정의 힘을 느꼈다" 라고 말한다. 의치와 가발을 고객에게 어울리게 해주는 인증된 전문가로서, 캐티는 그녀의 제품이 반드시 "아주 딱 맞는" 것이 되게 하고자 하는 열정이 있다. 고객의 입장에서 친밀하게 일하려는 캐티의 열망과 가발, 의치 핏팅 인증 소유자로서 유방암 수술자들에 대한 깊은 연민을 가진 전문가를 찾기가 어려움으로 인해 캐티는 주당 60시간이상을 직접 일하고 있다.

재정상의 어려운 여건임에도 불구하고 캐티는 이루지 못했던 것을 하고자 몇 가지 재정적인 결정을 밀고 나갔다. 그녀는 사업용 제품 구매를 위해 사용한 신용카드 대금으로 인해 여전히 어려움을 겪는다. 캐티는 신용카드 사용이 좋은 것은 아니지만 초기 창업자들의 공통적인 문제인 적은 착수자본금과 은행대출이 안 되는 상황에서 그나마 카드는 그녀에게 하나의 자금조달 방식이라고 생각한다. 그녀는 창업자에게 자신의 경험에서 배운 것 처럼, 더 많은 운전자금을 가지고 시작하라고 충고한다.

앱솔루트 디그너티(Absolute Dignity)사의 더 많은 정보는 홈페이지 www.myspace.com/absolutedignity나 www.absolutedignity.com에서 볼 수 있다

제 4 장
베이비붐 세대는 어떤 사업을 시작하나?
What Businesses are Boomers Starting?

창업할 업종이나 사업의 유형을 결정하는 것은 어려운 문제이다. 두 가지 주된 결정요인이 그 사람의 업무 경험과 사업을 시작하는 동기이다. 두 가지를 좀 더 심층적으로 살펴보자.

업무경험과 사업유형 Work Experience and Type of Business

한 사람의 업무경험은 그 폭과 깊이 그리고 다재 다능성에 따라 창업하고자 하는 사업의 유형에 영향을 준다. 분명히, 업무경험이 유일한 요인은 아니지만, 가장 중요한 것들 중 하나다. 주요 업무범주와 착수 가능한 사업을 살펴보자.

• **기술적인 배경을 가진 경력자들** Workers with technical backgrounds 당신이 짐작하듯이, 이러한 경력자들은 기술과 관련된 사업을 시작할 가능성이 크다. 내가 생각하기에 당신이 놀랄 것으로 생각하는 것은 천재아이가 집 차고에서 기술 사업을 시작한다는 널리 알려져 있는 이미지와는 반대로, 나이가 든 베이비붐 세대가 훨씬 더 기술 분야에 몰두할 가능성이 크다. 이 사례는 "기술 사업을 시작할 때의 기업가 나이(Age of Entrepreneurs when Starting Technology Businesses)"에서 그 예를 보여 준다.

기술 사업을 시작할 때의 기업가 나이
2008년 유잉 메리온 카우프만(Ewing Marion Kauffman) 재단 조사에 따르면, 기술기업가의 5%가 24세나 그 이전에 사업을 시작하고, 6%가 55세와 그 이상 나이에 사업을 시작한다.

- **전문직 종사자 Professionals** 많은 전문직종사자들(예를 들어. 간호사, 회계사, 그리고 변호사)은 그들의 기술을 가지고 타인을 위해서 일하기보다는 고객들에게 직접적으로 제공하는 방법으로 창업하여 그들의 실력을 발휘한다. 롤리 기반 금융서비스(Raleigh-based financial services software)사인 세이지웍스(Sageworks)의 조사에 의하면 전문직 종사자들의 사업유형은 가장 높은 이윤을 가지는 사업 유형에 속한다는 것이다.

- **관리직 종사자 Management** 관리 파트의 배경이 있는 베이비붐 세대의 사업유형은 그들이 일했던 산업에 관련이 있거나 관련되지 않은 사업이거나 그 사업을 시작하기 위해 사용하는 경영기술과 강한 개인적 네트워크에 따라 크게 다르다. 관리 분야에 대한 다양한 경험과 기술을 기반을 둔 경영 경험은 기업가로서 팔방미인이 되도록 준비시킨다.

- **공적기관 종사자 Encore careers** 공적 목적을 가진 기관(예를 들어 교직, 국가기관, 공공기업, 비영리단체)에 근무한 경력자로 포괄적으로 정의된 앙코르경력자(Encore careers)는 베이비붐 세대에서 많은 관심을 끈다. 그러한 경력은 이전의 일이나 전혀 새로운 분야와 관련되어 있을 수 있다. 업무를 통해서 수십 년간에 걸쳐 발전시킨 강한 사회적 네트워크는 이런 경력자들에게 많은 이점을 가져다준다.

- **취미생활자 Hobbyists** 취미를 사업으로 바꾸는 것은 일부 베이비붐 세대에게 그들이 좋아하는 것을 하면서 돈을 벌게 한다.

"작은 기회는 종종 위대한 사업의 시작이 된다"
데모스테네(Demosthenes; 고대그리스 정치가)

창업동기와 사업유형 Motivation and Type of Business

자신의 사업을 가지고 싶은 오랫동안의 열망을 가진 근로자에게, 그들이 선택하는 사업은 종종 기업가적으로 행동하는 기회를 위해선 부차적인 것이다. 그들이 시작하는 사업은 경력생활을 보낸 일과는 다를 수 있다. 왜냐하면 자신의 사업을 소유한다는 것은 특정한 사업유형을 소유하는 것보다 더 우선적인 동기요인이기 때문이다. 이 책 49쪽에 소개된 리코리스 인터내셔널(Licorice International)사 창업주들의 경우도 마찬가지였다. 그들을 판매할 제품을 위해서 협동하며 찾았다. 이것이 그들을 사탕산업이란 전적으로 새로운 산업으로 이끌었다.

많은 분들에게 자신의 사업을 시작하는 것은 구조조정을 당하고 난 뒤에 회사로 다시 취직하는 것보다 더 하고 싶은 선택이다; 일부에게는 만족스러운 일을 찾지 못한 경험을 한 이후에 마지막으로 선택하는 수단으로 창업을 하기도 한다. 소기업을 위한 무료통화나 지역 전화 서비스업체인 링 센트럴(Ring Central)사의 온라인 조사에 응한 200명의 고객들 중, 대략 22%가 직장에서 구조조정 당했다고 응답했다. 이렇게 구조조정 당한 근로자들 중 많은 사람들은 그들의 전 직장에서 하던 일이나 취미와 관련된 사업을 선택한다.

가까운 내 친구는 그녀가 대기업에서 구조조정 당했을 때 직장에서 하던 일이나 취미와 관련된 일을 사업으로 연결시켜 기업가로 변신한 전형적인 예가 되었다. 처음 생각은 어딘가 다른 회사에서 일하는 것이었다. 나는 그녀에게 내가 지역 재취업알선회사를 통해 실직노동자들을 가르치는 기업가정신 과정에 등록할 것을 권유했다. 처음 그녀의 반응은 창업하는데 관심이 없다고 했다. 그러나 그 후 직장을 몇 달 간 찾아본 후, 창업이 최고의 선택이라고 깨닫게 되었다. 그녀의 강한 조직관리 기술을 활용하여, 그녀는 세미나회사와 모기지 브로커(*역자주: 부동산 대출의 채무자와 대출자를 중개하는 개인 또는 기업)와 서비스 도급 계약을 하였으며 8년이 지난 지금도 창업자로 남아있다.

일부 근로자들은 자신의 사업을 갖는 동기를 정규직에서 그들의 수입을 늘리기 위한 방편으로 둔다. 실제로 그들이 자신의 사업을 선호할 가능성은 있지만, 높은 안정적인 요구로 인해, 그들은 정규직을 그만두지는 못한다.

그들은 여전히 직장을 가지고 있으면서 사업을 시작한다. 새로운 사업이 그들에게 직장을 그만두어도 될 만큼 보탬이 된다는 자신감을 얻을 때 까지 저녁과 주말을 통해 일을 한다. 이런 사업은 종종 그들이 정규직이나 열렬히 좋아하는 취미생활을 통해 알고 있는 일과 관련이 있다.

이 책을 통해, 성공한 기업가들의 업무 경험과 창업 동기가 어떻게 그들이 시작한 사업유형에 영향을 주었는지 주목하라.

기타 고려사항들 Other Considerations

베이비붐 세대들, 특히 은퇴가 가까운 분들은, 적은 착수비용과, 그들의 업무 스케줄에 상당한 자유로움을 제공해 주는 사업을 시작하는 데 관심이 있다. 웹기반 사업과 몇 몇 서비스사업들은 기업가들이 언제 그리고 어디서 일할지에 대해 상당한 권한을 갖도록 하고 그들이 이 사업에 최소한의 투자금으로 시작할 수 있게 한다.

프랜차이즈에 가입하는 것은 아무것도 없는 상태인 무(無)에서 사업을 시작하기 보다는 대부분의 프랜차이즈업체가 제공하는 훈련과 지원을 받기를 선호하는 일부 베이비붐 세대의 한 전략이다. 소기업 바이블(The Small Business Bible)의 저자 스티브 스트라우스(Steve Strauss)는 판매할 권리를 갖거나 큰 회사의 제품을 유통하는 권리를 얻기 위해 사용료를 지불하는 사업으로 프랜차이즈를 고려할 것을 권유한다. 뱅크레이트닷컴(bankrate.com)의 "은퇴 기업가를 위한 7가지 조언*"에서 스트라우스(Strauss)는 "프랜차이즈는 명백한 수입이 있는 걸로 판명된다면 할 만한 것이다"고 했다.

"모든 프랜차이즈가 똑같이 만들어진 것은 아니다. 다른 프랜차이즈 가맹점주 들에게 말하라. 정식의 프랜차이즈인지 확인하라. 당신이 좋은 목(위치)에 있는지. 그들이 좋은 체계를 가지고 있는지."

*역자주
은퇴 기업가를 위한 7가지 조언

1. 당신의 열정을 쏟을 수 있는 일을 찾아라
2. 실패시의 위험을 계산하라
3. 노후자금은 투자하지 마라
4. 건강 상태와 당신 라이프사이클을 점검하라
5. 웹기반 사업이나 서비스사업, 프랜차이즈사업을 우선 고려하라
6. 다른 사람의 도움을 받아라(예: 시니어비즈플라자)
7. 당신이 기업가가 될 준비가 되어 있는가

연구할 만한 가치가 있는 또 다른 방법은 기존의 사업을 인수하는 것이다. 그렇게 함으로써 프랜차이즈와 동일하게 많은 혜택을 얻을 수도 있다. 예를 들면 프랜차이즈 수수료 없이 브랜드인지도나 구축된 절차, 공급자, 재무 자료 등을 얻을 수 있다. 이때 결정하기 위한 하나의 중요한 질문은 왜 기업가가 사업을 매각하는 가? 이다. 판매자에게 묻는 것과는 별도로, 고객들, 중간 판매자들, 집주인들이나 그 산업에 종사하는 다른 사람들에게도 질문하라.

통찰력 혹은 지혜
프랜차이즈 계약을 시작하기 전이나 기존 사업을 인수하기 전에 세밀한 실사를 하여라. 제공된 정보를 검증하고 당신 스스로 조사하는 함으로써 현명한 결정을 할 수 있다.

성공 기업가 사례의 서론

수잔 데이비드슨(Susan Davidson)이 컨설팅 사업을 시작할 결정을 한 중요한 동기는 광범위하게 여행할 수 있는 자유로움 때문이다. 또한 그녀의 여행경험들은 미국에 오는 많은 외국회사 임원들과 그 가족에게 효율적인 서비스를 제공하는 데 크게 기여했다.

성공 기업가 사례 Susan Davidson

Beyond Borders사
미국에 오는 외국경영자들과 그 가족의 통합을
강화하기 위한 리더십훈련, 경영코칭과 서비스

수잔 데이비드슨(Susan Davidson)은 2002년 4월에 외국회사 임원들과 이주자들 및 그 가족들이 미국 사회와 비즈니스에 적응하는데 도움을 주기 위한 서비스를 제공하려고 비욘드 보더스(Beyond Borders)사를 시작했다.

그녀의 사업은 빠르게 성장하여 경영코칭과 리더십훈련을 포함하게 되었다.

수잔은 국제적인 공동체에 대

Beyond Borders 사 홈페이지

한 열정이 있었다. 어느 날 토요일 저녁 파티에는, 러시아, 프랑스, 독일이나 케냐의 손님들을 함께 초청하였다. 그녀는 총 28개국을 광범위하게 여행하면서 과테말라에선 스페인어를 배웠고, 프랑스 남부에선 프랑스어를 배웠다.

미국 중소기업청(SBA) 은퇴 경영진 서비스 코어(SCORE; A Service Core of Retired Executives)의 한 상담사를 방문해서 그녀는 사업 아이디어를 실행 가능한 계획으로 발전시키는데 도움을 받았다.

그 상담사는, 은퇴한 국제 마케팅 경영자 출신으로, 그녀에게 현실적이고 필요한 틈새시장은 타국인들이 미국 사회와 직장에 적응하고 융합하는데 따른 어려움과 좌절의 과정을 겪지 않도록 도와주는 것이라고 조언했다. 그는 대부분 미국 소재 글로벌 기업들이 이전기금(relocation fund)을 미국인 이주자들이 해외 업무를 수행하는데 지원 자금으로 쓰는 반면, 종종 미국 국내로 이주하는 자들의 필요는 무시한다고 했다.

은퇴 경영진 서비스 코어(SCORE) 상담사와 수차례 상담을 통해, 그녀는 63명의 국제전문가들을 대상으로 온라인 조사를 하게 되었고, 응답자중 32명과는 심층적으로 한 두 시간씩 전화 인터뷰를 함으로써 그들이 미국에서 일하고 살기 위해 노력하는 과정에서 겪게 된 어려움과 걸림돌에 대해 철저히 이해할 수 있게 되었다. 그녀는 조사과정에 알게 된 사실들을 활용하여 애틀랜타 지역 신문에 기고문을 쓰거나 연설을 함으로써 다문화 전문가로서 그녀의 신뢰성이나 안목을 기르는 데 모든 노력을 기울였다.

이론적 분야를 배우면서, 공인 경영코치가 된 전 직장동료와도 얘기를 나눴다. 동료는 코치훈련 프로그램을 알아보고 정식 훈련된 코치가 되라고 권유했다. 그 결과, 그녀는 국제코치연맹이 공인한 프로그램에 등록했다. 18개월의 원격강의 프로그램으로 인해 경영 코칭 사업도 시작했다. 25년간 미국기업들과 몇몇 명망 있는 포천지가 선정한 500대기업과 일하면서, 기업들로 부터 신뢰를 얻었고 고객들과 전문적인 얘기를 할 수 있었다.

코칭업무의 실습을 위해, 처음에는 친구들과 다른 새로운 코칭회원들과 가족들에게는 무료훈련기간을 제공해서 코칭기술을 실습하고 자신감을 기를 수 있는 기회를 얻었다. 실습을 거친 후에 시간당 25불의 작은 코칭수수료를 받는 것을 시작으로 해서 사업코칭 평균 수수료가 점차적으로 시간당 150불, 250불로 늘어났다. 수잔이 "사업을 공표했을 때"는 모든 자신의 친구들과 사업처가 그녀가 코칭서비스를 제공한다는 것과 유망한 고객들을 찾고 있음을 알게 했다.

수잔의 경영자 코칭업무의 성장은 부분적으로는 인사관리 임직원들내에서 경영자 코칭에 대해 증가된 이해와 관심의 결과이다. 많은 주요 기업들과 점차 많은 수의 미국 정부기관들이 경영자 훈련 및 잠재력 높은 리더십재능을 개발하는 한 방법으로 경영코칭을 포함하고 있다.

수잔의 사업은 일하면서 자유로움과 융통성을 가질 수 있으며 아울러 안정적인 수입까지 얻게 함으로써 그녀의 개인적인 목표와 금전적인 목표까지 만족시켜 준다. 자유로움이란 그녀로 하여금 국내외 여행을 할 수 있게 하고 매일 매일의 일과 여가시간에 대해 스스로 통제할 수 있게 한다.

자신의 사업을 시작하는 데 관심 있는 베이비붐 세대에게 하는 그녀의 조언은 다음과 같다.

1. 당신의 사업을 발전시켜 나가는 동안 살아갈 수 있게 창업 후 처음 9개월간의 운영 자금을 현금으

로 준비하여야 한다. 9개월간은 수입이 없을 거라고 가정하라. 다시 말해서, 가장 최악의 상황에 대해 계획하고 반면에 최상의 상황에 대해 기대하라. 그러나 개업할 때 이미 고객이 확보되어 있지 않는 한, 기존의 저축금으로 살아가거나 1년 중 가장 사업이 잘될때의 수입으로 살아야 한다는 계획을 세워라.

2. 예비 고객들의 리스트를 확보하고 영업을 위한 전화를 할 준비를 하라: 즉, 예비 고객들과 전화상으로나 직접 대면해서 만나서 당신의 서비스가 그 고객들의 필요를 충족시켜주는 지에 대해 확인하고 얘기하라. 사업을 일으킨다는 것은 사람을 만나서 접촉하는 스포츠라고 할 수 있다.

3. 당신의 네트워크와 예비 고객층을 확보하는데 주력하라. 마케팅(예. 홈페이지, 전단지, 명함, 신문 기고나 강의, 등)은 충분치 않다. 궁극적으로, 당신의 상품/서비스를 판매해야 한다. 판매 과정은 당신의 예비고객과 일대 일로 대면하여 대화를 나누면서 당신의 사업 서비스가 고객의 필요를 어떻게 만족시키는 알아보는 시점부터 시작된다. 사업을 하기 위해서, 당신은 결국은 한 사람과 대화하면서, 그의 혹은 그녀의 요구를 알아내고 그 해결방안, 예를 들어 자세한 토의, 서면 제안, 혹은 공식적인 프레젠테이션을 제안해야 한다.

더 많은 정보를 위해, 홈페이지 www.beyondborders.us.를 방문하라.

제 5 장

50⁺ 나이에 창업 시 고려해야 할 사항

Caveats for Starting a Business at 50⁺ Years of Age

나는 18세에서 70세에 이르는 기업가들과 함께 일했다. 창업 사업계획 과정은 나이와는 상관없이 유사하다. 그러나 50세 이상의 그룹은 젊은 세대와는 재정적으로나, 개인역량에서나, 전문성에 있어서 다른 점이 있다. 이런 차이점은 주의 깊게 고려하고 다루어야 할 독특한 관심사이다.

재정상의 위험을 줄이는 법 Financial Risks—How to Reduce Them

당신이 자신의 사업에 투자하거나 담보물로 쓸 저축금과 자산이 있다하더라도, 대부분의 돈은 아마 자녀의 대학등록금이나 노후자금을 위해 정해져있을 것이다. 자신의 사업을 시작하기 위해 이 돈의 일부를 쓴다는 것은 어려운 결정일 수 있다. 대부분 창업 초기상황에서 예상한 것보다 더 많은 돈이 필요하며, 사업이 성장할수록 돈은 더 많이 필요하기 때문이다.

만일 당신이 외부로부터 자금을 조달하여 사업을 성공시켰을 때 당신과 당신의 가족, 투자자와 은행은 모두가 행복하다.

그러나 만약 사업이 성공하지 않을 경우엔 어떻게 되는가?

대부분의 투자자가 어렵게 번 돈을 증명된 과거의 성공 실적이 없는 당신에게 투자하기 위해선 개인적으로 당신에 대해 알아야 한다. 따라서 투자자로부

터 돈을 마련했다면, 투자자들은 거의 대부분 친구들이거나 가족들일 경우가 많을 것이다. 이는 창업 초기상황에서 일어나는 일반적인 경우이다. 당신의 사업이 잘 돌아가지 않을 때, 당신은 남은 여생동안 매년 명절이나 가족 기념일에 그들의 우울한 얼굴과 비난하는 듯한 눈초리에 직면하게 될 것이다!

만약 당신이 전문투자자들로부터 투자를 받고서 사업이 고전을 겪거나 실패한다면, 그들이 사업을 더 효율적으로 이끌 수 있다고 보는 다른 사람으로 교체하기 위해 주주총회를 소집하게 될 것이고 당신은 불만족스러워 하는 주주들에 의해 물러나게 될 것이다.

통찰력 혹은 지혜
대출을 최소화하라.(없으면 낫다.) 성공의 기회들은 많은 빚과 이자부담이 없다면 성공의 기회가 더 많을 것이다.

만약 당신이 돈을 빌렸다면, 사업에 실패한다는 것은 또 다른 어려움에 봉착하게 될 것이다. 대출금을 갚지 못할 경우, 당신의 사업은 법원 판결에 의해 문을 닫게 될 것이기 때문이다. 주택을 담보로 대출했을 경우, 주택을 잃게 될 것이다. 그러나 빌린 자금에 연관된 위험을 잘 처리할 수 있다고 결정받더라도, 대출시장의 긴축으로 인해 돈을 구하기 쉽지는 않을 것이다. 대부분의 대출은 주식 지분과 담보 물권을 요구하기 때문이다.

따라서 자금을 대출하거나 투자자를 모으는 것, 두 가지 모두 위험부담이 따른다. 그러나 포기하지 마라! 당신이 사업을 시작하는 재정적 위험부담을 줄일 수 있도록 다음 전략들을 고려하라:

- **착수비용과 유지비용이 낮은 사업을 선택하라.**
  재고에 많이 투자하거나 장기간의 임대 혹은 시설건설을 요하는 사업을 피하라. 많은 서비스업과 자택을 본거지로 한 사업과 온라인 사업이 시작하기에 상대적으로 적은 투자를 하게 되고 자기자본으로 할 수 있다.
  또한 가능한 한 언제든지 운영경비를 최소화해야 한다. 집에서 할 수 있는 사무실과 가상의 종업원들과 팀은 기업가들의 운영비용과 이동 비용을 절감하게 한다.

• **동업자를 구하라.**

재정상의 이유나 사업을 잘하기 위해 파트너를 필요로 한다.
내 경험상 베이비붐 세대가 젊은 기업가들보다 동업하는 경향이 더 많은 것을 보았다. 나이가 듦에 따라, 혼자 버티는 것을 줄이거나, 모든 것을 스스로 하려고 하지 않는 지혜를 본다. 성공한 기업가 사례의 반 이상이 재정상으로 기여하거나 일을 공유하는 사업파트너들이 있다는 것을 주목하라.

• **평균 성공률보다 더 높은 산업을 찾아라.**

일부 산업들은 다른 것들보다 더 높은 사업성공률을 가지고 있다. 이런 산업들 중 하나의 사업을 선택하는 것은 시작부터 당신 사업의 가능성을 유리한 쪽으로 증가시킨다. 예를 들면, 케이스 웨스턴 리저브 대학교(Case Western Reserve University)의 기업가정신과정의 교수인 스콧 쉐인(Scott A. Shane)은 www.smallbiztrends.com(***역자주:** 소기업에 관한 다양한 주제별로 정보를 제공함)에서 "[Amy Knaup of Monthly Labor Review] 자료에서, 정보 분야에서 4년동안 생존할 확률은 단지 38%인데 비해, 교육과 건강 서비스 분야는 55%라고 한다. 다시 말해서, 교육과 건강분야에서의 창업해서 4년 동안 생존할 가능성이 정보 분야에서 창업해서 4년 생존하는 것보다 평균적으로 50% 더 높다고 한다. 정말 엄청난 차이다."
일반적으로, 다른 사업체에 물건을 판매하는 회사가 고객들에게 직접 판매하는 회사보다 더 생존율이 높은 경향이 있다. 이것은 아마 이런 사업을 시작하는 기업가들이 상당한 경험과 산업지식을 가졌기 때문이다.

• **사업 아이디어를 다시 생각하라.**

때로는 당신의 사업개념을 약간 바꿈으로써, 창업초기비용을 줄일 수 있다. 예를 들면, 막대한 자본투자를 요구하는 레스토랑을 개업하는 대신, 착수비용일부로 하는 출장뷔페 같은 음식 제공업이 더 낫지 않을까? 소매업을 하는 것 대신, 쇼핑몰에서의 가두매점은 어떤가? 작게 시작해서 당신의 제품이나 서비스를 시장에서 시험해보라.

결합된 기술

시누이와 올케 사이인 리니(Renee)와 켈리(Kelly)는 보석을 만드는 예술가적 기술과 재능과 취미를 협력하여, 홈페이지와 지역이벤트를 통해 판매하는 풀타임 사업에 뛰어 들었다.

통찰력 혹은 지혜

동업자를 선택하는데 있어서는 가치와 목표가 상호 조화로울 수 있는 지를 살펴보라.

진단과 분석

이미 마음속에 사업 아이디어가 있다면, 당신은 사업의 재정상 위험을 줄이기 위해 어떤 조치를 취하겠는가?

_____

_____

_____

_____

_____

_____

_____

_____

_____

_____

_____

• **일하는 동안 당신의 사업을 시작하라.**

일을 계속함으로써, 당신이 버는 이윤은 사업의 성장을 위해 재투자할 수도 있다; 또한 소득을 위해 사업에 의존하지 않고 생활비를 지불할 수도 있을 것이다. 당신이 파트타임제로 일하는 것은 또한 제품이나 서비스에 대한 시장 수요를 시험할 수 있게 한다.

나 자신 낮은 재정상의 위험을 감수하면서, 수년간 재정상의 위험부담을 줄이려고 이러한 많은 전략들을 수행하였다. 내 딸들이 어렸을 때, 기업가가 되고 푼 내 생각을 추진하고자 딸들의 재정적 안정성을 위태롭게 하지는 않았다. 난 그저 위험을 관리할 수 있는 방안을 추구했다. 예를 들면, 많은 파트너가 있는 두 개의 회사에 소속되어 재정상의 위험을 분산시켰다. 나이가 드니, 내 은퇴생활을 위험에 빠뜨리게 하고 싶지 않다. 나의 컨설팅 사업은 성질상 위험부담이 작아 정규직 일을 하면서도 시작했다.

창업을 하는 데는 많은 재정상의 위험을 가질 필요가 없다. 창업과 관련된 위험을 일부분 또는 대부분 당신이 줄일 수 있는 방법에 대해서 생각하라. 진단과 분석에서 당신의 생각을 기록하라.

건강이 당신의 사업에 미치는 영향, 그리고 그 반대
The Impact of Your Health On Your Business, and Vice Versa

마크 테리(Mark Terry)는 그의 글 "은퇴기업가들을 위한 7가지 조언(7 Tips for Retirement Entrepreneurs)"에서 은퇴자들에게 "당신의 사업에 기꺼이 쏟아 부을 수 있는 육체적으로나 정신적인 에너지 수준에 대해 현실적이 되라"고 권고한다.

일부 사업은 노트북 컴퓨터와 곁에 시원한 음료수를 놓고 편안히 운영할 수 있지만, 빵가게, 음식점 혹은 숙박업소 운영과 같은 사업들은 많은 노동이 요구된다.

때로는 일에 필요한 육체적 조건이 앞서 언급한 사업들처럼 분명하지 않다. 과도한 출장과 정신없이 바쁜 스케줄 같은 요소도 힘들게 한다. 개인적인 즐거움을 위해 여행하는 것과는 별개이기 때문이다. 출장시 공항에서 긴 줄을 서고

연착된 비행기를 기다리는 것은 뭔가 완전히 다르다. 돈은 스트레스와 짜증을 보상하거나, 골프를 포기하고, 친구와의 점심식사나 손주들과의 시간을 포기하는 것을 보상하기엔 충분치 않을 수 있다.

오랜 시간을 일하는 것은 또 다른 어려움이다. 특히 소매업에서 더욱 그렇다. 소매업에서는 야간과 주말에 기꺼이 일하는 믿을만하고 성실한 근로자를 찾기 어렵다. 소비자를 상대로 하는 판매업보다, 사업체를 상대로 하는 판매는 훨씬 더 자유로운 사업 스케줄을 제공할 가능성이 크다.

에너지와 건강은 내 사업을 위한 잠재적 성장기회를 평가할 때 나의 첫 번째 고려 대상들이다. 세미나와 워크샵이 판매증진을 위한 직접적인 방법임에도 불구하고, 세미나와 워크샵에서는 많은 에너지를 쏟아야 하고 종종 출장을 포함하거나 저녁 9시30분 이나 10시까지 일해야 한다. 매우 제한된 기준을 제외하면 그것을 하기엔 너무 나이가 들었다!

나이와 이와 관련된 건강요인들을 고려하는 것은 많은 베이비붐 세대로 하여금 라이프스타일 기업(lifestyle business, *역자주: 사주가 자기의 생활 양식에 필요할 정도의 이익만을 추구하는 기업)을 선택하도록 한다. 라이프스타일 기업은 기업가가 개인적인 우선순위에 따라 사업의 필요들을 조화시킬 수 있는 기회를 제공한다.

경험부족에 대한 타개책 Addressing Experience Gaps
당신이 비교적 새로운 분야를 시작하든지 또는 창업하는 것이 처음이든지간에, 다음의 몇 가지 방법은 당신이 배워야할 부분이 무엇인지 점검하게 한다.

현장에서의 일 Work in the Field
젊은 기업가들에게는 창업을 계획하는 분야에서 최소 2~3년간 일할 것을 권고한다. 가급적이면 새로 시작하는 회사면 더 좋다. 이것은 누구에게나 좋은 충고지만, 당신이 50세 이상이라면 좀 더 빨리 시작하는 게 좋을 것이다.

새로운 분야에서 전적으로 일에 몰입할 수 있을 땐 언제든지 큰 이득을 거둘 것이다. 정규직 일을 하면서 경험을 쌓기 위해 파트타임제 일을 고려하라. 당신의 기술 수준 이하로 생각되는 일이더라도, 당신이 운영하게 될 새로운 분야에서 주어진 어떤 일이든 그것을 통해 경험을 얻을 수 있다.

멘토를 찾아라. 물론, 이 나이에도 Find a Mentor. Yes, Even at This Age

멘토를 찾는 것은 당신의 사업가로서의 여정을 위해 중요한 다음 단계이다. 대부분의 성공한 기업가들은 멘토가 있다고 한다. 어떤 기업가들은 사업이 진행됨에 따라 그들을 지도해 줄 여러 명의 멘토들을 찾는다. 왜냐하면 사업이 성장함에 따라 멘토링이 필요한 분야가 달라지기 때문이다.

통찰력 혹은 지혜
당신의 업종에 대해 더 많은 것을 알고 경험이 있는 사람들과의 만남의 관계를 만들어라. 아울러 창업 단계나 성장 단계에서 당신을 지도해 줄 수 있는 사람과 지속적인 관계를 가져라. 당신이 모르는 분야에 대해 채워나가게 될 것이다.

멘토들은 다른 기업가들이거나 사업의 시작과 성장의 비결을 아는 다른 전문가들일 수 있다. 그들은 창업의 경험이 있는 친구나 옛 동료일 수도 있다. 멘토링 관계는 모임이나, 산업 협회, 또는 자원 봉사 활동을 통해서 발전된 우호 관계에서부터 생기기도 한다. 다른 관계들과 마찬가지로 천천히 발전해서 양측 상호간의 시간과 에너지를 필요로 한다.

당신의 지역사회에도 내 경우처럼 **기업가 멘토링 프로그램**이 있을 것이다. 이러한 멘토링 프로그램은 일반적으로 성공한 지역 기업가들에 의해 그들의 지역사회에 "나눔"의 한 방법으로서 시작되었다. 스코어(SCORE)를 통한 무료 온라인 멘토링도 이용가능하다. 스코어(SCORE) 홈페이지 주소는 score.org/ask_score.html 이다.

다른 멘토링 자원은 **"멀리 있는 동일 업종의 경쟁자"**일 수 있다. 이때 멘토는 당신과 같은 사업을 하지만 당신의 거래지역을 벗어난 누군가이다. 그런 사람들은 당신의 사업이 그들과 경쟁하지 않는 한 실제적인 정보를 제공해주는 귀중한 자원일 수 있다. 이런 "멀리 있는 경쟁자"는 다른 지역사회의 업종별 전화번호부, 인터넷, 당신의 업종 관련 협회를 통하거나 그 산업의 사람들과 얘기함으로써 찾아낼 수 있다.

당신이 유사한 사업을 시작하지만, 그들의 거래지역에서는 운영하지 않는다고 설명하면, 먼 지역의 경쟁 기업가들은 당신을 더 기꺼이 도우려 할 것이다. 제 3자를 통해 소개 받는 것은 무작정 전화하는 것보다 훨씬 낫다. 물론 무작정 전화해서 성공적으로 도움을 받은 사람도 이따금 있다. 수 백마일 떨어진 한 기업가와 멘토링 관계를 가지게 되었던 한 학생이 있었다. 그는 '멀리 있는 경쟁자"를 인터뷰하라는 학급과제를 위해 업종별 전화번호부를 통해 이 사람을 찾았다. 그 기업가는 그가 창업하기 원했던 것과 유사한 인터넷카페를 운영했다. 멘토링 관계는 수년간 계속됐다.

멘토링 관계가 성공하기 위해서는 윈-윈(상생)이 필요하다. 멘토에 따른보상은 종종 타인을 돕는 "나눔" 에서 오는 만족감이다.

어떤 기업가들은 멘토링을 위해 개인코치를 활용하기도 한다. "성공적인 창업을 위한 준비와 코칭열쇠"에 소개된 캐티(Kathy Yeager)의 경우가 개인 코치를 활용한 사례이다.

성공적인 창업을 위한 준비와 코칭열쇠

존슨 카운티 지역사회대학(Community College)에서 인력개발과 평생 교육 분야에서 30년을 일한 후, 캐티 이거(Kathy Yeager)는 은퇴하기로 결정했다. 그녀는 그녀의 판매 마케팅 기술과 경험을 활용하여 대학들에게 도움을 줄 수 있을 것이라고 생각하면서 일 년 미리 은퇴계획을 준비했다.

당시 캐티는 개인 코치 계약을 맺고 그녀의 제품을 찾아내고 목표 시장을 찾는데 한 달에 한 시간 함께 만나기 시작했을 무렵이다. "내 코치는 사업을 시작하고 발전시키기 위한 각 단계별로 집중하도록 도왔다. 그녀는 내가 적합한 자원을 찾고, 핵심사업과 목표설정에 집중하도록 도왔다"고 캐티는 말한다. 덧붙여서, 캐티는 그녀의 대학에서 소사업 발전센터의 서비스를 통하여, 사업개념발전과 사업계획준비에 관한 지도를 받았다. 캐티가 은퇴했을 때는, 그녀의 컨설팅 사업은 전국적인 고객을 확보하면서 힘찬 출발을 했다.

계약 훈련 엣지 유한회사(Contract Training Edge, LLC)는 판매기법, 직원개발, 벤치마킹, 재조직 및 구조조정과 일대일코칭 분야에서 전국대학을 대상으로 서비스를 공급한다. 더 많은 정보는, Kathy Yeager 913-593-5347, kyeager@ctedge.net, 혹은 www.ctedge.net로 연락하라.

자원 봉사 활동을 하라

올바른 환경에서 신중하게 선택한 자원봉사 활동은 당신이 사업을 시작할 분야에서 성장하고 배울 수 있게 한다. 당신은 봉사도 하면서 동시에 새로운 기술과 산업을 배울 것이다. 또한 배우는 동안 당신에게 장차 도움이 될 사람들의 네트워크를 구축하게 한다. 공짜로 도와준다는데 사양할 사람은 거의 없을 것이다.

직장생활 초기에, 나는 창업 기업의 성장을 촉진하려고 만든 사업 혁신 센터로 불린 소기업 육성센터에서 자원봉사를 하는 동안 창업에 대해 아주 많이 배웠다. 그 후, 나의 컨설팅 고객들 중 두 명이 내가 소기업 육성센터에서 일할 때 만났던 사람들이다. 자원봉사가 모든 면에서 유인하다고 하는 또 다른 예를 위해 "파트너관계로 이끄는 자원봉사"를 읽어라.

새로운 기술을 개발하라

현장에서의 경험이 적으면 적을수록, 더욱 더 배워야 한다. 특히 창업이 처음이라면, 자신이 몸소 배워야 한다.

사업에 필요한 기술적 지식과는 별도로, 당신은 다음과 같은 사업지식이 필요하다.

- 영업과 마케팅 노하우, 광고, 판매 촉진과 홍보 기법
- 부기, 회계 및 세금 관련 경리상 노하우 혹은 공인회계사나 세무사가 제공한 정보를 이해할 수 있는 지식
- 제품을 판매한다면, 생산, 자재 구매 및 유통 방법
- 당신의 사업에 영향을 미치는 법적문제들
- 근로기준법 지식 – 초기에 종업원들이 있다면

일찍부터 어느 정도 팔방미인이 돼서 이들 기능 중 많은 부분을 수행할 수 있어야 한다. 점차적으로 이런 기술을 가진 다른 사람들을 활용하기 위해 팀을 확장할 수 있다. 세금과 근로기준법과 같은 분야에서는, 처음부터 전문가 조언을 필요로 할 것이다.

"창업과정은 팀 스포츠이다"
작자미상

나의 컨설팅 사업에 관하여는 거의 모든 것을 내 스스로 하기 시작했다. 운 좋게도 기업가정신(Entrepreneurship) 교수로서의 일은 나를 준비시켰다. 그래도 법적조언을 위한 변호사와 회계와 세금 업무를 위해서 공인회계사의 도움은 받는다.

현재 나는 6개의 자원으로 분류되는 "사실상의 팀"을 가지고 있다. 이는 청구서 작성과 대학 교재 배송을 수행하는 회사, 분기별로 방문하는 회계원, 일년에 한번 상담하는 세무사, 프로젝트 단위로 고용하는 교정자, 편집자, 그래픽 전문가와 그리고 마케팅 및 영업 컨설턴트, 주기적인 미팅 때 내가 점심을 사는 개인적인 친구를 포함한다.

창업 분야에 있는 사람들과 그 분야의 기업가들과 얘기하는 것은 당신이 필요로 하는 자원을 알아내는 좋은 방법이다. 자원을 찾도록 돕는 지역 SBDC (*역자주: 미국 소기업 지원센터, 한국에서는 소상공인지원센터에서 지원, 1588-5302, www.sbdc.or.kr)나 SBA(*역자주: 미국중소기업청, 한국 중소기업청은 www.smba.go.kr, 국번없이 1357) 사무실에도 연락하라. 미국 SBDC는 교육기관과 연방정부, 주와 지방정부간의 민간부문 협력기구로서, 소기업 창업자와 예비 창업자주를 위해 지원한다. "미국의 소기업들을 위한 상담자들"인 SCORE는 비영리 협회이며 미국 중소기업청의 협력기관이다. 그들의 목표는 전국적으로 시작하고 성장하는 기업가들을 교육하는 것이다. 두 기관 모두다 기업가들에게 무료서비스를 제공하며 그들의 홈페이지: SBA: http://www.sba.gov/localresources와 SBDC: http://www.sba.gov/aboutsba/sbaprograms/sdbc/index.html 를 통해 알 수 있다.

판매와 마케팅에 능숙하라. 당신은 특히 창업 초기에 당신의 제품/서비스의 판매와 마케팅에 아주 많이 시간을 할애하게 되어 있다. 판매와 마케팅을 뒷받침하기 위해 종업원을 고용할 수 있을 때가지 당신은 시장의 요구를 시험하고

파트너로 이끄는 자원봉사
딜 리 나 스 타 웃 (Delena Stout)의 사업파트너는 그들의 동업관계 합의를 본격화하기 전에 일 년 이상 브룩사이드 베 이 커 리 앤 배 스 (Brookside Barkery and Bath)에서 일했다. 이것은 두 파트너가 함께 일하고 융화 가능성을 시험할 기회가 되었다. 84쪽의 성공 기업가 사례를 보라.

당신의 사업을 성장시키는 것이 당신의 몫이다. 판매와 마케팅에 대한 지식이 없다면, 지역대학을 통해 판매/마케팅 강좌 등록을 고려하거나, 지역 SBA나 SBDC를 통해 제공된 짧은 "실습" 강좌 하나에 등록하라. 유사한 제품을 판매하는 기업가들이나 마케팅 컨설턴트들과 얘기하는 것도 도움이 된다. 다음의 진단과 분석을 완성하라.

성공할 가능성을 개발하기 위한 다른 조치들
Other Steps To Improve The Odds Of Success

기업가인 내 친구 중 한 명은, 두 명의 사업파트너와 함께 세차장을 계획하여 성공하게 됐다고 했다. 그는 수많은 시간을 그 지역의 인구통계자료, 경쟁 환경, 교통과 인구 밀집유형 등 시장 조사와 사업계획서 작성과 자금조달을 위해 보냈다.

내가 일했던 대학의 복사센터에 자주 방문하면서 알게 된 또 다른 사람과 비교해 보기로 하자. 어느 날 복사물을 기다리는 동안, 복사 센터 종업원인 그는 내가 기업가정신(Entrepreneurship)을 가르치는 것을 알고서 자신의 사업을 시작할거라고 말했다. 그는 계속해서, "어젯밤 제 친구와 맥주를 몇 잔을 마셨고 함께 인쇄센터를 시작하기로 결정했습니다. 친구도 인쇄 쪽에 경험이 좀 있고, 사업투자에 사용할 수 있는 신용카드도 몇 장씩 있습니다."라고 말했다. 몇 주 지나지 않아서 그는 사업시작을 위해 복사센터를 떠났고 6개월이 되지 않아서 다시 돌아왔다.

> *"당신이 어디로 가야 할지 모를 때,*
> *어느 길을 택하든 당신을 그곳에 데려다 줄 것이다. "*
> 루이스 캐롤(Lewis Carroll)

비록 시장조사와 창업 계획, 사업 계획서(최소한 약식 사업계획서) 그리고 적절한 자금조달이 성공을 보장하지는 않는다고 할지라도, 성공할 가능성은 크게 증가시킨다.

성공적인 기업가들과 다른 사람들을 구분 짓는 또 다른 요인은 틈새시장을

찾는 것이다. 그들은 종종 시장 수요가 적절히 충족되지 않는 서비스가 부족한 시장을 찾아낼 수 있다.

　이것은 그들의 이전 고용주들과 동일한 분야에서 사업을 시작하는 사람들에게 효율적인 전략이다. 그들은 치열하게 경쟁하지 않으며 이전 고용주들이 간과하거나 무시한 틈새시장을 개척해 낸다. 또한 이것은 큰 회사들과 경쟁할 때 효율적인 전략이기도 하다. 종종 큰 회사들은 더 작은 틈새시장에서 사업하는 데는 성공적이지 않다.

진단과 분석

이미 마음속에 사업 아이디어가 있다면, 당신은 어떤 분야의 경험과 지식에 있으며, 보충해야 하는 것은 어느 것인가?

1단계 결론: 은퇴자가 창업시 고려해야 할 사항은 무엇인가?

이전의 다섯 개의 장을 읽고 다양한 실전단계들을 완료한 후, 당신은 이제 창업 동기에 대해 훨씬 더 잘 이해하였고, 당신의 사업이 당신의 삶에 기대하는 역할에 대해 좀 더 나은 이해를 했을 것이다. 당신의 건강이나 에너지 수준이 창업하는데 얼마나 영향을 주는 가를 알았고 창업하는데 재정상 필요조건들을 최소화하는 방법을 고려했을 것이다. 또한 사업에 필요로 하는 기업가적 기술을 함양하고 강화하기 위한 다양한 방법들을 생각했을 것이다.

이제 당신은 「실전단계 5.1」에서 이런 요점에 대한 당신의 생각을 갖게 될 것이다.

5.1 실전단계
1단계 결론 step 1 conclusion
베이비 붐 세대 고려사항 my Boomer considerations

30쪽의 5년단위 선택 도표를 사용하여, 아래 질문에 답하라.

a. 향후 5년 기간 동안 당신은 여가 생활과 일 사이에 어떤 균형을 갖고 싶은가?(예를 들어, ① 주로 일을 할 때는 여가생활이 저녁과 주말로 제한됨, ② 여가생활과 일 사이에 약 50대 50 혼합, ③ 주로 여가활동)

_____

_____

_____

b. 당신이 창업을 하는 주된 이유는 무엇인가?

_____

_____

_____

c. 당신이 일하고 자신의 사업을 운영하는데 있어서 당신의 건강이 어떤 영향을 미칠 것으로 기대하는가?

_____

_____

_____

d. 당신의 재정적 상황이 창업하는 데 어떤 영향을 주는가?

_____

_____

_____

e. 사업 아이디어가 있다면, 창업하는데 재정상의 위험요소를 줄이기 위해 어떤 조치를 찾았는가?

_____

_____

_____

f. 사업 아이디어가 있다면, 경험 부족과 지식 부족을 채우기 위해 어떤 방법을 취해야 하는가?

_____

_____

_____

성공 기업가 사례의 서론

딜리나 스타웃(Delena Stout)은 실직이라는 부정적인 것을 매우 성공적인 애완동물 영양 및 목욕가게 창업이라는 긍정적인 것으로 바꾸어서 단 5년 만에 세 개 지역 지점으로 확장시켰다. 그녀는 사업시작에 앞서 기업가 전략계획과정인 FastTracr®NewVenture™ 를 듣고 이 사업의 성공 가능성을 향상시켰다. FastTracr® 프로그램은 창업자들과 예비 창업자들에게 주요사업안목과 기술을 제공했으며 미국 전역 300개 이상에 협력조직을 통해 전달된다. 당신과 가까운 FastTracr®program제공기관의 위치를 알고 싶으면, 홈페이지 www.fasttrac.org (*역자주 미국 카우프만 재단에서 운영하는 창업 지원 프로그램 소개 웹사이트)를 방문하라

성공 기업가 사례 Delena Stout

Brookside Barkery and Bath
애완동물 영양식 및 목욕 가게

실직근로자로서, 딜리나 스타웃(Delena Stout)은 전 직장에서 일할 때 받은 엄청난 보수, 회사전용기 이용 출장 및 이사회와 함께 일했음에도 불구하고 회사 생활로 복귀하는 것에 대해 강한 거부감을 갖고 있었다.

Brookside Barkery and Bath 의 홈페이지

직장 생활동안, 그녀는 회계, 사무 관리와 가장 최근엔, 건축회사에서 판매와 마케팅 분야에서 일했지만, 사업 아이디어를 찾게 된 것은 그녀의 애완동물을 통해서였다. "우리한테 큰 개들이 있는데 개를 씻기는 지역의 장소는 청결하지 않고 장비도 좋지 않고 큰 개들이 목욕을 위해 사다리로 오르는 것도 불편했다"고 그녀는 말했다.

카우프만 재단(Kauffman Foundation)의 패스트랙 뉴벤처 프로그램(FastTrac®NewVenture™ program)을 여러번 다니면서, 그녀는 애완동물 목욕셀프서비스 사업 아이디어를 더욱 수익성 있게 하기 위해서는 약간의 조정이 필요하다는 것을 알았다. 그녀는 시장을 조사하면서 얻은 정보의 결과로 필요한 조정을 할 수 있었다. "수업의 일환으로 도서관을 방문했을 때, 나는 어떻게 인터넷에 접속해서 정기간행물과 소식지를 찾아내는 지에 대해 배웠다. 조사 자료를 하나 하나 면밀히 분석하게 되었고 그때마다 새로운 것을 발견하였다. 그것은 내가 한 일중 가장 매혹적인 것이었다."고 그녀는 말했다.

"전국의 다른 애완동물 건강관리 가게에 대한 조사가 품질에 초점을 맞추어야겠다는 결정에 도움을 줬다"고 말했다. "좋은 품질의 애완동물먹이는 마을 어느 곳에도 발견할 수 없었다." 고 하며 그녀는 애완동물 영양식을 이전의 목욕셀프서비스 개념과 결합시켰다.

그녀의 사업체인 브룩사이드 베이커리 앤 배스(Brookside Barkery and Bath)는 2003년 "전국에서 가장 품질 좋고 동물에게 적합한 천연재료의 애완동물 먹이"를 판매한다는 애완동물의 건강에 대한 약속과 함께 설립되었다.

그녀는 "조사를 통해 나는 모든 다른 사람들이 하는 것을 하지 않는 큰 위험을 받아들이는 것을 배웠다. 왜냐하면 그 분야에서 이런 유형의 사업을 처음 시작했기 때문이다. 처음에 자금 조달은 어려웠다. 그런데 결국, 지역은행에서 25,000달러를 대출받았고 나머지 자금은 남편과 나의 저축금에서 꺼냈다"고 했다.

고객들의 반응은 이런 유형의 가게가 필요하다는 것으로 확인해 주었고, 향후 프랜차이즈사업을 할 계획으로 켄자스시 도시권역에 두 개를 더 개업했다.

사업이 성장하면서 딜리나는 엄청나게 긴 시간을 일해야 했다. 그로인해 사업파트너를 갖는 것에 대해 고심을 하게 되었다. 그녀는 "사업 파트너를 갖는다는 것이 네게 다시 활력을 주었다"고 말했다. 그녀와 파트너는 일 년 가량 함께 일하면서 그들이 서로 맞는다는 것을 확신하게 되었고 동업관계를 공식적으로 합의하게 되었다.

"일생동안 내가 한 모든 일은 이것을 위해 준비한 것이다. 마케팅에 관한 배경으로 인해, 어떤 도로가 가게를 매매하기에 적당할지 알았다. 회계 분야의 경험으로 인해 사업재무제표를 읽을 수 있었다. 다양한 일 경험을 통해, 또한 하지 않아야 할 것을 배웠다. 일부사람들이 종업원들을 다루는 그 방식으로는 결코 내 종업원들을 다루지 않았다. 나는 나이가 더 들고 인생경험을 더 많이 했을 때 사업을 시작하는 게 현명하다고 생각 한다"고 딜리나는 덧 붙였다.

그녀는 창업자들에게 조언하기를 "처음부터 뭔가를 하기 원하는 이유를 가져야 한다. 내 경우는 내 애완동물들과 동물들의 요구 충족을 위해 뭔가 할 이유가 있었다. 애완동물들을 위한 좋은 영양식이 필요하다는 것을 알고 지역사회에 이를 나눠줄 수 있다는 것은 멋진 일이다. 이보다 더 행복할 수는 없다."

더 많은 정보를 위해서, 홈페이지 www.barkerybath.com 을 방문하라.

2단계

자신과 시장에 맞는 기회를 포착하라

1 단계 은퇴자가 창업시 고려해야 할 사항은 무엇인가?

2 단계 자신과 시장에 맞는 기회를 포착하라

3 단계 창업 아이디어를 검증하고 시장에서 테스트하라

4 단계 사업의 실현가능성을 결정하고 시작하라

제 6 장
당신에게 적합한 사업은 무엇인가?
What Makes a Business Right for You?

1단계 은퇴자가 창업시 고려해야할 사항은 무엇인가? 에서 당신은 창업하고자 하는 베이비붐 세대가 증가한다는 것과 창업시 명심해야 할 것에 대해 개괄적으로 살펴보았다. 2단계에서는 좀 더 깊이 있게 당신의 상황을 분석하고 당신의 필요와 목표에 적합한 사업의 유형이 무엇인지에 대해 결정할 것이다.

인생에 의미를 주는 한 가지 Your One Thing

사업을 선택함에 있어서, 당신은 종종 "열정을 찾을" 필요가 있다고 듣는다. 멋진 말이지만, 많은 사람들은 그들의 "열정"이 무엇인지 확실히 알지 못한다. 처음에, 나도 나의 열정이 뭔지 알 수 없었다.

영화 시티 슬리커스(City Slickers)에서 잭 팔런스(Jack Palance)가 빌리 그리스탈(Billy Crystal)에게 충고하기를 자기 인생에 의미를 주는 "한 가지 (One Thing)"를 찾으라고 했던 것이 생각난다. " 인생에 의미를 주는 한 가지" 가 뭐냐고 물었을 때, 잭 팔런스는 각 사람이 스스로 그것을 찾아야 한다고 대답했다.

내가 다른 사람들에게 그들의 열정을 찾으려면, "그들의 과거(예를 들어 가장 좋아하는 일, 그들이 좋아하던 강좌와 취미)와 미래(장차 5년, 10년과 20년 후의 이상적인 삶)를 생각해 보라"고 가르쳤을 때와 마찬가지로, 똑같은 과정이 점차 내가 나의 열정을 찾는데 도움을 줬다. 뭔지 짐작이 가는가? 나에게 열정은 집필이다! 수년간 이 방향으로 향한 징후들이 있었다. 일찍이 대학 시절에 영국인 교수의 격려(당시 나는 그것을 무시했다)와 그 당시 새로운 논술 교과과정에 대해 특별히 좋아했던 점, 컨설턴트로서 기업가정신 교과과정을 쓸 때에 특별히 기뻐했던 것 들이다. 집필은 내 자신이 빠져드는 바로 그 한 가지(One thing)이었으며 긴 시간이 흘러도 어떻게 흘렀는지 모르는 그런 것이었다. 나는 또한 따뜻한 태양아래 앉아서 노트북 컴퓨터를 가지고 기업가정신 교과과정을 고안하거나 나의 집근처에서 겨울 추위가 휘몰아 칠 때에도 또 다른 책을 집필하는 미래의 나 자신을 그려 볼 수 있었다.

당신이 추구하는 사업은 자신의 관심과 미래의 꿈을 반영해야 한다. 당신은 아마도 음식을 만들거나 자녀들을 대학에 보내는 데 많은 시간을 사용했을 것이다. 무엇이 당신의 마음을 사로잡는가? 무엇이 당신을 아침에 기분 좋게 잠자리에서 일어나게 하는가? 이제는 이런 질문에 답해야 할 때다.

미래의 꿈과 과거의 일을 검토함으로써 당신의 열정을 결정하는 과정을 시작해보자. 나는 스티븐 코비(Steven Covey)의 열렬한 팬 이다. 그의 책, 성공한 사람들의 7가지 습관(The Seven habits of Highly Effective People)에서 특별히 나는 "최후의 순간을 마음속에 분명히 간직하고 시작하라"는 두 번째 습관을 좋아한다. 이 원칙은 당신이 종국에 도달하고 싶은 목적지를 아는 것이 당신의 매일 매일의 행동을 움직이고 당신의 목표를 성취하게 한다는 것을 강조한다. 스티븐 코비의 홈페이지(https://www.stephencovey.com/7habits/7habits-habit2.php)를 인용하면,"만일 당신의 사다리가 올바른 담벼락에 기울어지지 않았다면, 당신이 내딛는 모든 계단은 당신을 잘못된 장소에 더 빨리 도착하게 한다.

이제 당신은 정확히 당신이 종국에 도달하고 싶은 목적지가 어디인지 결정하기 위한 시간을 가져야 한다.

개인적인 목표, 전문가로서의 목표와 꿈

다음의 실제 이야기는 자신의 미래를 결정하는데 있어서 긍정적인 생각의 힘과 마음속에 그림을 그리기의 강력한 예이다.

지난 2000년 호주 시드니 하계 올림픽경기대회에서 육상선수 모리스 그린은 경주를 준비하면서 그 자신에게 "나는 세상에서 제일 빠른 남자다; 나는 세상에서 제일 빠른 남자다"라고 계속해서 말하고 있었다. 그의 아버지는 근처에서 기자와 인터뷰를 하고 있을 때 모리스가 혼자 하는 말을 듣고선, 기자에게 "저 아이가 또 저러고 있어요. 어릴 때부터 그 말을 계속하고 있지요" 라고 말했다. 모리스 그린은 분명히 아주 어릴 때부터 큰 꿈을 꾸고 그의 성공을 마음 속에 그림을 그리는 능력이 있었다. 그는 시드니올림픽의 100미터 경주에서 금메달을 거머쥐면서 그해 최고로 빠른 사나이가 되었다.

당신의 꿈과 목표는 무엇인가? 실전단계 6.1에서, 당신은 당신의 미래에 대한 생각을 하도록 요구받게 된다. 미래에 어떻게 되었으면 하는지? 자신의 사업을 운영하는 것은, 당신이 원하는 삶 즉 최후의 목표를 성취하기 위한 수단이다. 당신에게 있어서 개인적 목표를 달성하는 것과 전문적인 목표를 달성하는 것은 어떤 의미인가? 무엇을 하고 있는 것인가? 즐기려는 목적인가? 성취하려는 것인가? 당신의 사는 방식은 어떤 것인가?

실전 단계
개인적 목표, 전문가로서의 목표와 꿈 6.1
personal goals, professional goals and dreams

나의 개인적 목표, 전문가로서의 목표와 꿈

a. 2년 내로 이루고자 하는 개인으로서 또 전문가로서 당신의 삶을 마음속에 그림을 그려보라. 무엇이 보이는가?

_____

_____

b. 5년 내로 되고자 하는 개인으로서 또 전문가로서 당신의 삶을 마음속에 그림을 그려보라. 몇 살이 되는가?_____(빈칸을 채워라) 무엇이 보이는가?

_____

_____

6.1

c. 10년 내로 되고자 하는 개인으로서 또 전문가로서 당신의 삶을 마음속에 그림을 그려보라. 몇 살이 되는가?_____(빈칸을 채워라) 무엇이 보이는가?

_____

_____

d. 20년 내로 되고자 하는 개인으로서 또 전문가로서 당신의 삶을 마음속에 그림을 그려보라. 몇 살이 되는가?_____(빈칸을 채워라) 무엇이 보이는가?

_____

_____

e. 향후 수년간 일하게 될 때, 당신의 이상적인 일 환경을 말해보라. (예를 들어 당신의 작업환경은 어떨까? 출장을 가게 될까? 혼자서 일할까 아니면 다른 사람들과 함께 일할까? 몇 시간을 일하게 될까?)

_____

_____

_____

요약

a에서 e항목의 대답을 생각해보고, 2~3개의 짧은 문장으로 당신의 가까운 그리고 또 먼 미래에 개인으로서 그리고 전문가로서 목표를 요약해보라.

재정적 목표

개인으로서의 목표와 전문가로서의 목표와 밀접하게 연계된 것이 재정적인 목표이다. 그것들은 우선 창업을 하기 위한 당신의 동기와 거의 일치 한다.

먹고 사는데 애쓰고 있다면, 분명히 돈은 당신의 동기요인 그 이상이 될 것이고, 당신이 재정적인 필요가 충족되고 당신이 흥미를 느끼고 도전적이라고 생각되는 열망에 의해 동기 부여된 금액보다 더 많은 재정적 목표를 둘 것이다. 59쪽의 창업하는 이유에서 당신이 확인한 것을 다시 한 번 생각해보라. 재정적인 성공에 대한 당신의 정의는 이 동기요인으로 인해 많은 영향을 받을 것이다.

의사결정의 지침을 제공하는 재정목표

매릴린(Marilyn)은 지역 변화가에 개업하려고 심사숙고했던 양초가게가 그녀가 현재 직장을 그만두고 그 사업을 하기에 필요한 만큼의 수입을 제공하지 못한다고 확정했을 때 자신의 계획을 연기하기로 결정했다. 이러한 분석을 근거로, 그녀는 좀 더 수익성 있는 사업개념을 찾아낼 때까지 기다리기로 결정했다.

당신의 목표가 무엇이든 간에, 돈은 당신이 원하는 삶의 목표를 위한 수단이며 목표 그 자체가 아님을 명심하라. 그러나 말했듯이, 당신이 자신의 사업을 소유함으로 인해 얻는 재정적 보상은 자금과 시간과 에너지를 투자한 것에 대한 충분한 보상으로 느끼는 것이 중요하다.

"의사결정의 지침을 제공하는 재정목표"에서, 재정상의 보상이 부족할 때 어떻게 특정 사업 분야에 대한 기업가의 생각을 변화시키는 지 읽어보라.

「실전단계 6.2」에서, 당신의 사업에 투자 가능한 자산 뿐만 아니라 재정상의 목표도 확인해 보라.

실전단계
재정적 목표
financial goals **6.2**

다음 질문에 답하라.

A. 나의 재정목표

a. 나의 현재 재정적 필요

나는 현재 생계를 지탱하기 위해 다음과 같은 **수입이 필요하다.**

(당신의 가족들로 부터 발생되는 다른 수입들은 제외하라)

( )연간 2천만원 미만   ( ) 연간 2천만원 이상 ~ 3천만원 미만

( )연간 3천만원 이상 ~ 4천5백만원 미만

( ) 연간 4천5백만원 이상 ~ 6천만원 미만 ( )연간 6천만원 이상

b. 나의 미래 재정적 필요

나는 계획된 생활 방식과 재정상의 목표를 위해서는 향후 다음과 같은 수입이 필요하다.

( )연간 2천만원 미만   ( ) 연간 2천만원 이상 ~ 3천만원 미만

( )연간 3천만원 이상 ~ 4천5백만원 미만

( ) 연간 4천5백만원 이상 ~ 6천만원 미만   ( )연간 6천만원 이상

6.2

c. 나의 미래 재정적 목표

나는 계획된 생활 방식과 재정상의 목표를 지탱하기 위해 향후 다음과 같은 수입이면 좋겠다.

( )연간 2천만원 미만　( ) 연간 2천만원 이상 ~ 3천만원 미만

( )연간 3천만원 이상 ~ 4천5백만원 미만

( ) 연간 4천5백만원 이상 ~ 6천만원 미만　( )연간 6천만원 이상

B. 나의 개인적인 순자산

당신의 자산과 부채와 관련해서 다음 질문에 답하라. 자산은 귀중품과 유동자산(*역자주:1년 이내 현금화 할 수 있는 자산) 또는 고정자산(*역자주: 1년 이상 보유하는 자산)일 수 있다. 유동자산의 예는 현금(저축금 포함)과 현금성 자산(주식이나 채권과 같이 손쉽게 현금으로 전환 가능한 투자물)이다. 고정자산의 예는 집과 자동차이다. 부채는 당신의 자산에 반대 개념으로 예를 들어 주택마련대출금이나 자동차와 관련한 할부금이나, 대출금이다.

1. 나의 유동자산은(현금/현금성)　　　₩ _____

2. 기타 자산 (부동산, 자동차 등의 추정액)　₩ _____

3. 내가 빚지고 있는 부채 금액　　　₩ _____

4. 나의 순자산(1+2-3)　　　　　*₩ _____

*당신의 총자산(1+2)에서 총채무(3)를 빼라. 나머지가 순자산이다.

5. 나는 창업에 나의 순자산중 　　　%를 기꺼이 투자할 것이다.

모든 순자산이 현금화 할 수 있지 않다는 것을 명심하라.

6. 내가 기꺼이 투자할 용의가 있는 자금총액은 *₩ _____

*당신의 순자산 항목 4와 항목 5에 넣은 %를 곱하라.

C. 기타 재정상의 자원

당신이 개인적으로 기꺼이 투자 가능한 자금 외에, 다른 어떤 자금을 얻을 수 있는가? 개인저축금과 가족들과 친구들로 부터의 돈은 가장 흔한

착수자금이다. 잠재투자자나 주위로부터 빌릴 수 있는 돈에 대한 분석은 사업을 계획할 때 도움이 된다.

자금 조달 원천 (이름을 열거하라)	추정 금액
_____	₩ _____
_____	₩ _____
_____	₩ _____
_____	₩ _____
_____	₩ _____

7. 잠재투자자나 주위로부터 조달 가능한 총액 ₩ _____
8. 모든 투자 및 조달 가능한 총액(6+7) *₩ _____
*개인적인 투자금 항목 6과 조달 가능한 항목 7을 더하라.

요약

이상의 모든 정보를 고려해서, 2~3 개의 짧은 문장으로 가깝고 또 먼 미래의 재정목표를 요약하라.

성공 기업가 사례의 서론

기업변호사 짐 리(Jim Lee)는 자신의 개인 목표에 관한 분석을 통해 완전히 새로운 경력의 길을 추구하게 되었다. 그는 사람들이 고통이나 스트레스, 불안, 불면증의 문제와 흡연 혹은 과식과 같은 원하지 않는 습관 문제를 해결하는 것을 돕기 위해 최면요법 서비스(hypnotherapy services)를 제공하게 되었다.

성공 기업가 사례 Jim Lee

치유를 위한 최면
최면요법 서비스

일부사람들에겐, 법정변호사가 최면요법사로 전환되는 것이 엄청난 변화처럼 보일 것이다. 뉴욕 빙햄톤(Binghamton)의 짐 리에게 그것은 작은 발걸음이었다. 그는 이를 위해 4년 이상 준비하면서 최면요법자격증을 취득하고 저녁과 주말에 파트타임제로 활동하였다. 최면요법사로서의 요구가 매우 커졌을 때. 그는 "본업"인 변호사를 그만두고 그의 사업인 최면 치유 요법에 전적으로 뛰어들기 시작했다.

그는 "최면요법은 사람들의 고통, 스트레스, 불안, 불면증, 두통과 공황발작(panic attacks) 또는 흡연이나 과식과 같은 원하지 않는 습관 등의 다양한 문제를 덜거나 없애는 것을 돕기 위한 안전하고 강력한 수단이다. 최면요법은 또한 정신과 육체적인 안정감(a sense of mental and physical well being)을 촉진함과 동시에 다양한 육체적 상태를 치유하는 데 효과적이다"라고 설명한다. 그는

Jim Lee

9년 전에 자신의 불안을 해소하려고 했을 때 최면요법의 효능을 경험했고, 그때부터 최면요법 분야에 대한 관심이 불붙기 시작했다.

"법정에서는, 매일 소송의뢰인, 변호사, 배심원들과의 대립으로 꽉 차 있었다. 그러나 현재 나는 매일 사무실로 가는 스릴을 만끽하고 있다."

그는 계속해서, "최면요법은 각각의 경우와 모든 고객이 다르다는 점에서 법조계 일과 유사하다"고 말했다. 그는 "사전심리 조사와 증언 조서 작성과정에서 배운 질문 기술로 최면요법 고객들이 "예"나 "아니오"로 답할 수 없는 간단한 질문을 준비할 수 있었다. 문제의 핵심에 도달하는 질문을 해야 한다"고 했다. "변호사 일과 최면요법은 또한 고객들에게 곧 좋아지게 된다는 긍정적인 제안을 할 수 있는 일이다."

그는 최근 사무실에 한 주에 두세 번 출근하지만 그의 고객저변이 넓어짐에 따라 스케줄은 더 많아

질 것이다. "최면요법에는, 좀처럼 세 번의 활동 기간을 넘기는 사람은 볼 수 없는데 그 이유는 대부분의 사안들이 그 정도의 시간 내에 해결되어지기 때문이다. 처음에는 대부분의 고객들이 홈페이지를 통해 연결이 되었다. 또한 나는 브로슈어를 개발하였고 나의 이름을 알리기 위해 협회에도 합류했다."

짐 리는 그가 있는 인구 20만명의 빙햄톤 밖으로 사업을 확장하기 위해서 한 시간 거리의 시라큐스(Syracuse) 인근 도시와 세 시간 거리의 뉴욕주 로체스터(Rochester)와 필라델피아(Philadelphia)까지 활동할 계획을 가지고 있다. "나는 향후 몇 년 내로 억대의 수입을 갖고 싶지만 그것은 어렴풋한 목표다. 만일 내가 돈 벌기위한 것이 이일의 동기였다면, 법조계에 머물러 있어야 했을 것이다" 라고 말했다.

은퇴 계획에 관해서는, "나의 계획은 은퇴하지 않는 것이다. 내가 매우 좋아해서 은퇴하고 싶지 않다는 뭔가를 찾으리라고는 결코 생각해 본적이 없다."고 덧붙였다.

더 많은 정보를 원한다면, 홈페이지 www.hypnosisforhealing.info.를 방문하라.

제 7 장
장점을 활용한 적합한 사업은?
What Do You Bring to the Table?

나는 누구에게나 나름대로 장점이 있다는 것을 믿는다. 종종 우리는 자신의 장점을 당연하게 생각하고 그것의 진정한 가치를 인식하지 못한다. 이 장에서, 당신의 타고난 능력과 당신의 직장 경험과 교육 혹은 개인적인 취미를 통해서 얻은 장점을 활용하여 유망한 사업을 확인하게 될 것이다. 만약 이미 사업 아이디어를 가지고 있다면, 더 좋다! 이 장은 당신의 사업이 얼마나 당신의 장점과 재능을 활용할 수 있는지 생각해 보는 기회를 제공할 것이다.

14세 때 백만 달러를 벌고 리얼리어내어(Realionnaire)의 저자인 25세의 사업가 패러 그레이(Farrah Gray)에 따르면, 성공적인 기업가는 자신의 탁월한 분야를 분명히 밝히는데서 부터 생겨난다고 한다. 그는 장차 기업가가 되려는 분들이 다음 질문에 답할 것을 제안 한다:

• 타인에게 어렵지만 당신에겐 쉬운 것은 무엇인가?
• 대가를 받지 않는다고 해도 할 수 있는 일이 무엇인가?
• 무엇을 다른 사람들에게 베풀 수 있는가?

다음 사례에서 보는 바와 같이 자신의 재능을 발굴하기 위해 자기 자신을

면밀히 살펴보는 것이 중요하다는 것을 알게 될 것이다.

다이아몬드의 땅 Acres of Diamonds

템플(Temple) 대학교의 창립자인 러셀 허만 콘웰(Russell Herman Conwell)에 의해 시작된 '다이아몬드의 토지' 라는 이야기는 지난 세기동안 수십만 명의 사람들에게 알려졌다. 나는 우연히 일리노이 여기자협회(IWPA) 홈페이지에서 발 엔살라코(Val Ensalaco)가 쓴 다음과 같은 짧고, 간단하게 편집된 내용을 접했다.

러셀 허만 콘웰이란 이름을 들어본 적이 있는가? 아마도 별로 없을 것이다. 그는 1843년에 태어났으며 대학에서 법학사 학위를 얻기 위해 열심히 일했으며, 신문사 편집인을 역임한 후에 목사가 되었다. 콘웰박사는 전국에서 강의하며 평생 동안 수백만 불을 벌었다. 사실 6,000회 이상의 강의를 했다.

그가 받은 돈으로, 가난한 사람이 우수한 교육을 받게 할 목적으로 템플 대학교를 창립했다. 그는 각 강의에서, '다이아몬드의 땅' 이란 이야기를 했다. 실제로 있었던 이야기로, 이렇게 시작 된다.

고대 페르시아의 한 농부는 다른 농부들이 다이아몬드 광산을 발견해서 백만장자가 되었다는 소문을 듣고서는 자기 땅에서 일하는 것에 대해서 날이 갈수록 더 싫증을 내게 되었다. 그는 자기 농장을 팔고 여생을 위해, 다이아몬드를 찾아 대륙을 여행했다. 그는 아무 것도 찾지 못했다. 우울하고 비참해서, 그는 물에 몸을 던져 그의 생을 포기했다.

그 농부의 땅을 산 한 남자가 작은 개울을 건너다가 물밑에서 반짝이는 한 바위를 발견하게 되었다. 프리즘 같은 반사면이 그의 눈길을 끌었다. 그는 그 돌이 수정이라고 생각했고 그것을 집에 가지고 가서 벽난로 선반 위에 놓았다. 그는 그것을 보는 걸 좋아했다.

시간이 흘러 한 손님이 그 아름다운 돌을 보고는 경이로워 했다. "당신이 발견한 게 뭔지 아느냐?"고 손님이 흥분해서 물었다. 이것은 지금까지 발견된 가장 큰 다이아몬드 중 하나였다. 개울 바닥엔 유사한 돌들로 가득 차 있었는데,

조금은 더 작은 크기지만 똑같이 찬란했기 때문이다.

처음 그 땅의 농부는 아프리카 전역에서 가장 큰 다이아몬드 땅을 소유했지만 다른 곳에서 다이아몬드를 찾기 위해 헐값에 팔아버렸던 것이다.

콘웰 박사에게 크게 영향을 주고, 그 후엔 수많은 다른 사람들에게 영향을 끼친 이 이야기가 주는 교훈은 현재 우리 각자가 자신 소유의 다이아몬드 땅에 서있다는 것이다.(허락 하에 재인용함)

당신은 기업가가 될 수 있는 자신만의 다이몬드 땅위에 서있는 것이다. 바로 그것은 직업으로부터의 경험, 기술, 재능 그리고 좋아하는 관심거리이다. 이러한 것은 내가 최근 온라인으로 읽은 유니버시티 컬리지 런던(University College London) 기업가정신 센터의 객원교수 겸 기업가인 팀 반스(Tim Barnes)의 글에 반복해서 나오는 말이다. 그는 "성공적인 사업아이디어들의 한 가지 공통점은 어떤 분야의 전문기술, 사전 지식이나 경험으로부터 나오거나 혹은 이들 세 가지의 결합된 것이다."라고 했다.

직장 경험 Work Experience

직장 경험 혹은 이전 경력은 젊거나 나이가 든 사람 누구에게나 창업을 하기 위한 가장 첫 번째 사업 아이디어 원천이다. 50세 이상의 은퇴자에게, 보통 몇 군데 분야에서 일했던 과거 경험들은 일종의 다이아몬드 밭이다.

이 책의 집필을 위해 주요기업가들과 나눈 인터뷰에서, 나는 이러한 것들을 반복해서 들었다. 스쿨 파이넌스 닷컴(School Finances. com)의 제임스 쉬한(James Sheehan)박사의 경우(123쪽)처럼, 사업이 이전의 일과 직접적인 관련이 있는 경우들도 더러 있다. 그의 회사는 150개 이상의 미네소타 주 학교지역에 경영보고와 기획시스템을 제공하고 있는데 이는 쉬한 박사가 초기 컴퓨터 프로그래밍 업무 경력과 학교 행정 분야에서 일했던 경험을 바탕으로 만들어진 회사이다.

다른 경우는, 브룩사이드 베이커리 앤 베스(Brookside Barkery and Bath)의 딜리나 스타웃(Delena Stout)같은 기업가(85쪽)는 이전에 가진 거의 모든

성공을 위한 배경

직장에서 해고된 회계원 첸(Chen)은 구매 대금을 내지 않고 법적 판결을 받은 개인들을 찾아내는 행방불명 채무자 수색(skip-tracing) 사업을 시작했다. 소기업의 회계원으로서, 그는 종종 그런 사람을 찾아야 했고 그런 과정에서 어떻게 하는지 그 기법을 배웠다.

일들이 창업을 하는데 도움이 되었다고 한다.

사업적 영감을 위해 현재나 과거의 일에 주목하는 또 다른 이유는 새로운 사업을 시작하는 것이 폭넓은 지식을 필요로 하기 때문이다. 당신이 기술과 그 산업 분야의 전문성으로 무장하고 창업을 한다면, 사업의 기반을 잡고 조기에 성장하는 일이 훨씬 더 순탄하게 진행될 것이다.

또한 당신의 주소록이나 휴대폰에 있는 모든 이름의 가치를 과소평가 하지 마라. 이들은 잠재적 고객과 종업원, 서비스 제공자와 투자자들을 알아내는 데 도움을 주는 비즈니스 접촉점이 된다.

> *"당신이 가진 재능을 사용하라: 가장 노래 잘한 새들 외에 거기서*
> *노래하는 새들이 하나도 없다면 숲은 매우 조용해 질 것이다"*
> 헨리 반 다이크(Henry Van Dyke), 시인

직장에서, 보통 당신은 일을 배울 뿐만 아니라 산업도 배운다. 당신은 산업이 어떻게 작용하는 지와 그 구조를 안다. 이러한 지식은 당신으로 하여금 그 산업의 유통 채널 뿐 아니라 다양한 수준의 사업 기회를 매우 잘 알아내게 한다.

인터넷은 일부 제품들이 유통되는 방법을 극적으로 바꾸어 놓았다. 유통과정을 단순하게 하였고 소비자에게 직접적으로 제품을 공급할 수 있는 기업가들에게 기가 막힌 기회를 제공하였다.

생산자들은 그들 자신의 홈페이지를 통해서나 온라인 판매상을 통해 수백만 명에게 제품을 판매할 수 있다. 출판 산업은 이 같은 점에서 좋은 사례이다. 많은 작가들은 더 이상 출판업자들을 통해 판매하지 않고 자신의 홈페이지나 아마존과 반스 앤 노블과 같은 온라인 판매자들을 통해 소비자들에게 직접 다가가고 있다.

기술과 재능 Skills and Talents

많은 기술이 일을 통해 얻어질 가능성이 크더라도, 일부는 당신 스스로 학

습하거나 시행착오를 겪으면서도 얻게 된다. 아마 누군가는 줄곧 당신의 멘토 역할을 했을 것이다. 그런 전문기술을 활용하는 것은 당신이 창업하는 데 도움이 된다.

또 다른 전략은 당신이 창업할 사업 분야를 정하고 필요로 하는 기술과 지식을 습득하기 위해 역순으로 밟아 나가는 것이다. 강좌에 등록하거나 사업 기회의 유형을 찾을 수도 있다. 다음의 글 "목표를 정하고 역순으로 일하라"에 소개된 메리 조 트라우튼(Mary Jo Troughton)은 이 두 가지 모두를 했다.

목표를 정하고 역순으로 일하라

장차 기업가가 되려고 하는 메리 조 트라우튼(Mary Jo Troughton)은 10년 전에 누군가가 그녀에게 66세에 MBA과정을 밟고 박사과정 입학을 고려하게 될 거라고 했다면 매우 놀랐을 것이다.

전업주부로써 몇 년을 보낸 후, 메리 조는 55세에 직장에 다시 들어가서 풀타임 일을 하면서 학사학위를 취득했다. 암 연구 센터에서 일하며, 그녀는 보조금 문서 작성 과정을 알게 됐다. 그리고 "정부 보조금 사업의 구조가 더 복잡할수록, 문서작업을 하는 나의 가치는 더욱 더 높아진다. 보조금 문서를 작성하는 과정에서, 다른 사람들이 보조금 문서 작성에 필요한 정보를 제공해준다."는 것을 알았다.

잠재적인 사업기회로써 보조금 문서 작성 업을 평가하기 위해서, 그녀는 유잉 메리온 카우프만(Ewing Marion Kauffman)재단에서 제공하는 패스트 트랙 뉴벤처(FastTrac®NewVenture™) 강좌에 등록했다. 특히 그녀에 마음에 와 닿은 사업코치의 한마디는 "그 분야 사람들의 자격증을 살펴보라"였다. 대부분의 보조금 문서 작성자들이 MBA나 박사학위를 가지고 있다는 것을 알고는, 다음 단계가 분명해졌다. 배움에 대한 열망으로 특별히 흥미를 끄는 학위 과정을 추가로 이수하였다. 그녀는 "나는 일에서 엄청난 만족감을 느끼며, 능력이 되는 한, 기한 없이 계속해서 계획할 것"이라고 말했다.

취미와 관심사 Hobbies and Interests

당신이 좋아하는 일에 초점을 맞추는 것이 성공적인 사업으로 가는 것이다. 여기 흥미 있는 진입전략이 있다. 많은 공예가와 취미광들이 꼭 그렇게 한다. 인터넷상에서 수천의 토론그룹들이 어떻게 하는지 지원하며 정보를 제공한다.

오래 동안의 취미를 통해 발전시킨 경험과 전문기술 그리고 만났던 사람들은

사업으로 이끄는 경주취미

클랜시(Clancy)는 자동차 경주광이다. 그는 취미와 일을 결합시키는 일환으로 경주차 트레일러 제조업을 파트타임제로 시작했다. 자동차 경주에 수년간 참가하는 것을 통해, 그는 경주차 차주들의 필요와 요구를 아주 많이 알게 되었다. 그는 경주 트레일러 관리에 대한 주문이 늘어나서 그가 더 이상 부업으로써 사업을 운영할 수 없도록 규모가 커졌을 때 직장생활을 그만두었다.

취미와 일, 성공하는 결합

음식요리사 겸 간호사인 리(Lee)는 다이어트 욕구가 있는 고객들을 겨냥해서 음식 준비 사업을 시작했다.

통찰력 혹은 지혜

미국 국세청(IRS) 신고를 위해서는, 이윤동기가 하나이든 아니든 간에 취미가 사업으로서 자격이 있는 특정한 기준에 맞아야 한다. 이 사안에 대한 자세한 사항은 변호사나 회계사와 상담해보라.

자신의 사업을 위해 매우 귀중한 것이다. 내 친구중 하나는, "사업으로 이끄는 경주취미" 에 나타나는 바와 같이, 오래동안의 자동차경주참가를 통해 그의 사업 아이템을 찾아내게 되었다.

정보통신 기술은 취미광들에게 인터넷을 통해 그들의 제품을 판매하는 경로를 제공함으로써 취미에서 사업으로 방향을 전환하는 트렌드가 생겨나게 했다. 도메인 이름과 웹호스팅 서비스 등록비를 합쳐 불과 10불 정도의 적은 비용으로 가게를 열 수 있게 되었다. 취미의 연장으로 온라인 공예품 가게를 여는 것과 이베이(eBay®)에 등록하는 것은 다르다.

우선 취미를 상업적으로 활용할 수 있는지에 대해서 현실적인 평가가 필요하다. 당신은 취미를 충분히 재정적 가치가 있을 만큼 만들어서 판매할 수 있는가? 이윤 있는 사업이 되도록 하는 충분한 잠재고객들이 있는가?

취미 그 자체뿐만이 아니라, 그것을 둘러싼 모든 것을 고려하라. 예를 들어, 원예를 좋아한다면, 사업 가능성은 원예설비 공급업, 원예 관련 교육업, 기업사무실 건물 화초 가꾸기나 원예서적을 집필하게 되는 것을 포함하게 될 것이다.

음식요리사 겸 간호사인 리(Lee)는 다이어트 욕구가 있는 고객들을 겨냥해서 음식 준비 사업을 시작했다.

이제 당신은 어느 분야가 사업아이디어의 잠재적인 원천이 되는지 알기 위해 지금까지 살펴본 직장 경험, 기술과 재능 및 취미 세 가지 분야에 대해서 점검해 보기로 하자.

기회를 인식하기 위해 아래 단계를 따르라

1 단계 직장 경험
a. 당신의 현재 혹은 과거의 직책, 업무와 활동은 무엇인가?

_____

_____

b. 이러한 일 업무와 직책을 수행하기 위해 사용된 기술, 재능 및 지식은 무엇인가?

_____

_____

2 단계 기술과 재능
a. 당신의 일생동안 긍정적인 인식과 보상을 받은 것은 무엇인가?

_____

_____

b. 다른 사람들은 당신의 기술과 재능이 어떻다고 하는가?

_____

_____

c. 전문가라고 평가 받는 분야는 무엇인가?

_____

_____

7.1

3 단계 취미와 관심

a. 당신의 취미와 관심분야는 무엇인가?

_____

_____

b. 당신의 취미에 어떤 기술과 재능을 발휘하는가?

_____

_____

4 단계 요약

a. 위의 대답을 근거로 하면, 당신의 장점(다이아몬드)은 무엇인가?

_____

_____

b. 당신의 장점과 관심사를 활용할 수 있는 잠재적 사업은 무엇인가?

_____

_____

c. 위에 열거된 사업 아이디어 중에, 어느 것이 가장 당신에게 와 닿는가?

_____

_____

성공 기업가 사례의 서론

데이비드 포니(David Polny)는 취미와 열정을 클래식 자동차(classic car) 복원사업인 190SL서비스로 전환할 수 있었다. 그는 샌드힐 커뮤니티 대학(Sandhills Community College을 통해 전문기술과 지원을 받아 사업을 시작할 수 있었다.

성공 기업가 사례 Dave Polny

190 SL 서비스
클래식 자동차 복원사업

20년 군 생활을 마치고 민간인 생활로 돌아온 데이비드 포니는 다른 사람들은 그저 꿈만 꾸는 구형자동차의 원래 화려함을 복원하는 일을 할 수 있었다. 그의 사업, 190 SL 서비스는, 구형 자동차를 수리하며 메르세데스 벤츠 190 S를 전문으로 클래식 자동차 및 고출력 자동차의 전체와 부분 복원을 주로 하고 있다. 노스캐롤라이나 주, 에버딘(Aberdeen)에 위치하며, 차량에 따

David Preston's "Best of Show
The International 190 SL Group
Concours d'Elegance
Lexington, KY - September 8, 2007

라 $170,000에서 $225,000의 품격 높은 복원을 한다. 그의 사업은 세계적인 인지도가 있으며 고객들은 주로 홈페이지www.190slservices.com.를 통해 접근한다.

"나는 2005년 12월 군에서 퇴역했다. 그 당시 군에서 나오지 않으면 나의 시장성은 없어진다고 생각했다"고 한다. 그는 이후 그린베레 특수 작전부대에서 보낸 세월이 기업가로서의 삶을 준비하는데 도움을 줬다는 것을 알았다. "두 상황에서 모두, 당신은 빨리 결단을 내리고 주도권을 가질 수 있는 게 필요하다"고 그는 설명했다.

데이브(Dave)는 28세에 입대하기 전 수년 간 자동차 관련된 일을 했다. 13세 어린나이에, 토요일이면 차고에서 일을 하며, 사업주로부터 지금까지도 사용하곤 하는 "교체보다는 재조립" 하라는 귀중한 교훈을 배웠다. 이후, 처음엔 맥 트럭스(Mack Trucks)와 나중엔 클래식 자동차와 관련된 일을 하면서, 구형 자동차에 관한 열정은 물론 기계를 다루는 기술을 개발했다.

샌드힐 커뮤니티 대학(Sandhills Community College)의 기업가 센터와 연계함으로써, 그는 창업계획을 세우는데 도움을 받았다.

"사업 초기 몇 년간 많은 교훈을 배웠다. 내가 거래하고 싶지 않은 일부 고객이 있었지만, 창업하

는 단계에서는 그 불편한 고객을 거절하기가 힘들었다."고 했다. 그는 또한 다양한 사업 기획을 활용함으로써, 초기에 80~100시간 소요되던 것을 현재 주 40시간 내에 일을 완료할 수 있다고 한다. "가장 하기 쉬운 것은 당신의 사업 안에서 일하는 것이다"라고 했고 "당신의 사업을 관리하기가 더욱 힘들다, 일은 당신에게 아주 간단하지만 경영관리는 그렇지 않다"고 덧붙였다.

"나는 지금은 20년 전 내가 했던 것과는 다르게 결정을 한다. 20년 전과는 달리 거북이처럼 느리게 결정을 하고, 고등학교와 대학에 다니는 딸들과 함께 상의해서 결정해야 할 게 아주 많다"고 말했다.

은퇴에 관해 물었을 때, 그는 70세나 그 이상 이라고 했다. "내가 하는 것을 정말 즐기고 있다. 다른 사람들이 오래도록 일하는 것을 보고 있으며, 그 일이 그들을 살아있게 하고 또 그들이 계속 살아가게 한다. 너무나 많은 즐거움이 있을 때 왜 그만두는 가?"

더 많은 정보를 위해서는, 홈페이지 www.190slservices.com을 방문하라.

제 8 장
당신의 기업가적 감각은 어떤가?
What About Your Entrepreneurial Acumen?

사업을 구성하는 기술, 재능 혹은 관심사를 가지는 것은 사업성공을 위한 단지 한부분일 뿐이다. 또 다른 부분은 사업을 시작하고 관리하고 성장시키는 데 필요한 기업가적 전문기술을 갖는 것이다. 당신이 두려워하는 부분일 수도 있으며 그것은 장차 기업가가 되려고 하는 많은 분들이 기업가의 꿈을 추구하는 것을 막는 요소가 된다.

기업가정신(Entrepreneurship)은 제한된 사람들만이 알 수 있었다. 한 사람이 저녁식사 자리에서 기업가정신을 배웠고 만일 그 자리에 앉을 적임자들이 없었다면, 당신은 기업가정신이 어떻게 돌아가는 지 확인할 수 없었을 것이다. 다행히도, 오늘날 대학과 고등학교에서도 학생들에게 기업가적 기본 소양과 과정들을 가르친다. 또한 기업가들이 경제성장을 돕고 있다는 것에 주목하여 기업가들에 대한 일반대중의 관심과 지원은 더욱 더 커지고 있다.

그러나 더 많은 기업가정신에 대한 일반적인 관심에도 불구하고, 여전히 일부는 비밀스러움에 감싸여 있고 오늘날의 유명세를 타는 영웅적인 기업가 이야기는 그저 신비스러운 면이 부각되고 있다. 빌 게이츠, 스티브 잡스와 마이클 델 같은 최고의 성공자들과 어떻게 우리 자신을 비교할 수 있겠는가? 당신은 비교할 수 없다.

많은 기업가정신 책자에 포함되어 있는 인상 깊은 "기업가적 자질" 목록엔

기업가의 성공이 놀라운 재능과 기술을 필요로 하는 것처럼 보인다. 그러나 그렇지 않다. 당신의 주변을 보라. 당신이 좋아하는 식당, 당신이 속한 헬스클럽, 혹은 당신이 일하는 엔지니어링회사의 대표 등 여러 성공한 기업가들을 살펴보면 그들도 당신과 같은 사람들이다.

기술, 자질 그리고 기질 What It Takes

하나의 기업가적 유형은 없다는 것을 강조하고 싶다. 그리고 모든 기업가들이 장점과 단점을 가지고 있다는 것이다. 따라서 당신이 기업가적 자질과 기술에 관해 자주 언급되는 긴 목록을 읽을 때, 당신이 가진 것과 갖고 있지 않는 것을 볼 것이다. 그러므로 너무 걱정할 필요는 없다.

그렇지만 우리는 사업을 시작하고 성장시키는 데 도움이 되는 기술, 자질과 기질에 관한 현실적인 방안을 가지고 출발하는 것이 도움이 된다. 그러면 당신이 소유하고 있는 것과 소유하고 있지 않은 것을 알아내라. 또 그것들이 얼마나 많은 장애를 주며 그 상황을 해결할 수 있는 전략이 개발되어 질 수 있는지 알아내라.

이 책에서, 우리는 "기술"이란 단어는 강한 학습적 요소를 갖는 능력이나 능숙함으로 묘사한다. 비록 일부 타고난 소질이 포함될 수 있지만, 기술은 보통 수업활동, 훈련이나 업무 경험과 관련이 있다. 예를 들면, 재무 회계적 전문지식은 기술이다. 비록 당신이 숫자에 좋게 타고 날 수도 있지만, 여전히 재무/회계 강좌를 듣거나 재무제표를 이해하기 위해 근무 중에 재무와 회계를 배우고 사업의 이러한 분야를 관리하는 데 능숙해야 한다.

기술을 가지고, 당신은 종종 그 분야에 대한 기본적인 이해를 가지고 그럭저럭 해나갈 수 있고, 심층적인 전문지식의 부족한 부분을 채우기 위해서는 파트너들과 종업원들, 계약근로자들 혹은 컨설턴트들에게 의존할 수 있다.

기술과 비교해서, "특징(characteristic)"이라 부르는 자질(attributes)과 기질(temperaments)은 더욱 타고 나며 다소 더 까다롭다. 일부 경우에 있어서는, 창의성이나 위험감수와 같은 자질은 파트너나 핵심 경영팀 멤버로부터 당신의 조직에 균형을 맞출 수 있다. 다른 경우에 있어서는, 인내심과 결단력과 같이 당신자신이 소유하는 것이 중요한 기질일 수도 있다. 이 주제에 대한 더 많은 정보를 얻기 위해 "기업가의 태도(Entrepreneurial Attitudes)"를 보라.

다음 절에서, 이 두 가지 주된 범주인 기업가의 자질과 기업가의 기술을 살펴볼 것이다. 당신이 소유하고 있는 것이 무엇인지 또 당신에게 부족한 것을 어떻게 해결할 것인지 대해 알게 될 것이다.

기업가적 자질 Entrepreneurial Characteristics

종종 "특성"으로 부르는, 기업가적 특징은 광범위한 자질과 기술을 포함한다. 예를 들면 창의성, 자신감, 인내심등이 있다. 이러한 접근에 대한 공통된 비판의견은 그 특성이 기업가들에게만 반드시 특유한 것이 아니라 많은 지도자들과 관리자들에게도 동일하게 나타난다는 것이다.

이런 이유로, 2007년 샤르다 난드람(Sharda Nandram)과 카렐 샘솜(Karel Samsom)이 연구한 "기업가의 행동(Entrepreneurial Behavior)"이란 논문이 특히 도움이 되었다. 이 연구는 기업가의 행동적 측면에서 살펴봄으로써 특성적 접근의 문제점을 극복했다. 기업가들이 어떤 사람이냐에 덧붙여 성공한 기업가들의 행동적 측면을 서술하였고 개인과 환경과의 상호작용을 인식하였다.

그 연구의 저자 중 한명인 샘솜박사는 그의 아내 씬시아 포스터(Cynthia Foster)와 함께 134~136쪽의 성공기업가 사례에 나오는 인물이다.

난드람과 샘솜 박사의 조사결과는 성공적인 기업가가 되려면,

1. 창업을 하는데 필요한 기회들을 찾는데 주의를 기울여야 한다.

기업가의 태도(Entrepreneurial Attitude)

기업가들은 스스로에 대해 어떻게 생각할까? 최근의 연구, "새로운 벤처성장에 있어서의 기업가의 태도와 행동"을 살펴보면 어느 정도 시사하는 바가 있다. 그 연구에 따르면, 긍정적인 태도(예. 자기옹호, 자신감, 몰입)가 기업가들이 창업과정에서의 불확실성과 불안정성 가운데서 인내할 수 있게 한다는 것이다. 또 다른 흥미로운 결론은 기업가의 태도와 벤처기업 성과 간에 직접적인 연관이 있는 것처럼 보인다는 것이다. 하지만 그 연관성이 그리 강한 것으로 나타난 것은 아니다. 호주 사우스 웨일즈대학교 경영대학 로즈 트레빌리안(Rose Trevelyan)의 "새로운 벤처성장에 있어서의 기업가의 태도와 행동"은 유잉 메리언 카우프만(Ewing Marion Kauffman) 재단 홈페이지 www.entrepreneurship.org 에 발표되어 있다.

2. 협력이나 투자자를 찾는 데 설득력이 있어야 한다.

3. 자신의 경험으로부터 배우기 위해 깊이 생각할 시간을 가져야 한다.

4. 효율적인 일을 위해 목표 지향적이 되어야 한다.

5. 결단력이 있어야 한다.

6. 환경의 불확실성과 유동성을 줄이기 위해 철저히 현실적으로 되어야 한다.

7. 끝으로, 성공뿐만 아니라 실패에 직면하기 위한 자신감 또는 자기 능력에 대한 확신을 가져야 한다.

   (저자 허락 하에 인용함)

난드람과 샘솜 박사는 계속해서 기업가의 자질은 (1)창의성, (2)용기, (3)신뢰성 (4)성취 욕구라고 말한다. 요구되는 기질은 (1)남들의 의견을 요청하고 활용하는 능력, (2)끈질긴 정신, (3)인내력, (4)내적 통제위치[1]와 (5)결단력 이다. *내적 통제 위치는 운명이 자신의 노력에 의해 좌우된다고 생각하는 것을 말하며, 문헌에 의해 이러한 목록에 일반적으로 추가되는 또 다른 자질은 계산된 위험을 감수하는 것이다.

「실전단계 8.1」에서, 이러한 기준으로 자신을 평가하게 될 것이다. 나의 경우에는 자기평가가 항상 정확하지는 않다는 것을 인식하고, 나를 평가해 달라고 남편뿐만 아니라 몇 명의 친구들과 동료들에게도 부탁했다.

그 다음은 다른 사람들의 평가와 내 평가를 평균하여 종합평가를 도출했다. 이 과정은 다른 사람들의 관점에서 나에 대한 객관적인 평가를 받는데 도움이 되었고, 아울러 나 자신의 평가와 다른 사람들이 평가를 비교할 수 있었다. 실전단계 8.1에서, 당신의 기업가적 자질에 대해 직접 평가해보면서, 내가 배웠던 것을 당신도 공감하게 될 것이다.

전반적으로 내 자신의 평가와 다른 사람들의 평가 결과는 유사했지만 몇 가지 차이점이 있었다. 한 가지 차이점은 "창의성"에 대해 내 자신의 평가보다 다른 사람들은 더 낮은 점수를 주었다는 것이다. 작가들은 창의성이 있다고 보아야 하지 않은가? 내가 나의 창의성을 평가할 때는 내가 쓴 사업관련 서적과 교육용 교재들로 평가하였다. 그것도 어느 정도 창의성이 있다고 보아야 하지 않은가? 물론 내가 '바람과 함께 사라지다'의 속편을 쓰는 것과는 같지 않다.

주[1] 내적 통제위치는 운명이 자신의 노력에 의해 좌우된다고 생각하는 것을 말함.

그래서 나는 다른 사람들이 나의 창의성에 대해 낮게 평가한 것으로 추측한다. 창의적인 재능의 부족함은 나의 옷 입는 방법에서 훨씬 더 분명해 진다. 친구들과 나는 나의 옷장에 소매길이에 따라 정리 해둔 흰 블라우스가 얼마나 많이 있는가를 두고 거듭 농담을 한다. 결국 흰색은 어떤 옷에도 다 잘 어울리지 않는가?

당신은 내가 기업가적 자질 항목들에 높은 점수를 매겼을 것으로 예상했을 것이다. 실제로 그랬다. 나에게 도움이 되었던 것은 다른 사람들이 나를 낮게 매긴 항목이 무엇인지 알아내는 것이었다. 또 하나는 위험 감수였다. 다른 사람들은 나를 위험 감수자로 여기지도 않았고, 나 자신도 그렇게 여기지 않는다.

다른 사람들의 다양한 평가 간에 상당수의 일관성을 발견했을 때, 다른 사람들이 나의 모습에 대해 어떻게 평가하고 있는지를 알게 되었다. 다른 사람들의 응답이 일관성이 없이 분산되었다면, 훨씬 더 도전의식을 북돋웠을 것이다. 그런 경우였다면, 더 분명히 나의 장점을 알아내기 위해 더 많은 사람들에게 나를 평가해 달라고 부탁했을 것이다.

「실전단계 8.1」을 완료해보면 내가 기업가적 자질 평가를 통해 받았던 도움을 실감하게 될 것이다.

일단 당신이 당신의 장점과 약점에 대해 분명히 알게 되면, 이 정보를 가지고 무엇을 하겠는가? 그것은 다른 사람을 사업의 결정과정에 언제 끌어들일 필요가 있는지 또는 특정한 유형의 일을 수행하기 위해 언제 다른 사람을 끌어와야 할지 결정할 때 도움이 된다. 나의 경우에는 내가 낮은 위험감수라는 것을 알게 되면서, '지나치게 조심하다가는 실수하겠구나' 라는 것을 깨닫게 되었다. 또한 내가 하는 컨설팅 사업 유형이 나에게 맞는다는 것은 확인시켜 주었다. 창의성 부족이 단번에 해결되지 않는다는 것을 알게 됨으로써 나는 내 사업에 창의적 재능을 가져다주는 다른 사람을 찾게 되었다.

이제 당신의 기업가적 자질을 「실전단계 8.1」을 통해 확인해 볼 차례이다. 당신이 가진 장점이 무엇인지 확실히 확인하기 위해 몇 명의 친구들, 가족들 혹은 동료들에게 당신에 대해 평가해 달라고 부탁하라. 당신이 복사해서 사용할 수 있도록 빈 양식을 부록 262~263쪽에 수록하였다.

8.1 실전 단계
기업가적 자질, 기질, 행동
Entrepreneurial Attributes Temperaments, Behaviors

1단계. 각 항목의 장점을 평가하라. 아래의 각 항목에서 당신의 기업가적 태도가 어느 정도인지를 평가하고 빈칸에 1, 2, 3, 4, 또는 5점 척도를 써 넣어라.

척 도

1	2	3	4	5
없음	낮음	중간	약간 높음	매우 높음

자질과 기질

___ 1. 창의성

___ 2. 도전정신

___ 3. 신뢰성

___ 4. 성취 욕구 (높은 성취 지향성)

___ 5. 남들의 의견을 요청하고 활용하는 능력

___ 6. 끈질긴 정신

___ 7. 인내력

___ 8. 내적 통제 위치(자신의 운명이 자신의 노력에 의해 좌우된다 생각)

___ 9. 결단력

___10. 계산된 위험 감수자

행동

___ 1. 창업에 필요한 기회를 찾기 위해 주의를 기울인다

___ 2. 협력이나 투자를 찾는 데 설득력이 있다

___ 3. 자신의 경험을 통해 배우기 위해 깊이 생각하는 시간을 갖는다

___ 4. 일을 효율적으로 하기 위해 목표 지향적이다

___ 5. 과단성이 있다.

___ 6. 환경의 불확실성과 유동성을 줄이기 위해 철저히 현실적이다.

___ 7. 성공과 실패에 직면하기 위한 자신감이 있다

2단계. 장점을 확인하라. 당신이 자신에게 가장 높게 순위를 매기는 항목을 확인해서 여기에 열거하라.

_____

_____

_____

3 단계. 실전 단계 확장. 추가적인 피드백을 얻기 위해, 다음을 하라:

A 다른 사람들의 평가를 얻어라. 부록 262~263쪽에 제공된 빈 양식을 복사해서 가족, 친구, 그리고 동료에게 열거된 항목을 평가해달라고 하고 완료된 것은 돌려달라고 요청하라.

B. 결과를 수집하라. 다른 사람들의 각 항목들의 평균을 내라.

C. 장점을 알아내라. 다른 사람들이 당신을 평가한 항목들 중에서 가장 높은 점수가 나온 항목이 무엇인지 분석하여 당신의 장점을 알아내고 여기에 그것들을 열거하라.

4단계. 다른 사람들이 내린 평가의 평균과 당신 자신의 평가를 비교하라.

다른 사람들의 평가와 당신 자신이 평가한 당신의 자질, 기질과 행동이 얼마나 일치하는가? 당신의 예상과 달리 차이가 나는 항목은 무엇인가 여기에 열거하라.

8.1

8.1

_____

_____

_____

5단계. 피드백과 통찰력을 사용하라. 이 평가를 통해 도출된 정보를 어떻게 사용할 것인가? 평가 결과로부터 얻은 결론을 당신의 사업에 어떻게 전략적으로 활용할 것인가?

_____

_____

_____

　자신의 기업가적 특성과 자질이 무엇인지 그리고 그것을 다양한 직업의 다른 사람과 비교하는 방법을 알고 싶다면, 지역대학이나 대학교의 상담소나 직업센터에 연락하거나 방문해서, 마이어스 브릭스 유형 지표(the Myers-Briggs Type Indicator®, MBTI) 성격 특성 항목표, DISC 인격 프로필 혹은 유사한 기구와 같은 평가도구를 문의해보라. 일부 이런 도구들은 온라인으로 이용가능하다.

"수많은 인생들의 실패자들은 얼마나 자신이 성공 가까이에
가 있었는지 깨닫지 못하고 모든 걸 포기 한 사람들이다"
토마스 에디슨(Thomas A. Edison)

기업가적 기술 Entrepreneurial Skills

이전 절에서 알아낸 기업가적 자질과 특성과 더불어, 기업가들이 사업을 시작하고 운영하기 위해 필요로 하는 특정한 기술이 있다. 많은 책들과 글, 홈페이지에서 보여주는 "반드시 가져야 하는" 기술들이 서로 다 동일하지는 않다. 그러나 몇 몇 공통점이 있다.

다음 목록들은 이런 공통점과 기업가들과 함께 일한 나의 경험으로부터 근거한 것이다.

- 재무예측, 분석과 현금흐름 관리
- 마케팅과 판매 – 시장분석, 광고, 판매촉진, 영업과 거래처 관리
- 경영 – 계획, 리더십, 의사소통과 문제 해결
- 기술적 전문지식 – 자료 처리 과정, 표계산 소프트웨어(예: 엑셀), 인터넷
- 운영 관리 – 생산, 품질관리와 행정

이제 당신이 이런 기술 중 어느 것을 얼마 정도 소유하고 있는 지 평가할 시간이다.

실전 단계 8.2
기업가적 기술
entrepreneurial skills

1 단계. 자신을 평가하라. 아래 각 번호의 항목에 대해서, 빈칸에 1, 2, 3, 4, 또는 5점을 써서 당신이 가진 기술의 정도를 표시하라.

척 도

1	2	3	4	5
없음	낮음	중간	약간 높음	매우 높음

8.2

___ 1. 재무예측, 분석과 현금흐름 관리
___ 2. 마케팅과 판매 – 시장분석, 광고, 판매촉진, 영업과 거래처 관리
___ 3. 경영 – 계획, 리더십, 의사소통과 문제 해결
___ 4. 기술적 전문지식– 자료 처리 과정, 표계산 소프트웨어, 인터넷
___ 5. 운영 관리 – 생산, 품질관리와 행정

2단계. 장점을 확인하라. 위의 기업가적 기술을 자신이 어떻게 평가하였는지 검토하고 어느 것이 당신의 장점인지 확인하라.

_____

_____

_____

당신이 모든 기업가 기술을 가져야할 필요는 없다. 어떤 분야에서는 다른 사람들의 전문기술에 의존할 수가 있기 때문이다. 당신이 가장 낮게 평가한 분야들을 어떻게 강화하고 해결해나갈 지 살펴보자.

약점 강화하기 Strengthening Weaknesses

지금 당신은 자신의 어떤 장점을 사업에 활용할 지에 대해 더 확실히 알게 되었다. 어떤 기술과 능력이 부족한 지에 대해서도 확인했다. 사람들에 의해 전해지는 전설 같은 얘기와는 달리, 창업해서 사업을 운영하는 것은 혼자 할 수 있는 것이 아니라 팀을 이루어야 한다. 자신이 갖지 않은 기업가적 자질을 보완하거나 경험하지 못했던 업무를 수행하기 위해서는 그 분야의 잘하는 사람을 데려와라. 오늘날 사업을 지원하는 팀은 전국적으로나 또는 전 세계적으로 이메일과 화상전화와 온라인 세미나 그리고 온라인 회의를 통해 도움을 주기도 한다.

다음의 실전단계에서, 자신의 재능을 어디에 적절히 사용할 수 있는지 그리고 어떤 기업가적 기술을 더 발전시켜야 하는지와 부족한 부분을 보완하기 위

해 언제 다른 사람들을 찾아야 하는지를 결정하게 된다. 실전단계 8.3을 완료하기 위해 실전단계 8.1과 8.2를 다시 한 번 살펴보라.

실전 단계
부족한 부분은 보완하기
addressing gaps

8.3

1. 당신의 자질과 행동, 그리고 기업가적 기술의 장점을 검토한 후, 어떤 부분을 당신 스스로 강화해야 하고 어떻게 강화하게 할 것인가?

_____

_____

_____

_____

2. 다른 사람들로부터는 어떤 점을 보완할 수 있는가?

_____

_____

_____

_____

3. 당신이 사업을 하는 데 가족과 친구들로부터 어떻게 그들의 기술을 도움받을 수 있는가?

_____

_____

_____

8.3

4. 어떤 추가적인 전문기술(예: 회계, 마케팅, 정보통신기술, 인력관리)이 당신의 사업에 필요한가?

_____

_____

_____

_____

> *"종종 성공한 사람과 실패한 사람간의 차이는*
> *능력이나 아이디어가 아니라 그의 아이디어를 확신하고*
> *계산된 위험을 감수하고 행동하는 용기다."*
> 맥스웰 말츠(Maxwell Maltz)

당신이 가져야 하는 한 가지 중요하고 종종 간과하는 기술은 효율적으로 인맥을 관리하는 능력이다, 이 기술에 대해 좀 더 자세히 살펴보자.

인맥 관리-당신이 아는 사람 Networking-It's Who You Know

인맥관리란 '당신이 현재 아는 사람이 누구인가?' 이다. 사업을 시작할 때 인맥관리는 특히 중요하다. 내가 기업가정신 수업 중에 초빙한 성공적인 기업가인 어떤 초청연사는, 학생들에게 '인맥관리 능력이 그들의 사업 성공에 가장 중요한 세 가지 기술 중 하나' 라고 말했다. 다른 두 가지는 마케팅과 기술이다.

베이비붐 세대로서, 당신의 폭넓고 깊은 개인적 인맥은 젊은 기업가들과는 다른 차별점이 있다. 당신은 수년간, 사업 아이디어와 정보, 그리고 후원을 기대할 만한 친구들과 동료들과의 인맥을 구축해왔다. 그 인맥에는 이웃들과 은행 직원 혹은 진료 받았던 의사, 사업상 동업자, 고객들과 거래처들도 포함할 수 있다. 당신은 동네 아이들의 스포츠팀 코치 활동과 같은 자원봉사 활동을 하거나, 로터리클럽 또는 골프클럽 같은 사회단체나 전문인 단체에서 사람들을 만나왔을 것이다.

만일 당신이 개인적으로 아는 주위 사람들이, 당신이 사업을 시작하는 데 회의적이라면, 이 창업하는데 필요로 하는 지원을 받지 못할 가능성이 있을 것이다. 주변 환경이 그렇다면, 당신의 인맥을 창업활동을 지원하는데 더 호의적인 사람들로 넓혀라. 예를 들어 다른 기업가들이나 소기업 창업을 지원하는 창업전문가들로 인맥을 넓혀라. 또한 폭넓고 다양한 구성원으로 이루어진 창업 지원 단체에 가입하거나 대학이나 중소기업청에서 제공하는 창업 교육 과정이나 워크숍에 참가하라.

당신의 인맥을 강화하고 그들을 당신의 미래 기업가적 성공에 기여할 수 있도록 만드는 것은 관심과 노력이 필요하다. 그 노력의 첫 단계로 당신이 창업하는데 중요한 인맥이 될 것이라고 생각하는 사람들과 친해져야 한다. 그러기 위해서는 집을 벗어나 대외 활동을 하여야 한다. 모임에 일찍 도착하거나 사람들과 얘기하기 위해 모임이후에 남는다든가, 자원봉사를 하거나 그 모임의 임원을 맡는 등 당신이 가진 인맥 연결 기회를 최대한 활용하라. 당신은 또한 창업을 위한 조직에 가입하고 산업과 전문가 모임에 참석함으로써 새로운 인맥 연결 기회를 창출할 필요가 있다.

효율적인 인맥을 만들기 위한 두 번째 단계는 '잠재적 인맥구축 파트너', 즉 뭔가 공통점이 있고 서로에게 유익한 관계로 발전시킬 수 있는 사람들을 알아내는 것이다. 물론 당신은 상호 유익을 주는 분야를 알아내기 전에 사람들을 어느 정도 먼저 알아야 한다. 그런 후, 자원이나 정보를 공유함으로써 혹은 어느 정도 도움을 줌으로써 관계구축을 시작하라.

일단 당신이 사업을 시작하면, 인맥관리는 훨씬 더 중요해 진다. 그래서 당신은 더 확장된 그리고 더 공식적인 인맥관리가 필요해 질 것이다. 이때 인맥은 회계사와 변호사 그리고 은행 관계자들이 될 수 있다. 또한 당신을 멘토할 수 있는 기업가들과 잠재 고객들을 찾아내서 접근할 수 있도록 도움을 주는 기업가들이 포함될 수 있다. 그런 인맥들을 사업을 위한 자문위원으로 위촉해서 지속적으로 연락을 하고 그들의 전문지식을 활용할 것을 고려하라. 경험이 더

통찰력 혹은 지혜

성공적인 인맥관리는 감정적인 연결과 상호적인, 그리고 누군가를 지원하고 촉진하는 옹호적 관계를 포함한다.

많은 기업가들로부터 배울 점이 더 많다. 우리 시대의 가장 뛰어난 기업가들 중 몇 명으로부터 배우기 위해서는 스탠포드 대학홈페이지 http://ecorner. stanford.edu(*역자주: 스탠포드 대학의 교수 또는 성공한 벤처 기업 CEO 들의 강의 동영상을 제공하는 사이트. 총 22,797개의 동영상을 제공하고 있음) 를 방문하라.

이 홈페이지는 실리콘 밸리의 기업가적인 리더들의 생각을 담은 1,200개 이상의 고품질 무료자료와 동영상을 제공하고 있다.

인맥관리에 대해 끝으로 강조할 얘기가 하나 더 있다. 사업을 위해 잠재적으로 당신과 파트너가 될 사람들을 찾아내기 위해 당신의 개인적인 그리고 전문가적인 인맥을 면밀히 살펴보라. 어떤 사업 결정을 함에 있어서, 동업자와 융합할 수 있는지와 더불어 동업관계의 장단점도 주의 깊게 고려해야 한다. 공통된 가치와 목표가 성공적인 동업관계에서 핵심 키이다.

성공 기업가 사례의 서론

인맥 관리를 통해서, 제임스 쉬한(James Sheehan)박사는 전 직장동료인 앤 토마스(Ann Thomas)를 사업 파트너로 찾게 되었고 그의 사업인 스쿨파이넌스 닷컴(Schoolfinances.com)을 비약적으로 성장시킬 수 있었다.

성공 기업가 사례 제임스 쉬한 박사

스쿨파이넌스 닷컴(Schoolfinances.com, Inc).
학교 자치구를 위한 기획 시스템

컴퓨터 프로그래머, 교사, 교장, 그리고 교육청의 부 교육청장 등의 독특한 배경으로 인해 제임스 쉬한(James Sheehan)박사는 미네소타 주에서 그의 기술을 바탕으로 한 컨설팅 사업체 스쿨파이넌스 닷컴(School finances.com)의 틈새 시장을 찾아 낼 수 있었다.

직장생활 동안, 그는 학교 자치구 운영에 관한 상당한 정보가 모아지고 있지만 학교 관리자들이 쉽게 사용할 수 있는 서식형태가 아니라는 걸 알게 되었다. 그런 정보를 그는 드립(DRIP; Data Rich and Information Poor) 즉 풍부한 자료에 빈약한 정보로 불렀다. 이런 요구로 인해 그는 명확하고 의미 있는 방법으로 자료를 제시하는 시스템과 보고서 틀을 개발하였다

"나는 1994년에 활동적인 직장에서 은퇴해서 몇 년 간은 우선 휴가를 보낸 후 1998년에 일부 개발을 시작해서 초기 시스템을 판매했다. 나는 개인용 컴퓨터, 이메일과 저장장치들과 같은 발전된 기기들을 최대한 활용했다. 소프트웨어 시스템은 마이크로소프트 엑셀로 개발했다"고 한다.

"나는 정보를 판매하는 사람이다. 내 하루의 절반을 교육청장들이나 교육위원회가 자치구의 경비, 급여 등을 어떻게 비교할지에 대한 정보를 찾으면서 보냈다. 나는 이런 모든 변수를 포함한 모델이 매우 귀중하다는 것을 알 수 있었다"

쉬한 박사가 개발한 관리 보고서 및 기획 시스템은 미네소타주 340개 학교 자치구 중 150개 이

상이 일부 서식을 사용하고 있다. "우리 시스템을 사용하지 않는 자치구는 대부분 규모가 너무 작아서 사용하지 않는다"고 쉬한 박사는 말했다. 그는 또한 "학교 관리자와 교육위원회와 연계하는 것이 도움이 되었다"고 한다. 종종 비공식적으로는 "쉬한 모델"로 불린다. 그의 시스템은 미네소타 교육위원협회(MSBA)로부터 인증을 받았다. 스쿨파이넌스 닷컴은 또한 미네소타 학교 관리자 협회(MASA)의 사업파트너이다. 그의 이전 직장동료인 앤 토마스(Ann Thomas)가 사업파트너로 2001년에 합류했다. "그녀는 하늘이 준 선물이며 그녀의 무수히 많은 기술을 활용하여 사업을 확장시킬 수 있었다. 나는 느긋해졌고 더 많은 일을 앤에게 위임했다"고 쉬한 박사는 말한다.

"내가 개발한 사업유형의 단점은 그저 문을 열고 들어오는 사람 누구나에게 넘길 수는 없다는 것이다. 나는 71세이고 그게 걱정이다. 내 스스로 사업을 일으켰다. 그러나 손쉽게 판매할 수 있는 사업이 아니다."고 박사는 덧붙였다

쉬한 박사는 무엇을 다르게 했는가? "이것이 얼마나 흥미로운 것인지 진작 알았더라면, 난 아마도 좀 더 일찍 직장을 그만뒀을 것이다. 그러나 사람들은 좀 더 연륜이 있고 경험 있는 사람으로부터 컨설팅을 받고 싶어 한다. 어떤 사람들은 젊은 사람들로부터 컨설팅 서비스를 받는 걸 주저한다."

쉬한 박사는 자신의 사업을 시작하려 하는 사람들에게 그들이 열정을 느끼는 것을 하라고 권고한다. 그리고 "당신은 적어도 처음엔 하루에 14~16시간의 일을 종종하게 된다"고 말한다. 그는 미네소타 학교 자치구 재정기획 모델을 개발하기 위해서 3,000시간이상의 시간을 들인 것으로 추산한다. 그는 또한 "당신의 삶을 보내면서 경험을 얻게 된 그 분야에서 뭔가를 하라"고 말한다.

더 많은 정보를 위해, 홈페이지 www.schoolfinances.com를 방문하라.

제 9 장
시장이 말하는 것
What the Marketplace Tells You

지금까지 기술, 경험, 관심사와 같은 내면적인 면들을 살펴보았다. 또한 당신이 어떤 기업가적(entrepreneurial) 기술(skills)과 특징(characteristics)을 지녔는지, 그리고 부족한 부분을 강화시키기 위해서는 무엇을 해야 하는지를 결정하였다.

지금부터는 외면적인 것, 즉 시장에서 사업 아이디어나 당신이 가지고 있는 생각이 괜찮은 것인지를 살펴볼 것이다.

7장에서의 "다이아몬드의 땅" 이야기를 기억하는가? 농장을 팔고 다이아몬드를 찾아 세계를 여행하며 여생을 보낸 고대 페르시아의 가난한 농부의 이야기였다. 본의 아니게 그는 페르시아 전체에서 가장 큰 다이아몬드 밭을 팔고 다른 곳에서 다이아몬드를 찾아 헤매며 여생을 보냈던 것이다.

농부가 다이아몬드 원석이 어떻게 생겼는지를 알아보고 자신의 땅을 세심하게 조사해보았다면, 그는 상상도 못할 만큼의 부자가 되었을 것이다. 이처럼, 당신은 사업 자신의 아이디어가 언제 '기업가의 다이아몬드'라고 할 수 있는 성공적인 아이디어가 될 수 있을 것인지 알고 싶을 것이다.

성공하는 사업 아이디어 A Winning Business Idea
성공하는 사업 아이디어는 시장 수요를 만족시킨다. 쉽고 간단한 얘기다.

달리 말하자면, 사업 아이디어가 성공할 것인지 아닌지를 결정하는 것은 시장이라는 것이다. 시장이 사업의 성공에 어떻게 영향을 미치는지 알고 싶으면 주위를 둘러보기만 하면 된다. 예를 들어, 한 이탈리안 레스토랑이 도시의 어느 한 지역에서는 크게 성공하였으나 다른 지역에서는 참담하게 실패했다. 한 나라에서도 어떤 지역에의 건설은 급속히 발전할 수 있으나, 다른 지역에서는 완전한 침체가 될 수 있다.

아직도 사업에 대한 아이디어를 갖지 못했다면, 시장에 무엇이 필요한 지를 확인하는 데서 시작하면 된다. 이미 아이디어가 있다면, 지금이야 말로 그 아이디어가 시장의 필요에 부응하는지를 확인하기 위해 시장을 분석할 좋은 때이다. 어느 쪽이든, 중요한 건 시장이다.

시장의 필요를 식별하라 Identify a Marketplace Need

시장은 당신이 찾고 있는 다이아몬드를 필요로 하는데, 그렇다면 당신이 그것을 발견할 가능성을 어떻게 증대시킬 것인가? 가장 좋은 방법은 기업가적(entrepreneurial) 사고방식을 차용하는 것이다. 기업가들은 문제 해결에 주의를 기울이고, 틈새시장에 진입하거나 또는 기존 시장에서의 성능 격차를 없앤다.

문제를 해결한다

미국으로 이사하며, 페니로프(Penel ope)는 자신의 모국의 음식을 구하기가 힘들다는 것을 경험하고, 다른 사람들도 비슷하다는 것을 알아냈다. 그녀는 모국 식품들을 수입해 그녀의 지역 사회에서, 그녀처럼 "고향의 맛"을 바라는 다른 사람들에게 판매하는 작은 소매점을 시작했다.

- **문제를 해결한다** Solve a problem 기업가들은 문제를 기회라고 여긴다. 브룩사이드 바커리 앤 배스 사(Brookside Barkery & Bath)의 딜리나 스타웃(Delena Stout)(85쪽)는 자신의 큰 개를 씻길 수 있는 장소를 찾고자 했던 자신의 문제 해결과정으로부터 창업 아이디어를 얻었다. 이러한 문제에 초점을 맞추고, 동시에 소비자들의 위생적이고 가공하지 않은 애완동물 음식에 대한 관심을 이용해, 딜리나(Delena)는 브룩사이드 바커 앤 배스 사를 시작했고, 이후 매장은 셋으로 늘어났다.

- **틈새시장을 노린다** Fill a market niche 큰 기업들은 보통 일반 대중 시장에 초점을 맞춘다. 이는 작은 기업에게 틈새시장을 노릴 좋은 기회를 준다. 데이브 폴니(Dave Polny)의 사업, 190 SL Services(107쪽)는 주류의 공급자들이 다루지 않는 수요를 발견했다. 그는 구형 자동차의 전체 및 부분 복

원과 수리를 전문으로 하며, 메르세데스 벤츠 190 SL을 특기로 했다. 손님들은 전국적으로 찾아왔다.

틈새시장을 노린 다른 사업의 예로서 "모두를 위한 무언가"를 읽어보라.

- **성능 격차를 메운다** Fill a performance gap 작은 기업들은 민첩하고 재빠르다. 소비자와 가까이 일하며, 종종 소비자가 좋지 않은 대우를 받는 것에서 처음으로 기회를 발견하는 사람이 되기도 한다. 제임스 쉬한(James Sheehan) 박사는 학군 관리자는 자료는 많지만 정보는 부족하다는 것을 알았다. 학군 운영 관리에 관한 상당한 정보가 수집되지만, 학교 관리자들이 쉽게 사용할 수 있는 형태가 아니었다. 이러한 성능 격차는 쉬한(Sheehan) 박사가 그의 사업 Schoolfinances.com(123쪽)을 시작하도록 만들었다. 그의 사업은 학군에 있어 명확하고 의미 있는 방법으로 데이터를 제공하는 시스템과 보고서를 공급하는 것이다.

- **소비자의 필요를 충족시킨다** Fulfill a customer want 작은 사업체들은 소비자와 가깝게 접함으로써 그들이 완벽한 고객 서비스, 독특하거나 맞춤형 제품을 제공할 수 있는 기회를 갖게 되고 경쟁적인 우위를 가지게 된다. 특집으로 실린 기업가(entrepreneur) 빌 벤더버그(Bill VendeBerghe)와 그의 부인 비키(Vicki)(39쪽)는 자신들의 사업에 있어 규모가 큰 도매 경쟁자들이 최소 구매량을 요구하는 것과는 다른 경영 전략을 도입하였다. 이로 인해 대규모 공급자들에 의해 공급 받지 못한 소규모 거래처에게 제품을 판매할 수 있게 되었다. 그들의 소규모 거래처를 위한 원스톱 쇼핑몰은 인기를 끌었고, 그들의 도매 사업 수입은 그들 판매의 85%를 이루게 되었다.

이제 시장의 문제, 틈새시장, 격차를 찾아내는 요령에 대해서 살펴보도록 하자. 그러기 위해서는, 시장 신호를 잡아내기 위해 안테나를 세워야 한다. 다음의 방법들이 도움을 줄 것이다.

- **들어라** Listen : 주변 사람들(친구, 가족, 직장 동료, 고객)의 말을 듣는다. 그들이 무슨 말을 하는가? 무엇에 대해 불평하는가? 어떤 불편을 겪고 있는가?

- **읽어라** Read : 잡지, 신문과 책을 읽고 인터넷을 살펴본다. 어떤 유행이 있

모두를 위한 무언가

맞선 사이트의 극단적 틈새시장으로 뮬릿패션스닷컴(MulletPassions.com)이 있다. 매치닷컴(Match.com)이나 이하모니(eHarmony)와 같은 회사들과 경쟁하던 기업들은 특정한 관심사를 지닌 사람들을 노려 더 성공을 거두고 있다 ; 예를 들어 골드메이트닷컴(Golfmates.com)이나 싱글페어런트닷컴(SingleParent.com)과 같은 사이트 들이다.

벨크로 발명-공원 산책

벨크로(*역자주: 천 같은 것을 한쪽은 꺼끌꺼끌하게 만들고 다른 한쪽은 부드럽게 만들어 이 두 부분을 딱 붙여 떨어지지 않게 하는 옷 등의 여밈 장치) 개발자인 조지 머설(George Mersal)은 나무 사이를 걷다가 우엉잎이 그의 옷과 그의 개의 털에 붙은 것을 착안하였던 것을 기업가적 사고방식이라고 설명하였다. 기술자가 직업이었던 그는 왜 우엉잎이 그렇게 꼭 붙어있었는지를 알아보기로 결정했다. 그의 관찰과 실험은 벨크로*의 개발로 이어졌다. 그 이전에 많은 사람들이 같은 경험을 하였지만 그들이 관찰한 것들에서 그 가능성을 볼 줄 아는 사람은 없었던 것이다.(*벨크로의 역사와 벨크로 제품들에 관해서는 http://www.troyer products. comvelcro history.asp 에 자세히 기록됨)

통찰력 혹은 지혜

여행 중에 다른 나라에서는 이용 가능하지만 자국에서는 불가능한 제품들을 적어두는 것과 같은 간단한 기술이 당신의 여행을 기업가적 모험으로 바꾸어 놓는다.

는가? 어떤 주제를 다루고 있는가?

- **관찰하라 Observe** : 주변의 세계를 관찰하라. 기술자 조지 머설(George Mersal)의 관찰 기술이 벨크로의 창업으로 이어졌는지 "벨크로 발명-공원 산책"을 읽어보라. 스타벅스의 설립자 하워드 슐츠(Howard Schultz)는 관찰이 기업가의(entrepren eurial) 성공에 얼마나 중요한지를 보여주는 또 다른 예이다. 이탈리아 밀라노를 방문했을 때, 슐츠(Schultz)는 그 지역의 커피숍에서 친목을 다지는 커피 문화에 주목해, 이후 스타벅스의 고객들을 위해 이태리와 같은 사교적 모임의 장소로 커피숍을 재창조하고자 노력했다.

- **조사하라 Research** : 트렌드와 정부 규제의 변화, 기술 발전에 대해서 조사하라. 남보다 빠르게 트렌드를 확인하는 것은 기업가들에게 경쟁이 심해지기 전에 그들의 제품과 서비스를 제공할 수 있는 기회를 준다. 변화는 혼란을 낳고, 혼란은 기업가들이 찾고자하는 격차들과 충족되지 못한 필요들을 만들어낸다.

당신의 특정한 흥미나 산업의 분야와 관련된 트렌드를 확인하기 위해 웹사이트를 탐색하라. 예를 들어, 기술에 관심이 있다면 관련 뉴스와 트렌드를 알아보기 위해 Xconomy.com(*역자주: 미국의 벤처캐피탈들이 투자하고 있는 업종과 그 규모에 대해 공개하고 있음. 한국에도 한국벤처캐피탈협회에서 제공하는 diva.kvca.or.kr 사이트가 있으나 영업비밀상의 이유로 충분한 정보를 제공해 주지는 못함)을 방문하면 된다.이 사이트에서는 벤처 기업가들에 의해 자금을 제공받는 사업의 목록을 볼 수 있다. 사이트의 검색창에서 "venture capital funding"을 검색해보라. 이렇게 자금을 제공받는 기업들을 살펴보는 것은 어느 분야가 성장하고 있는지 예측하는데 도움을 준다. 비슷한 웹사이트들이 다른 산업 분야에도 존재한다.

> "나는 운을 굉장히 믿는 사람이다, 내가 더 열심히 일할수록,
> 더 많은 운을 얻게 된다는 것을 알았다."
> 토머스 제퍼슨(Thomas Jefferson)

「실전단계 9.1」에서, 시장을 유심히 관찰하는 것을 통해 잠재적 사업 아이디어를 확인하게 된다. 「실전단계 9.2」에서는 당신이 관심 있는 산업으로 초점을 집중시켜서 그 곳에 있을지 모르는 창업 기회를 찾아보게 한다.

실전 단계
시장 분석 9.1
markekplace analysis

주위의 상황에 귀를 기울이며 가능한 아이디어들의 일지를 작성한다. 시장을 자세히 살펴본다. 당신은 어떠한 불편들을 겪었는가? 다른 사람들이 어떤 욕구불만을 겪는 것을 보았으며 혹은 다른 이들이 이야기하는 것을 들어보았는가? 잡지나 신문에서는 어떤 기회들이 확인되었는가?

아이디어	아이디어의 원천	아이디어가 어떻게 확인되었는가
아이디어의 간단한 설명	불편? 필요? 문제? 욕구불만?	개인적 관찰? 다른 사람과의 대화? 잡지나 신문 기사?(날짜)
예: 집안에서의 노화방지	예: 개인적 필요	예: 타인과의 대화, 스스로

당신의 아이디어 일지:

아이디어	아이디어의 원천	아이디어가 어떻게 확인되었는가
1. _____	_____	_____
_____	_____	_____
2. _____	_____	_____
_____	_____	_____
3. _____	_____	_____
_____	_____	_____

9.2 실전 단계
산업 분석
industry analysis

다음 질문 체제들을 토대로 하여, 지금 일하고 있는 산업이나 오랫동안 일해 왔던 산업 분야에 대해서 분석해보라.

1. 수요나 필요가 존재하는 제품이나 서비스 중 현재 이용 불가능한 것이 있는가? 있다면, 무엇인가?

_____

_____

2. 특정 제품이나 서비스에 있어서 높은 품질의 제품이나 서비스를 선택하는 폭이 적은 영역이 있는가? 그렇다면, 어떤 제품/서비스인가?

_____

_____

3. 지금 제공되고 있는 제품이나 서비스를 더 낫게 할 수 있는가? 그렇다면, 어떻게?

_____

4. 간과되어지고 있는 수요의 틈새시장이 있는가? 있다면, 어떤 틈새인가?

_____

5. 특정 유형의 제품이나 서비스의 공급자가 더 필요한가? 그렇다면, 무엇인가?

_____

지금까지 당신은 시장의 어떤 불편, 격차와 틈새시장에 대해 확인하였다. 이번이야 말로 당신의 지금까지의 인생 경험과 직업 경험을 십분 활용하여 당신이 관찰해온 필요와 격차들을 해소하는 제품과 서비스를 개발하는 좋은 기회이다. 늘 다른 사람들이 해온 대로의 따분한 방법이 아니라 당신만의 독창적인 능력을 발휘해야 하는 것이다. 그렇게 함으로써, 당신은 당신만의 독창적이며, 다른 이에게는 없는 인생과 직업 경험을 복합적으로 활용할 수 있다. 이는 당신이 빛날 기회이다.

창의성의 가미 A dash of Creativity

모든 사람들은 어떤 식으로든 창의적이다. 사람들이 자신이 창의적이지 않다고 말할 때, 그들은 보통 예술적 감각(시각 예술, 행위 예술, 집필)에서의 창의성을 떠올린다. 그러나 대개 사람들은 그들만의 창의성을 일상생활에서, 문제를 직면했을 때 새롭고 독특한 방식으로 해결하면서 잘 드러낸다.

한 워크숍에서 만난 기업가는 자신이 창의성에 있어서는 "돌"과 같아서 독창적이지 못하다고 말했다. 그리고는 그는 자신이 집에 들어가며 이후 자신의 집을 팔 것을 생각하며 집을 보수하고 개조하는 것에 대해 상상하는 스스로의 능력에 대해 이야기를 이어갔다.

매년 수천 개의 새로운 제품들이 실패해나가는 때에, 발명가이기보다는 혁신자가 되기 위해 창의성을 이용해야 한다. 무언가 새로운 것을 소개하기 보다는 이미 시장에 있는 것을 바꾸고 발전시키는 것을 생각해야 한다. 혁신은 소비자의 비용 대비 제품 가치에 대한 만족을 증대시키는 것이다.

> "처음은 생각에서 비롯된다. 그리고 그 생각의 구성을 아이디어와 계획으로, 그리고 그 계획들을 현실로 변형하라. 관찰하고자 할 때 시작은, 당신의 상상력이다."
> 나폴레옹 힐(Napoleon Hill)

사업의 성공을 위해서는 꼭 새로운 것을 제시해야 하는 것은 아니다. 새로운 사업의 발단과 발전(The Origin and Evolution of New Business)에서, 아머 바이드(Amar Bhide)는 대부분의 기업가들이 처음 사업을 시작할 때 다른 사람의 아이디어를 모방하거나 조금 변화시키는 것에서 시작함을 제시했다.

가장 좋은 성공의 기회를 제시하는 것은 대부분 단순하고, 평범한 생각들이다. 이미 시장에서 검증된 개념에 창의성을 가미하는 것이 당신에게 필요한 시장 우위를 제공할 수 있다.

성과 경영(Managing for Results)에서 피터 드러커(Peter Drucker)는 혁신에 대해 말하기를, 기업가들은
- 혁신은 단순해야 하고 분명해야 한다.
- 작은 것부터 시작하라 – 특정한 하나를 시도하라.

제품/서비스 혁신 뿐 아니라, 마케팅, 포장과 배송 방법에 있어서 창의성을 발휘하는 것만으로도 자신의 사업을 두드러지게 할 수 있다. 소위 돈을 버는 방법 중 하나는 통상적으로

서비스에서의 혁신

오늘날의 사업 중 대부분은 서비스업을 포함하고, 이는 미국 GDP의 70%를 차지한다. 영국의 최근 보고서에 의하면 세 가지 큰 변화들이 서비스 산업에 영향을 끼친다.

1. 제조된 상품의 판매에 서비스 제공자 (이를테면 사후 유지보수 및 지원)를 추가하는 등, 제조업과 서비스 혁신의 통합
2. 인터넷 발달과 글로벌화로 인해 혁신 과정에서 소비자/사용자의 역할과 힘이 대두됨, 이로 인해 네트워크 발달이 새로운 서비스 발달 야기
3. 환경 파괴 없는 자원 활용과 자연 환경에 대해 늘어나는 관심은 서비스 분야에 광범위하게 영향을 미치고 새로운 사업 기회를 쏟아냄

(출처: Supporting innovation in Services, Department of Business Enterprise and Regulatory Reform, United Kingdom, 2008.)
www.berr.gov.uk/files/file47440.pdf.

는 어울리지 않는 것들을 합치는 것이다. 이런 방법을 시도해보자. 상품과 서비스들이 다른 산업에서 어떻게 마케팅, 판매, 배송되는지를 지켜보고 그 방법을 자신의 제품과 서비스에 시도해보라.

이 방법을 통해서 굉장히 성공한 보석 회사에 대해 최근 읽은 적이 있다. 지난 10년간 세일즈맨이 천 명이 넘을 만큼 성장한 실파다 디자인(Silpada Designs)은 홈 파티를 통해 순은(純銀) 장신구를 팔았다. 이 판매 기법은 보통은 튜머웨어(Tupperware)(*역자주:식기 제품 회사)와 패퍼드 키친(Pampered Kitchen) 주방 용품과 제휴해서 하는 것이 더 일반적이었다. 서비스의 새 방향에 대한 정보를 얻으려면 "서비스에서의 혁신"을 읽어보라.

이제 "진단과 분석"에서 제품과 서비스에 창의성을 가미하는 시도를 직접 해보라.

혁신과 창의성에 대하여 더 풍부한 자료와 이 분야에서 유명한 인사들의 짧은 동영상을 보기 원한다면, 미국 스탠포드 대학의 한 웹사이트 인 ecorner.standford.edu(*역자주: Stanford 대학의 교수 또는 성공한 벤처 기업 CEO들의 강의 동영상을 제공하는 웹사이트, 총 22,797개의 동영상을 제공)에 가면 방대한 자료를 얻고 볼 수 있다. 이 사이트의 "Topics" 밑에 "Creativity and Innovation"을 클릭한다.

성공 기업가 사례의 서론

베니스 해변 친환경 별장(Venice Beach Eco Cottages)은 평범한 여행객 별장이 아니다. 씬시아 포스터(Cynthia Foster)와 그녀의 남편 카렐 샘솜(Karel Samsom)이 그들의 친환경적인 별장을 예술로 만들기 위해 자신들의 독특한 재능을 어떻게 이용했는지에 대해 읽어보자.

진단과 분석

당신의 제품이나 서비스를 시장의 다른 것들과 차별화하기 위해 어떤 변화를 만들 수 있는가?

_____

_____

_____

_____

_____

_____

_____

당신의 제품이나 서비스를 어떻게 창의적으로 시장에서 팔고, 포장하고 배송할 수 있는가?

_____

_____

_____

_____

_____

_____

성공 기업가 사례 - 씬시아 포스터(Cynthia Foster)

베니스 해변(Venice Beach) 친 환경 별장

Papa Hemingway   Aunt Zoe' Place

씬시아 포스터(Cynthia Foster)는 네덜란드 니엔로드(Nyenrode) 경영 대학의 환경 기업가 정신 (Environmental Entrepreneurship)을 강의하는 교수인 남편 카렐 샘솜(Karel Samsom) 박사와 함께, 캘리포니아 베니스(Venice) 해안의 베니스 해변 친환경 별장(Venice Beach Eco Cottages)의 공동 소 유주이다. 7년 전 씬시아(Cynthia)가 카렐(Karel)을 만났을 때, 그녀는 자신의 삶이 얼마나 변할 지에 대 해 상상도 못했다. 그 날은 또한 그녀가 라임 병(*역자주:Lyme disease; 발진, 발열, 관절통, 만성피로 감, 국부마취 등을 보이는 감염질환)을 선고 받은 날이었다.

씬시아는 그 때까지의 그녀의 삶을 "1차원적(linear)"이었다고 표현한다. 그녀는 LA에서 유명 감독과 제작자를 고객으로 16년간 영화와 음악 산업의 기업 관리 실무 회사를 운영해 왔다. 그녀의 직업 생활은 굉장히 압박이 심했다. 매일 시간이 빡빡하게 계획되었으며, 일 자체는 좌뇌를 주로 사용하는 일과 연관 된 것 뿐이었다.

씬시아의 라임병에서 비롯한 건강 문제는 처음에는 그녀가 일을 할 수 없게 했고, 그녀가 사업체와 가정을 잃게 하는 결과를 낳았다. 지나고 나서 보면, 씬시아는 이것이 그녀로 하여금 좌뇌(선형)와 우뇌 (나선형)를 모두 사용해 일을 한다는 방법을 탐험할 수 있게 한 해방의 경험이었다고 밝힌다. 지난 7년 간, 씬시아는 창의적인 일에 몰두하게 되었는데, 영화, 극장과 TV에서 배우로 활동하며 한편으로는 남편 카렐(Karel)과 함께 농장을 개조하는 일을 하였다.

버몬트(Vermont)의 토지를 파는 것은 우선 카렐과 씬시아가 그들이 개조할 수 있는 캘리포니아 (California)의 토지를 찾게 만들었다. 그리고 손님들에게 그들이 개인 소유 집에서 여행하다가 찾고 싶

LE BEBE COTTAGE

어 하는 도회풍의 은퇴처를 제안하였다.

몇 개월이나 찾은 후, 그들은 이상적인 농장을 발견했다: 세 개의 1922년 방갈로가 시장에 나왔고, 그 방갈로들 옆에는 베니스 해변(Venice Beach)의 소규모 별장을 임대 하고 있었다.

농장 관련한 모든 일이 예정대로 진행되어 가던 중 막바지 며칠을 남겨놓고, 신용으로 빌릴 수 있는 농장 건축 대출이 수포로 돌아가게 되었다. 그들은 신중하게 상황을 분석한 뒤, 씬시아와 카렐은 별장의 수리자금을 카렐(Karel)의 401K(*역자주: 미국의 기업연금 제도) 일부를 이용해 스스로 충당하기로 결정했다. 이 때, 타이밍이 좋았다: 2008년 여름에서 가을 사이에 미국 리먼브라더스사의 파산으로 주식 시장 폭락이 발생하기 직전에 일어났다.

이 부부는 각각의 환경 경제학자, 배우/예술가라는 배경을 활용하여 그 지역의 옛 베니스(Venice) 건축물을 세심하게 보호하며 별장들을 사랑받는 예술 작품으로 만들었다. 씬시아는 또한 어린 시절 할머니가 소유한 방 하나, 두 개짜리 오두막으로 이루어진 위스콘신(Wisconsin) 리조트에서 보낸 여름 방학 추억에서 영감을 받기도 했다.

그 아름다움과 편안함 뿐만 아니라, 베니스 해변 별장(Venice Beach Cottages)는 손님과 환경 보호에 유익하다. 모든 건물 재료는 환경이 파괴되지 않고 이용 가능하고 독성이 없으며, 모든 페인트와 마감칠은 VOCs(*역자주: Volatile Organic Compounds; 접착제 등에서 방출되는 기체인 휘발성 유기화합물, 새 집중후군의 원인이 됨)가 없거나 낮으며, 이불과 매트리스는 유기농 제품이고, 청소 도구들은 모두 천연제품이고 무향이다. 게다가, 별장은 태양열 발전을 하고 해변에서 4블록 거리이다.

Cynthia and Karel

사업을 시작할 때 홍보에의 초기 투자는 날짜 홍보뿐이었다. 그것과 환경 친화적인 별장의 자연은 넓은 주목을 받는 결과를 낳았다――The New York Times, Los Angeles Magazine, Hospitality Design–The Green Issue, Elle, Travel Agent Magazine, The Sundance Channel의 "작은 지구를 위한 큰 아이디어" 프로그램, TreeHugger.com 등의 매체들이다. 이곳을 방문하는 것은 손님들에게 기분이 좋은 동시에 좋은 일을 할 수 있는 기회를 제공하는데, 이는 수입의 3%가 자선 단체로 가기 때문이다.

더 많은 정보를 원한다면, 다음의 웹사이트를 방문해 보라

www.venicebeachecocottages.com

제 10 장
타이밍이 전부다
Timing Is Everything

'타이밍이 전부다.' 이 진부한 말은 들어본 적이 있을 것이다. 그러나 이는 사업에 있어서 더더욱 그러하다. 시장에 진입하는 타이밍은 사업의 성공에 핵심적이다.

트렌드-흐름을 잡아라 Trends-Catch The Wave

트렌드(동향)와 유행의 차이를 아는가? 트렌드란 일정 기간 동안의 일반적인 흐름이나 경향을 의미하는데, 이는 기업가들이 놓쳐서는 안 되는 좋은 기회를 준다. 반면 유행은 기간이 짧고 행동에 옮길 수 있는 시간이 적다. 유행이란 '열광'과 '변덕'의 비슷한 말이다.

유행이나 일시적인 사건에 기초를 둔 사업의 단기적 속성은 어떤 기업가들에게는 이득이라고 생각될 수 있다. 장기간의 사업 운영 없이도 단기 수익을 올릴 수 있기 때문이다. 예를 들어, 많은 사업들이 올림픽 경기, 도시나 국가의 큰 기념일과 휴일, 혹은 지역 스포츠팀의 승리 등에 힘입어 성장한다. 이 때 노점 상인들은 말 그대로 모든 길가에 나타난다.

이러한 기회들은 단기적인 속성이 있다는 것을 알아차리는 것이 중요하다. 유행 상품에 너무 의존한 나머지 위기를 겪게 된 이야기를 "유행은 리스크를 지닌다"에서 읽어보라.

**유행은 리스크를
지닌다**
앤듀류(Andrew)의 특
산품 상점에서 가장
잘 팔리는 종류는 유
명하고 수집할만한
어린아이들의 봉제
완구였다. 이에 대한
의존도가 굉장히 컸
기 때문에, 손님들의
관심이 시들해지자
심각한 경제적 어려
움을 겪게 되었다.

그러나 대부분의 사업들은 트렌드에 편승하여 돈은 번다. 이는 또한 더욱 더 든든한 성장의 기초가 된다. 흐름에 남보다 일찍 합류해 최고조에 다다를 때까지 그 흐름을 탄다는 철학에 기반을 두고 있다. 그러기 위해서는, 흐름이 다가오는 것을 주목할 필요가 있다.

사업 아이디어가 없다면, 중점적인 트렌드와 그에 관련된 시장의 수요를 알아보는 것을 통해 가능성 있는 사업 아이디어를 찾아낼 수 있다. 이미 사업 아이디어를 지니고 있다면, 그에 관련된 트렌드를 조사함으로써 그 트렌드로 인해 이익을 얻을 수 있는 사업 개념으로 조정할 수 있다.

몇 년 전, 친구가 자동 및 비자동 온도 변화 물품 보관소를 짓기 전 그에 관한 필요를 조사한 적이 있다. 그 조사에서, 미국 인구의 이동성과 그들의 소유물의 증가, 그리고 그 소유물들을 보관할 충분한 공간이 없다는 것에 관한 주요 트렌드에 관한 정보를 수집했다. 이를 통해 그는 이러한 종류의 사업에 대한 필요가 강하다는 것이 확신하게 되었다.

어떤 기업가들은 이 과정을 뒤바꾸어 전체적인 트렌드를 먼저 파악하고 이후 관련 사업 기회를 찾아본다. 예를 들어, 내 친구가 미국 인구의 이동성 증대를 먼저 파악했다면, 그 다음에 물품 보관소에 대한 필요를 깨달았을 수도 있다.

훼이스 팝콘(Faith Popcorn)은 그의 저서 「Clicking, 17 Trends That Drive Your Business – And Your Life」에서 다양한 영역에서 사업이 "트렌드를 탈" 필요가 있음을 강조한다. 때때로 "트렌드를 타기" 위한 사소한 시도들도 대단한 결과를 거둘 수 있다. 예를 들어, 사회 전반적인 비만 문제에 대한 걱정에 부응해 몇몇 전국적인 레스토랑 체인들이 건강에 좋은 저칼로리의 웰빙 메뉴를 선보였다. 다른 곳에서는 가격에 민감한 소비자를 위해 "실용성" 메뉴를 추가했다.

트렌드에 관한 정보 찾기 Finding Information on Trends

트렌드에 관한 정보는 신문, 잡지, 라디오, TV, 웹사이트, 박람회 등에서 차고 넘친다. 다른 것보다도 기업가(Entrepreneur)와 창업(Business Start-Up)잡지들은 기업가 정신(Entrepreneurship)의 트렌드를 알려준다.

Entrepreneur 잡지의 웹사이트(http://www.entrepreneur.com/hott ends)(*역자주:Entrepreneur잡지 웹사이트에서는 창업가이드, 자금조달, 판매와 마케팅, 프랜차이즈, 사업기회, 재택창업, 온라인 창업, 경영관리, 인사관리, 기술동향에 대해 풍부한 자료와 동영상을 제공함)의 "주목해야 할 2009년 트렌드"에는 친환경(유기농, 청정 에너지), 건강과 운동, 그리고 베이비붐 세대의 라이프스타일과 연령대의 관심을 끄는 제품과 서비스가 소개되어 있다--베이비붐 세대는 줄어들고 있으며 3분의 1은 편가정의 가장이다.

"예측은 힘들다, 미래에 관해서는 특히나."
요기 베라(Yogi Berra)

이 글을 쓰는 지금, "트렌드"를 검색어로 아마존닷컴(Amazon.com)에서 검색하면 475,000권 이상의 책이 검색된다! "인구 통계학적 트렌드"는 15,000개 이상의 제목이 나온다. 지역 도서관을 방문하면 참고 자료에 파묻히게 될 것이다. 업계 단체와 업계의 전시회, 박람회는 최신의 구체적인 산업 트렌드에 관한 정보를 찾기에 매우 도움이 되는 곳이다.

www.trendwatching.com사이트(*역자주 매월별로 현재의 트렌드를 발표하며 한국어로도 볼 수 있음)를 방문하는 것도 소비자 트렌드에 뒤지지 않도록 하는 방법이다.

공동체나 다른 사람들을 관찰해 일상생활 속에서 트렌드를 발견하는 사람이 되어라. 미국이나 세계를 여행함을 통해 장래에 당신의 지역에 영향을 미칠 트렌드를 찾아낼 수도 있다. 예를 들어, 뉴욕과 LA는 대담한 패션으로, 서부 해안은 기술로 유명하다.

"퍽을 향해서 스케이트를 타지 마라; 퍽이 갈 곳을 향해 움직여라."
웨인 그레츠키, 하키 선수(Wayne Gretzsky, hockey player)

트렌드에 관한 무수한 정보 속에서, 트렌드의 범주를 구분하는 것이 효과적이다. 이 장에서 구분할 주요한 범주는 기술, 인구 통계, 경제와 사회적인 것으로 구분한다. 더 알아보려면, "인구 통계학 트렌드" "사회적 트렌드" "경제적 트렌드"나 "기술 트레드"를 인터넷에서 검색하면 긴 참고 목록이 나올 것이다. 이제, 주요 트렌드 각각을 심도 있게 살펴보자.

인구 통계적 트렌드 Demographic Trends

인구 통계 트렌드는 대부분의 소비자 제품과 서비스에 관한 수요를 이끌어 내고 이는 다시 사업 제품에 대한 수요를 이끌어 낸다. 따라서 일반적인 시장과 특정한 목표 시장의 인구 통계 트렌드에 관해 잘 아는 것이 중요하다. 소비자 시장에서 인구 통계의 변수들은 나이, 성별, 소득, 교육 수준과 인종 같은 요인을 포함한다. 미국의 연령별 인구 통계에 관한 자세한 내용을 알고 싶으면 다음의 표를 참고하라.

2005년 미국 인구 총조사에 따른 세대	출생 년도 (집단 간 중복 다소 존재)	인구 근사값
제 2차 세계 대전	1931	2,000만
스윙 세대	1932-1944	2,800만
베이비 붐 세대	1945-1953:주도 세대 1954-60년대 초: 젊은 세대	7,500만
X세대	1964-70년대 후반	5,000만
Y세대 (2000년대,	베이비 붐 세대의 자녀) 1980년대-1990년대 중반	7,300만

타깃 소비자들에 대한 연령대별 인구 통계를 알아보는 것이 그들의 소비 경향, 라이프스타일, 사고방식과 필요를 파악하는 데 도움이 된다. 선호하는 검색 사이트를 이용해, 세로 줄에서 당신의 목표 시장(X세대, 베이비 부머 세대)을 가장 잘 표현한 단어를 검색하라. 정보의 풍요로 이끌려 가게 될 것이다.

나이로 인한 연령 인구 통계나 수요자 필요의 변화는 몇 십 년 앞서 예측할 수 있다. 거대한 베이비 붐 세대는 1950년대에는 공립학교에 대한 수요에, 1970년대에서 1980년대에는 주택 시장에 대한 수요에 지대한 영향을 미쳤고, 지난 몇 십 년간 동안은 소비자 지출과 소비에 막대한 영향을 끼쳤다.

많은 사업들의 성공은 그 기업가들이 이 거대한 소비자 집단의 필요와 수요를 예측했기에 가능했다. 베이비 붐 세대가 나이가 들면서, 그 영향은 몇 가지 예만 들자면 부동산 수요의 변화, 건강 관리와 연장자 서비스업 등의 영역에서 나타날 것이다. 힌트. 힌트. 여기에 가능성이 있는 사업들이 있을까?

이제 「실전 단계 10.1」에서 거대한 인구 통계적 트렌드를 당신 스스로 확인해 볼 때이다.

실전 단계 10.1
인구 통계적 트렌드
demographic trends

가장 좋아하는 검색 엔진에서 "인구 통계 트렌드"를 입력하고 참고 문헌 목록을 찾아보거나, 잡지와 신문 등을 살펴보라. 더 많은 자료는 도서관에서 얻을 수 있다. 특정 흥미 분야에 대한 트렌드를 파악한 후에는 그와 관련해 장래성 있는 사업 아이디어에 대해 브레인스토밍을 하라.

인구 통계 트렌드	정보 출처	기회
예: 미국의 히스패닉계 인구가 1980년 이후 2배가 됨	미국 인구 센서스	히스패닉계를 겨냥한 잡지, 신문, 식료품점, 식당, 고용주를 위한 번역 서비스
예: 80후반~90세까지 사는 사람의 수가 늘어남	조사, 미국 인구 센서스	장년층 서비스, 노인에 적합한 주택, 노화 방지 제품

10.1

당신의 조사 내용:

인구 통계 트렌드	정보 출처	기회
1.		
2.		
3.		

기술 트렌드 Technology Trends

몇 십 년 전, 저명한 환경학자 조셉 슘페터(Joseph Shumpeter)가 같은 혁신이 어떻게 한 사업에는 기회를 제공하고 동시에 다른 사업을 파괴하는지를 설명하며, "창조적 파괴"라는 용어를 사용했다. 이는 기술면에서는 더더욱 맞는 말이다.

예를 들어, 인터넷은 사업들이 상품의 광고, 판매와 소비자의 구매 방법을 바꾸었다. 또한 중소기업이 인터넷에서 큰 영향력을 행사할 수 있는 기회를 제공하였다. 오늘날의 기술 트렌드를 "떠오르는 기술 트렌드"에서 확인하자.

최근의 기술 개발에서 기인한 괜찮은 기회들을 찾아낼 수 있겠는가? 실전 단계 10.2 에서 당신이 주목한 것들을 확인하게 될 것이다.

"당신이 빠르지 않았다면, 늦은 것이다."
존 R. 오르테고(John R. Ortego)

경제적 트렌드 Economic Trends

지난 몇 년 간, 우리는 경제적으로 흥미진진한 시기를 보냈다. 이를테면, 다우 존스 지수가 2008년 9월 28일에 700 포인트 밑으로 추락했고, 같은 해 10월 13일에 900 포인트 이상으로 치솟았다. 나는 그 흥미진진함이 아직 끝나지 않았다는 생각이 든다. 또한 우리는 주택 시장 붕괴, 주요 금융 회사의 파산과 소비자 신용 시장의 대변동 등을 목격했고 이것들은 금융 회사들이 대출 방식을 까다롭게 만들도록 해 소비자와 기업들 모두에게 큰 영향을 미쳤다. 경제가 회복하고 있어도, 이에 관련된 모든 소식을 예의주시하는 것이 필요하다.

장래 사업에 가장 직접적으로 영향을 미치는 뉴스에 뒤처지지 않는 것이 중요하다. 특정 산업 관련 정보는 그 업종 연합회가 큰 도움이 된다. 사업과 관련된 연합회 단체를 모른다면, "OOO 연합회" "(특정 산업)"을 검색하라.

떠오르는 기술 트렌드

eWeek.com이 주목할 만한 기술들의 목록에 포함시킨 것들:

- 클라우드 컴퓨팅 (적은 초기 자금으로 대기업 규모의 기술에 접근하는 방법)
- 노트북/넷북 선택 (데스크톱 판매량 능가)
- 소셜 네트워킹(링크드인, 페이스북, 트위터)
  더 많은 정보는 www.eweek.com/c/a/Midmarket/Five-Tech-Trends -to-Watch-in-2009를 참조

*역자주 eweek 웹사이트에서는 컴퓨터, 모바일 관련 최근 트렌드와 신제품에 대한 정보를 제공

사회적 트렌드 Social Trends

베이비 붐 세대로써 우리는 살아가며 많은 사회적 변화들을 보아왔다. 이 변화들은 수많은 새로운 제품과 서비스들을 시장에 내놓게 했다. 예를 들어, 60년대 이후 40여 년 동안 여성들이 직장 생활을 하게 되면서, 탁아소, 집안 청소, 패스트푸드 식당의 성장 등 직장 여성들을 위한 서비스업들이 발전했다. 오늘날, 여성의 직장 생활 트렌드는 정체되어 있거나 오히려 역전되어, 미래의 시장에 또 영향을 끼칠 것이다.

가장 최근의 트렌드로는, 더 많은 사람들이 혼자 살게 되자(젊은 연령층의 결혼이 늦어짐, 이혼, 장수) 시장은 그에 부응해 소용량 식품 포장, 유지보수를 제공하는 공동체, 애완견 돌보기 서비스 등을 제공하기 시작했다.

이제는 당신이 조사해 볼 차례다. 실전 단계 10.2에서 당신이 확인한 트렌드의 목록을 작성하고 관련 사업 기회들을 살펴보아라.

10.2

실전 단계
기술, 경제, 사회적 트렌드
technical, economic and social trends

트렌드에 관하여 전체적이든지 혹은 당신의 특별한 관심 분야에 대해서든지 인터넷이나 다른 자료를 살펴본 후, 중요한 트렌드의 흐름을 확인하고 그의 관련된 사업 아이디어를 브레인스토밍 하라.

*역자주
www.wbsonline.com 에서는 소기업들을 위한 창업, 금융, 교육 정보들을 제공함.

트렌드	정보 출처	기회
예: 사회적 트렌드-X 세대와 Y세대가 베이비 붐 세대보다 대규모의 가정을 꾸리고 있음	wbsonline.com	탁아소와 유모, 아동 택시, 가정교사, 아동 제품

당신의 조사 내용:

1. _____ _____ _____

   _____ _____ _____

2. _____ _____ _____

   _____ _____ _____

3. _____ _____ _____

   _____ _____ _____

트렌드에 맞도록 사업을 조정하라 Tweaking Business to be on Trend

이미 생각해 놓은 사업 아이디어가 있다면, 그것을 당신이 발견한 하나 또는 그 이상의 트렌드에 잘 부합하도록 어떻게 조정할 것인가?

제품/서비스의 라이프 사이클 Product/Service Life Cycle

제품도 사람처럼 라이프 사이클을 거친다. 이를 이해하면 기업가들이 사업에 뛰어드는 것이 좋은 때인지 아닌지를 구분하는 데 도움이 된다. 제품이 어느 단계의 라이프 사이클에 있느냐는 사업의 성공에 지대한 영향을 끼친다.

라이프 사이클은 그 길이가 굉장히 다양하다. 패션, 몇몇 장난감(특히 최신 영화에 관련된)과 기술 기반의 많은 제품들은 라이프 사이클이 짧다. 이에 반해 가구, 보석과 식료품은 훨씬 긴 라이프 사이클을 갖는다.

제품의 라이프 사이클(PLC)은 도입, 성장, 성숙과 하락의 단계를 갖는다. 제품의 단계를 파악하는 것이 기회와 고난을 예측하는 데 도움을 준다.

- **도입 단계 Introduction Stage** 신제품이 처음 시장에 소개되었을 때, 일반적으로 홍보와 시장 교육에 아주 많은 양의 자본이 필요하다. 이 단계에서, 당신은 길을 개척하며, 개척에는 시간과 돈이 든다--이 두 가지는 베이비 붐 세대들에게 충분치 않은 것이다. 따라서 이 두 가지 높은 비용으로 인해, 도입 단계에서 사업의 이익을 올리기는 힘들다.

- **성장 단계 Growth Stage** 이 단계에서, 소비자들은 제품에 대해 알고 있으며 구입할 준비가 되어 있다. 시장은 점점 더 많은 양을 필요로 하며, 더 많은 공급자를 위한 수요가 존재한다. 집이나 옷에 있어서의 "친환경적인" 제품들이 지금의 실례이다. 높은 수요 및 이익과 함께, 이 단계는 일반적으로 새로운 사업의 가장 큰 기회를 제공한다. 말하자면 "흐름을 탈" 수 있다. 흐름을 일찍 탈수록, 흐름을 타는 시간은 길어진다.

  이 단계와 다음 성숙 단계에서 중요한 것은, 시장의 다른 사업체들과 당신의 사업을 차별화할 수 있냐는 것이다.

- **성숙 단계 Maturity Stage** 이 때 수요는 비교적 일정하게 유지되거나 감소한다. 더 많은 공급자들이 수요자들의 필요를 충족시켜, 종종 심각한 경쟁

과 가격 하락으로 이어지기도 한다. 패스트푸드 산업이 좋은 예이다. 많은 대형의, 확실히 자리를 잡은 경쟁자들 때문에, 소기업들은 특정 분야를 전문화하거나 틈새시장을 노리게 된다. 개인 맞춤식 소비자 서비스(personal customer service)는 대기업에 비해 소기업이 지니는 강점이면서, 이 단계에서 손님을 끌어오고 유지하는 또 다른 핵심 사항이다.

- **쇠퇴단계 Decline Stage** 이 단계의 특징은 상품 수요는 줄어들고 생산자들은 시장을 떠난다. 연하장과 문구점이 지금의 예이다. 하락 단계에서, 공급자들은 시장에 진입하는 것이 아니라 시장을 빠져 나간다. 이 단계에서의 시장 진입에 관해서는 어쨌든 진지하게 의문을 가져야 한다. 도대체 왜 상류로 거슬러 헤엄을 치려하는가? 왜 정점에 다다르기 전에 흐름을 탈 수 있는 다른 사업을 찾아보지 않는가? 그러나 몇몇 경우, 조사에 따르면 지역이나 국가적 시장 수요의 감소에 반해 여전히 특정 사업 영역에서는 성장 잠재력이 있음을 드러낼 수도 있다.

오늘날 제품 라이프 사이클은 변화가 지금까지 없었던 속도로 발생하고 있기 때문에, 점점 더 짧아지고 있다. 즉, 당신의 기회의 창(window of opportunity)은 점점 더 좁아지고 있으며, 결과적으로 자주 혹은 빠르게 조정과 변화를 찾아야 한다. 제품이 라이프 사이클의 어디에 있는지를 아는 것은 최상의 기회를 볼 수 있게 하고, 언제 변화가 필요할 지를 예측할 수 있게 한다.

실전 단계 10.3에서 당신의 사업의 주요 제품이나 서비스가 라이프 사이클의 어디에 있는지를 알아볼 것이다.

실전 단계
제품/서비스 라이프 사이클
product/service life cycle
10.3

다음의 질문에 답하시오.

a. 당신이 제공할 주요 제품/서비스에 관한 지금까지의 당신의 지식이나 조사에 의하면, 당신이 운영하고자하는 시장분야에서 라이프 사이클은 어느 단계에 있는가! 도입? 성장? 성숙? 하락?

_____

_____

_____

b. 당신의 주요 제품/서비스가 그 단계에 있다는 증거는 무엇인가?

_____

_____

_____

c. 당신의 제품/서비스의 라이프 사이클 단계에서, 어떠한 고난이 예측되는가?

_____

_____

_____

2단계 결론: 기회를 식별하라

이제 전체적으로 처음부터 평가할 때이다. '기회를 식별하라' 는 2단계를 거치면서, 이제 당신은 기업가의 다이아몬드가 어떻게 생겼는지를 알고, 가능성이 있는 다이아몬드의 시장 뿐 아니라 당신의 기술과 능력을 점검해 보았다.

상당한 사업 아이디어가 생겼거나 당신이 시작한 사업의 적합성에 대해서 확실히 알았다. 실전 단계 10.4 에서, 당신의 아이디어를 서술해보라.

10.4 실전 단계
2단계 결론 step 2 conclusion
제품/서비스 명세 product/service description

가장 흥분되고, 가장 큰 기회가 있다고 생각되는 사업 아이디어를 간단하게 설명하시오.

_____

_____

_____

_____

_____

_____

_____

이제 당신은 이 아이디어를 심도 있게 조정하고, 실현 가능성을 평가하기 위해 조사를 시작할 준비가 되어 있다. 이는 단계 3 에서 할 일이다.

성공 기업가 사례의 서론
테리 보그스키(Terrie Boguski)는 '환경 보호' 트렌드의 "흐름을 타는" 것에 성공했다. 이는 그녀가 환경 자문 사업을 시작했을 때 그 일이 그녀를 기다리고 있었다.

성공 기업가 사례-Terrie Boguski

Harmony Environmental, LLC
Environmental consulting

Terrie Boguski
Harmony Environment LLC

10년 동안 그녀의 고용주였던 사장이 직원들에게 새로운 직장을 찾아야 한다고 말했을 때, 테리 보그스키(Terrie Boguski)는 진퇴양난의 상황에 놓이게 되었다. 화학 공학과 환경 공학 석사 학위를 갖고, 테리(Terrie)는 그 고용주 밑에서 다행히도 10년 동안 재택 근무하는 것이 가능했었다. "전 제 삶의 방식과 사무실에서의 일 모두 실패하고 싶어 않았어요. 직장을 찾는 것은 제 삶의 방식에 심각한 변화를 초래하는 것이었어요."라고 그녀는 말했다.

직장을 찾고 매일 사무실에서 근무해야 한다는 것이 테리(Terrie)가 자신의 사업을 시작하게 한 결정적 계기가 되었다.

50세의 나이로, 거의 다 큰 세 아이들과 안정적인 직업의 남편을 두고, 테리는 젊었을 적 시도해보지 못했던 사치품 같은 창업의 리스크를 잘 헤쳐 나갈 수 있을 것이라고 결정했다. 현장에서의 근무 경험과 환경 자문가인 전 고용주의 충고로, 그녀의 사업 아이디어가 뿌리를 내렸다. "전 고용주는 창업을 하기로 결심하면 가장 먼저 자신을 찾아오라고 말 했고, 전 그렇게 했어요," 테리가 덧붙였다.

테리는 2007년 10월에 하모니 인바런멘털 유한회사(Harmony Environmental LLC)를 파트타임 근무를 기반으로 시작했는데, 사업을 유지할 수 있는 능력을 갖기 위한 경험과 자신감을 지닐 때까지는 여전히 고용주를 위해 일을 지속했다. 하모니는 고객들에게 라이프 사이클 평가와 온실 가스 배출 목록(탄소 이력)을 처리해 주었다. "이런 종류의 일을 하기에 좋은 때였어요. 즉 제가 시작했을 때 일들이 저를 기다리고 있었죠,"라고 테리는 말한다. "이제 저는 처리할 수 있는 양보다 많은 일들이 있어요." 또한 낮은 초기 자본은 이러한 종류의 사업을 매력적으로 만들었다.

"오랫동안 제 자신의 사업을 하는 것을 이따금씩 생각해왔는데, 가족(세 아이) 때문에 너무 바빴죠. 창업이 저에겐 잘 맞아요,"라고 테리는 말한다. "몇 년 더 이렇게 할 생각이에요. 더 많은 일을 하고 싶어

지면, 하청 계약을 할 거예요. 직원을 둔다는 건 다른 사람들의 생활의 책임을 진다는 건데, 그럴 준비는 되어 있지 않아요."

테리는 미래를 내다보며 덧붙이기를, "은퇴를 앞두고 자신의 작은 사업을 갖는 것은 다른 사람 밑에서 일할 때보다 성쇠(ups and downs)를 잘 뚫고 나가게 해준다고 생각해요, 특히 개인적인 시간에 맞춰서 업무량을 조절할 수 있는 종류의 사업이라면."

Terrie에게 연락하려면: tboguski@harmonyenviro.com.

Harmony Environmental Services

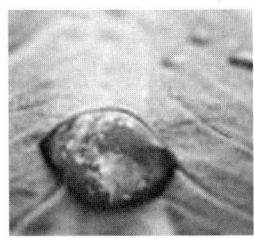

Management
• Project management
• Project audits
• Proposal reviews

Analysis
• Carbon footprint studies
• Life cycle assessments
• Analysis of technical documents
• Environmental research

Communication
• Education
• Community involvement
• Environmental training
• Fact sheets, pamphlets, citizen guides

3단계

창업아이디어를 검증하고
시장에서 테스트 하라

단계1 은퇴자가 창업시 고려해야할 사항은 무엇인가?
단계2 자신과 시장에 맞는 창업 기회를 포착하라
단계3 창업아이디어를 검증하고 시장에서 테스트 하라
단계4 사업의 실현 가능성을 결정하고 착수하라

제 11 장
애매한 것에서 확실한 것으로
From Fuzzy to Finite

지금쯤, 몇 개월 내지는 몇 년 째 마음속에서 맴돌던 사업 아이디어는 뚜렷해지기 시작했을 것이다. 혹은 사업 아이디어가 시작부터 뚜렷했다면, 당신이 하려는 그 사업 아이디어가 정말 당신이 원하는 것인지를 확인하는 절차를 거쳤을 것이다. 이제 사업에 대해 생각만 해도 흥분되고, 미래의 성공의 열쇠를 쥔 것처럼 생각될지도 모른다.

하지만 진정하라. 당신의 예정 사업에 대해 몇 가지 기본적인 질문들을 해 보자:

- 무엇을 팔 것인가?
- 누가 살 것인가?
- 제품과 서비스를 어떻게 시장에 팔려고 내놓을 것인가?

지금 당장은 애매해도 괜찮다. 하지만 당신이 **조금도** 이 질문들에 답변할 수 없다면, 시간을 두고 스스로가 이 사업을 추진할 만한 지식과 전문 기술을 가지고 있는지, 혹은 그러한 지식과 기술을 갖기 위해 몰입할 수 있는지를 생각해보자.

———————————
———————————
———————————
———————————
———————————
———————————
———————————

———————————
———————————
———————————
———————————
———————————
———————————

무엇을 팔 것인가? What Will You sell?

이 질문에 답하는 것은 쉬워 보인다. 다른 많은 기업가들처럼, 당신도, 아마 제품이나 서비스를 개념적으로 설명하는 것에 집중해왔을 것이다. 그리고 당신은, 다른 많은 기업가들처럼, 제품과 서비스에 대해 어떠한 특징 지워지는 기능이 있는 것인지에 대해 오랫동안 곰곰이 생각해왔을 것이다.

그러나 문제는, 소비자는 특색 또는 기능 그 자체가 아닌 효용 또는 그 제품으로부터의 이득을 구입한다는 것이다. 그들은 당신의 제품/서비스가 자신들이 찾고 있는 효용 또는 이득을 제공하기 때문에 구입한다. 기업가들은 제품이 제공하는 모든 특색들에 사로잡혀, 소비자들도 자신들만큼이나 그 특색을 가치 있게 여길 것이라고 생각하기 쉽다. 틀렸다!

내 자신을 예로 들어보자. 나는 문자 발송용 키보드가 있는 휴대전화를 쓰고 있다. 하지만 그 키보드를 사용하지는 않는다. 또한 휴대폰에는 음악 재생 기능이 있다. 하지만 그 기능을 사용하지는 않는다. 그리고 카메라 기능까지도 있다. 헌데 지금까지 딱 한 번 실수로 버튼을 눌러 바닥을 촬영했을 뿐이다. 나는 개인적으로 이 모든 특색 있는 기능을 가치(value) 있다고 여기지 않는다.

그렇다면 나는 휴대전화를 왜 구입했는가? 정말로 우발적으로, 판매사원이 여행 중에 이메일 사용이 가능하다고 얘기했을 때 그것이 내겐 필요한 가치 있는 것이라고 생각되었고 구매하게 되었다.

효용 또는 이득(benefits)이란 구매자에게 있어서 그 제품의 이점을 말한다. 그것은 당신이 제품/서비스를 구상하는 시작점이 된다. 당신의 잠재적 소비자들이 찾고 있는 효용 또는 이득이 무엇인지를 확인하고 역으로 그 효용 또는 이득을 제공할 수 있는 특색(기능)을 포함하는 방향으로 구상하라. '진단과 분석'에서, 이러한 일들을 당신이 판매하려고 하는 핵심 제품과 서비스에 대해서 이와 같은 방법으로 해보라.

당신의 제품이나 서비스가 당신의 소비자들 대부분에게 이득을 제공해 주지 못하는 특색들로 구성되었다고 판단된다면 심각하게 다시 생각해 보아야 한다. 당신이 그 특색 또는 기능들에 마음을 사로잡혔다고 해서 소비자들도 마찬가지인 것은 아니며, 소비자들은 자신에게 적은 이득이 혹은 전혀 이득이 되지 않는 특색들을 위해 지갑을 열지 않을 것임이 분명하다.

"단순하게 생각하라."
알버트 아인슈타인(Albert Einstein)

지금은 잠시 물러나, 시장을 살펴보고, 소비자들이 원하는 이익과 특색이 무엇인지 알아보라. 필요하다면 사업을 시작하기 전 당신의 제품이 이러한 이익과 특색을 포함하도록 수정하는 것이 좋다.

승자들이 당신에게 말해줄 수 있는 것 What Winners Can Tell You

일반적인 시장이나 당신의 특정 분야에 있어서, 성공한 기업들은 소비자들이 무엇을 가치 있게 여기는지, 어떤 게 팔리고 팔리지 않는지를 말해줄 수 있다. 즉 소비자들이 어떤 이득을 찾으며 어떠한 특색들이 그 이득을 제공하는지. 당신이 모방할 수 있는 성공적인 사업을 찾아보라. 예를 들어 우리의 경제적 슈퍼스타인 회사들, 말하자면 마이크로소프트, 코카콜라, 스타벅스, 월마트 등을 생각해보자. 무엇이 이 사업들을 성공시켰는가? 양질의 제품, 완벽한 손님 응대, 편안한 입지, 효과적인 마케팅과 적당한 가격 등을 생각했다면 제대로 된 방향이다. 우리는 이것들을 결정적인 성공 요인들(CSFs)이라고 부르기로 하자.

CSFs는 사업의 종류에 따라 다양하다. 예를 들어, 제품의 빠른 준비는 커피숍에는 CSF일 수 있으나, 고객들이 느긋한 저녁 식사를 원하는 고급 레스토랑에서는 그렇지 않다. 프린트 숍에게 입지는 CSF일 수 있으나 회계사에게는 중요치 않다. 최근, 사우스웨스트(Southwest) 항공사의 공동 설립자인 허브 캘르허(Herb Kelleher)가 TV에서 인터뷰한 것을 들었다. 그는 사우스웨스트 항공사의 성공은 그들이 항공사 산업에 예전에 소개했던 사업 모델 덕분이라고 말했다--저렴한 가격, 더 좋은 서비스와 재미있는 분위기. 또한 캘르허는 그들의 사업 성공 방식이 공공연히 드러나 있음에도 불구하고 다른 항공사들이 그것을 따라하지 않았다고 말했다. 당신에게 내가 묻고 싶은 것은, "왜 따라하지 않았을까?" 이다.

통찰력 혹은 지혜

추가적인 특색(기능)들은 일반적으로 돈이 들고, 높은 비용은 소비자들에게 높은 가격을 야기한다. 어떠한 특색이라도 그것이 소비자에게 주는 이득보다 비싼 가격을 달지는 않았는지 확인하라.

성공적인 회사들은 자신들의 CSF가 무엇인지를 찾아냈다. 이제는 '진단과 분석'에서 당신 스스로가 해볼 기회이다.

CSF의 개념에 대해 더 알아보려면 당신 분야의 성공적인 경쟁자들에게 초점을 맞추고 그들에게서 배워라. 경쟁자들의 능력을 무시하는 덫에 걸리지는 말아라. 기억하라, 일정 기간 지속하여온 사업들은 소비자의 필요를 어느 정도 충족시키고 있는 것이다. 그렇지 않았으면 사업을 지속할 수 없었다. 성공의 지름길로 향하려면 경쟁자들을 분석하고, 그들의 강점을 모방하고 그들의 약점을 개선하여 당신의 사업에 적용하라.

「실전 단계 11.1」은 경쟁자를 분석하는 데 있어서 생각해봐야 할 중요한 질문들을 제기한다. 당신의 핵심 경쟁자 각각에 대해 이 질문 과정을 마쳐보라. 그렇게 하기 위한 별도의 복사용 빈 양식은 부록 264쪽에 있다.

당신의 제품/서비스의 어떤 특색들이 그러한 이득을 제공하는가?

11.1 실전 단계
주요 경쟁자들에게서 배우라 learning from key competitors
(빈 양식은 부록에 있음)

지역 전화번호부, 인터넷을 찾아보고 주위 사람들에게 물어서, 성공한 사업 중에서 당신의 제품/서비스와 유사한 것을 판매하는 곳을 알아보라. 그리고 이 사업들에 대해 할 수 있는 최대한의 것을 찾아보라. 당신 지역의 소매점이라면, 방문해보라. 그렇지 않다면, 문헌이나 인터넷을 통해, 혹은 소비자나 중간 공급자와 이야기해 정보를 수집하라. 그리고 다음 질문에 각각 답하라:

a. 사업체의 이름과 위치

_____

_____

b. 제품(들)과 서비스(들)의 명세

_____

_____

c. 가장 잘 팔리는 것은 무엇인가?

_____

_____

d. 잘 하고 있는 것은 무엇인가?

_____

_____

e. 어떻게 개선될 수 있는가? (언제나 개선의 여지는 존재한다.)

_____

_____

모든 주요 경쟁자에 대해 이 활동을 반복하라.

누가 당신으로부터 구매할 것인가—
표적 시장 Target Markets

"표적 시장"이란 말은 굉장히 익숙해질 용어이다. 이는 시장 분할을 암시한다. 즉 거대 시장이 그 특징에 따라 부분으로 나누어질 수 있다는 개념이다.

예를 들어, 주택 보유자 시장은 전혀 다른 수요에 의해 뚜렷이 구별되는 표적 시장으로 나누어질 수 있다: 첫 주택 구매자, 아이가 있는 가족, 성장한 자녀가 집을 떠난 부부, 노인들 등.

표적 시장을 굉장히 구체적으로 확인하는 것을 통해, 소비자들의 필요를 당신의 제품/서비스가 충족시키는지를 확신할 수 있다. 또한 잠재적 소비자들에게 어떻게 접근할지를 확실히 결정하고 나면, 제품이나 서비스의 판매촉진을 보다 효과적으로 할 수 있다.

대부분의 성공적인 소규모 기업들은 대기업의 매스 마케팅과는 달리 특정한 시장을 목표로 한다. 이는 소규모 기업들이 그들의 훨씬 거대한 상대들과 성공적으로 경쟁할 수 있는 한 방법이다.

기업가가 "모든 사람"이 자신이 목표로 삼은 시장이라고 말할 때마다, 나는 민망해진다. 나는 그 사업가의 말을, "사실 누가 내 제품/서비스를 살지 정확히 모르겠어요."라고 해석하게 된다. 어떠한 상품이 "모든 사람"의 관심을 끄는가? 매우 적다.

시장 세분화 Market Segmentation	
소비자 시장 (B to C)	기업 시장(B to B)
지리적 요인 　구매자들이 어디에 있는가	장소
인구통계학적 요인 　연령, 성별, 소득 수준, 인종, 교육	크기
소비자 생활 양식 　구매 동기, 성격적 특성, 라이프스타일	산업
구매 패턴 　빈도, 구매 장소	

표 11.1

표 11.1에서 확인한 요인과 같은 것들은 소비자가 무엇을 살지에 지대한 영향을 미친다. 첫 단계의 분할은 시장을 소비자의 유형에 따라 나누는 것이다. 즉 소비자 시장(B to C)과 기업 시장(B to B)으로 나눈다. 소비자 시장에서는, 가정이나 개인

들은 직접 사용하기 위해 제품을 구입한다. 기업 시장에서, 구매자는 또 다른 기업체이다.

옷을 예로 들어보자. 옷은 특정 표적 시장을 위해 만들어 진다. 서른 살의 내 딸에게 내가 더 이상 잘 입지 않는 옷을 주는 경우, 연령(age)은 주요한 인구통계학적 요인이라는 것을 빠르게 상기했다. 그 옷들은 거의 새 것이었고, 우리는 거의 같은 사이즈를 입기 때문에, 난 내 딸이 그 옷들을 갖게 되면 신날 것이라고 확신했다, 게다가, 많은 로스쿨 대출금을 쓰고 있는 젊은 변호사로서 그녀는 옷에 쓸 수 있는 돈이 제한적이었다. 그러나 내 딸은 내 옷장의 보물 더미를 살펴본 후, 오직 한두 개의 옷들만을 골랐다; 나머지는 Goodwill pile (*역자주: Goodwill은 물건을 기부 받아 저렴하게 팔고, 그 수익으로 자선 사업에 쓰는 단체)로 보냈다. 그녀는 어떤 옷들은 너무 길거나 짧고, 색상이 별로이거나 스타일이 유행이 지났다고 말했다. 이 일은 여성복을 판매하는 기업가들 중 자신의 표적 시장을 "모든 사람"이라고 생각하는 사람들은 빠른 기간 내에 파산하게 될 것이라는 사실을 시사했다.

많은 경우, 당신이 판매할 수 있을 몇몇의 잠재적 표적 시장이 있다. 그렇다고 하면, 당신이 맨 처음 해야 할 일은 어떤 표적 시장이 시작하기에 "가장" 적절한지 그 우선순위를 결정하는 것이 된다. 각 시장의 판매량이나 수익 가능성, 그리고 경쟁 환경과 그 시장에 도달할 수 있는 자신의 능력 등을 고려하여야 한다. 이러한 결정을 '진단과 분석'에서 실행해 보자.

당신의 주요한 표적 시장을 더 구체적으로 확인하기 위해서는, 「실전 단계 11.2」를 마쳐라.

*역자주: 창업 규모가 크거나 중견 기업일 경우에는 신제품의 시장 세분화와 표적시장을 정하기 위해 소비자 설문조사 등을 통해 통계적 기법인 군집분석이나 판별분석을 사용함

진단과 분석
당신의 주된 표적 시장은 무엇이며, 왜 그곳을 택하였는가?

_____

_____

_____

_____

_____

_____

_____

_____

_____

_____

_____

_____

_____

_____

_____

_____

_____

11.2 실전 단계
주된 표적 시장 primary target market

당신의 주된 표적 시장은 소비 시장인가 아니면 기업 시장인가?
어느 쪽 이느냐에 따라, 아래 적당한 질문들의 목록에 답하라.

소비자 시장		기업시장	
질문	답변	질문	답변
잠재적 소비자의	잠재적 소비자의	잠재적 소비자의	잠재적 소비자의
1. 그들이 거주하는 지리적 위치는 어디인가?	1.	1. 대부분 어떤 지리적 위치에 입지해 있는가?	1.
2. 가장 전형적인 연령 그리고/혹은 수입 범위는?	2.	2. 어떤 산업이 다수인가?	2.
3. 다른 어떤 인구 통계적 요인이 연관이 있는가?	3.	3. 사업체의 일반적인 크기는?	3.
4. 어떤 소비자 생활 양식 요인이 관련이 있는가? (예:image,동기)	4.	4. 다른 어떤 요인이 연관이 있는가?	4.
5. 소비자들의 구매 패턴은 어떠한가?	5.		

이제 소비자에 대해 확실히 알았으니, 당신의 제품/서비스를 그들의 수요에 더 잘 맞출 수 있다. 하지만 여전히 다른 해야 할 일이 남아있다. 당신의 표적 시장에 어떻게 도달할 것인가?

자력추진 마케팅 Bootstrap Marketing

이 책에서 사업 목표를 성취하는 동시에 재정 투자액을 최소화하는 것이 중요하다는 것에 대해 강조한 적이 있다. 이는 당신의 제품과 서비스를 시장에 팔려고 내놓는 방법에서도 마찬가지이다. 더 적은 돈으로 더 많은 것을 이루는 것에 관하여 "게릴라 마케팅(Guerrilla)"이나 "자력추진(bootstrapp- ing)"과 같은 용어를 듣게 될 것이다.

기업가들은 마케팅 자금으로 최대한의 효과를 끌어내는 것에 있어서 정통하다. 게다가, 전통적 마케팅 방법(전화 판매, 광고, 미디어 등) 대신, 또는 그 방법들에 추가하여 많은 기업가들은 무료 광고, 소셜 네트워킹과 같은 공격적이며 매우 성공적인 마케팅 캠페인을 펼쳐왔다. Boomer Preneurs 에 관한 단어를 퍼뜨리는 방법을 돕기 원한다면 "Boomer Preneurs 책을 위한 게릴라 마케팅"을 읽어보라.

당신의 사업이나 제품에 관련된 기사를 써서 지역 신문사에 제출하는 것을 생각해보라. 혹은 특정 분야 전문가로서 당신과 당신의 사업의 이름을 대중의 앞에 내보이기 위해 기고문을 써보라. 사업을 시작할 때 당신은 정말로 전문가가 되어야 하고, 당신의 지식은 다른 사람들에게 도움이 될 수 있다.

이것이 245쪽 성공 기업가 사례, 조 패다빅(Joe Padavic)의 티어드롭 비디오(Teardrop Video) 경우였다. 그의 마케팅 전략은 독자를 상대로 오래된 사진을 어떻게 보존하는지에 대해 알려주는 기사를 쓰는 것을 포함했다. 그 기사는 50대 이상의 독자를 상대로 하는 잡지에 소개되었다.

많은 신문과 지역 잡지들은 그들 공동체에 이익이 되는 사항들을 찾고 있다. 당신의 기사는 주요 기념일이나 시기적절한 무엇인가와 동시에 일어난다면 출판될 가능성이 높다. 예를 들어, 트레일러 제조사의 파트너이었을 때, 그 회사의 제품 라인에는 운동 경기 전후의 야외 파티에 필요한 모든 것을 옮기는 작은 트레일러도 포함되어 있었는데, 나는 시즌 첫 프로 미식축구 경기 직전에

Boomer Preneurs 책을 위한 게릴라 마케팅

나는 내가 역설해온 것을 실행할 생각이고 이 책의 게릴라 마케팅을 도와줄 것을 부탁하고 싶다. 이 책이 도움이 되었다면, 베이비 붐 세대의 친구 세 명 이상에게 메일을 보내 책을 내 사업 사이트이자 온라인 서점 중 하나인 consultAC H.com에서 주문할 것을 추천하라.

통찰력 혹은 지혜
구전 홍보는 효과적인
마케팅의 결과이다.
마케팅 활동과 소비자
들은 사람들이 말하기
전에 찾아온다.

기사를 써 지역 신문사에 보냈다. 여러 지역 신문들이 그 제품에 관해 이야기 했고, 한 신문사는 제품에 관한 특집 기사를 작성했는데, 지역 부분 첫 페이지에 트레일러 컬러 사진이 두드러지게 드러나게 되었다.

기사를 쓸 만한 일이 없다면, 하나를 만들어라. 이는 소비자에게 연설하기 위해 데려온 특별한 전문가가 있는 당신의 개점 행사나 자선 후원 행사 같은 것이 될 수 있다.

세대 마케팅 Generational Marketing

각 세대는 그들이 어떻게 의사소통하느냐 하는 방법에 있어서 차이를 보인다. 나는 내 손자들이 나에게 문자 메시지 보내는 방법을 알려주겠다고 했을 때 이를 다시금 깨달았다. 그들은 11살, 15살인 자신들이 그 방법을 알고 나는 모른다는 사실을 굉장히 즐거워했다. 이제 각 세대별 마케팅의 난점들을 살펴보자.

일반적으로 사람들은 자기 세대의 사람들과 10년 전후의 세대와의 의사소통하는 것을 가장 편하게 느낀다. 언어, 판단의 기준, 가치와 경험은 자기세대와 10년 전후의 연령대에서 쉽게 공유된다. 다른 세대와 의사소통할 때는 훨씬 어려워진다. 따라서 당신이 직접 판매하려고 하는 어린 세대가 소비자이든지 또는 판매하려는 사업에서 구매 결정권자이든지 간에 차이점이 있다는 것을 아는 것이 중요하고, 그 자체로 완벽히 학교 공부의 한 과목이 된다.

소비자가 가장 편안한 방식으로 관계를 가져라. 예를 들어, 내 남편과 나는 임대한 셋집이 있었는데 최근 크레이그리스트(Craigslist)(*역자주: 미국에서 집, 차 구할 때 이용되는 유명 웹사이트로 한국의 벼룩시장과 같은 것임)에 임대할 목록을 작성함으로써 임대를 하게 되었다. 예전에는, 지역 신문이나 마당에 꽂혀있는 표지판을 통해 임대 물건을 내 놓았었는데, 성공률은 장담할 수 없었다. 이 작은 집의 주요한 표적 시장은 젊은 부부들이다. 딸들 중에 하나가 나에게 조언하기를 크레이그리스트에서 운동장비와 음악 장비부터 집 임대까지 무엇이든 팔고 살수 있다고 했다. 딸의 조언이 없었다면, 나는 크레이그리스트는 생각도 하지 못하였을 것이다.

소셜 마케팅(페이스북, 트위터, 링크드인과 블로그)처럼 사람들에게 접근하는 새로운 방법도 당신의 마케팅 활동에 포함되어야 할지도 모른다. 포드 자동차회사가 포드 피에스타(Ford Fiesta)의 표적 시장인 젊은 운전자 세대에게 마케팅한 방법을, "유튜브 마케팅"에서 그 예를 확인하라.

그러나, 주의해야할 것이 있다. 다른 홍보 방법처럼, 소셜 미디어를 통한 마케팅은 시간이 걸린다. 따라서 소셜 미디어 방법에 귀중한 자원을 지나치게 많이 투자하기 전에, 그것이 당신이 원하는 결과를 제공하는지를 확인해 보라.

우리가 소비자에게 도달하기 위해 사용하는 기술만의 문제가 아니다. 당신이 무슨 말을 하고 어떻게 말할지가 중요하다. 당신이 어린 세대의 소비자에게 닿기 위해 도움이 필요하다면, 마케팅 전문가와 상담하는 것도 괜찮다. 또한 세대 마케팅에 관해 흥미로운 자료와 마케팅에 관한 요령을 제공하는 책들도 많이 있다. 국회 도서관 사이트가 도움이 될 수 있다.

유튜브 마케팅(U-Tube Marketing)

포드 자동차 회사는 젊은 캔자스시티 출신의 여성에게 6개월 동안 한 달에 하나씩 차의 영상을 촬영해 인터넷에 올리는 미션을 수행하는 조건으로 2009 포드 피에스타, 기름, 유지보수와 보험을 제공했다. 이 아이디어는 100명의 유행을 선도하는 사람들(trendsetters)을 위한 것인데, 그들 대부분은 20대에서 30대 사이이고, 포드의 "글로벌 차"에 관한 그들의 경험을 블로그/트위터에 올리거나, 유튜브에 동영상을 업로드 한다.

- Tim Engle, Kansas City Star-

*역자주
국회도서관 웹사이트
www.nanet.go.kr

인테리어 디자이너 바바라(Barbara)는 대학에서 예술을 공부했다. 그녀의 예술적 재능은 장식이나 리모델링을 위한 스케치를 손으로 직접 그려서 현장에서 고객에게 제공할 수 있게 하였다. 이는 내가 부엌을 리모델링하고 창문을 추가하고 벽의 일부분을 떼어낼 때 특히 도움이 되었다.

고객들이 당신에게서 구매하는 이유 경쟁 우위의 기초

다른 사람들과 차별화하기 위해, 소비자들의 필요와 경쟁자의 장단점을 이해할 필요가 있다. 또 하나의 "미투(me too)" 사업은 원하는 만큼의 성공을 거둘 수 있게 하지 못한다.

사업 강점들 Business Strengths

경쟁 우위는 소비자에게 더 큰 가치(가격 대비 이득의 높은 비율)를 제공하는 것을 통해서 얻어진다. 이 더 큰 가치는 시장의 다른 사업과는 다른 무언가를 당신의 사업이 제공함으로써 만들어질 수 있다. 예를 들어, 월마트가 지닌 경쟁 우위는 무엇인가? 애플 컴퓨터는? 스타벅스는? 당신의 답변들은 다음과 같은 내용일지도 모른다. 월마트-가격과 부분적으로는 굉장히 효율적인 배송 시스템, 애플 컴퓨터-제품(독창적인 소프트웨어), 스타벅스-빠른 서비스.

장래 기업가가 되려는 사람들은 매우 흔하게, 자신들이 경쟁적 우위(낮은 가격, 높은 품질, 더 나은 서비스)를 보유할 것이라고 주장하지만 그 주장은 잘못된 것으로 판명 나거나, 오래가지 못하는 데, 이는 그들이 특정한 전문가의 도움을 받지 않은 경우가 많다.

그렇다면 당신에게 진정한 우위를 줄 수 있는 것은 무엇인가? 그것은 틈새 시장에 혁신적인 제품을 제공하는 당신의 능력에서 기인하는 것일 수 있다. 당신 사업의 효율적인 분배 네트워크나 완벽한 손님 응대일 수도 있다. 혹은 당신이 지닌 기술과 재능의 찾아보기 힘든 독특한 조합일 수 있는데, 내 인테리어 디자이너가 "독특한 기술이 우위를 준다" 에서 설명한 것이 그 좋은 사례이다.

많은 경우 당신의 또래 집단, 직장 환경과 가족으로부터 당신이 두드러졌던 특징이나 기술들이 경쟁우위가 될 수도 있다.

무엇이 당신을 독특하거나 다르게 만드는가? 7장에서 확인한 기술이나 재능을 자세히 살펴보는 것이 '진단과 분석' 에서 당신의 경쟁 우위의 원천을 확인하는 데에 도움을 줄 수 있다. 당신은 무엇을 잘 하는가? 다른 사람들이 당신이 월등히 잘한다고 말한 것은 무엇인가? 예전부터 인정 받아온 것은 무엇인가?

> *"대부분의 사람은 기회를 놓치는데,*
> *이는 그것이 작업복을 입고 있으며 노동처럼 보이기 때문이다."*
> 토마스 에디슨(Thomas Edison)

지적 재산권 Intellectual Property

당신의 지적 재산권은 경쟁 우위의 원천일 수 있고, 또한 어쩌면, 사업에서 가장 귀중한 자산일 수 있다. 이는 혁신적인 제품, 기업 비밀이나 저작권을 지닌 제품들을 포함할 수 있다. 이는 당신이 만든 강한 브랜드일 수 도 있고 당신의 사업이 만드는 인지도일 수 있다.

만약 당신의 지적 재산권이 사업에서 중요한 하나의 자산이라면, 사업의 다른 자산들을 보호하는 것처럼 지적 재산권을 어떻게 보호할지를 생각하라. 지적 재산권에 관한 결정을 내릴 때는 변리사와 상담하는 것을 명심하라. 다음은 지적 재산권을 지키는 일반적인 방법에 대한 간단한 개요들이다:

- **저작권**(Copyright) : 제작자의 원작의 유통을 통제하는 독점적인 권한을 일반적으로 제한된 시간 동안 보호한다. 1989년 베른 조약 이행법의 결과로, 저작권은 제작과 동시에 자동적으로 발생하는 권리이다. 그러나 미국저작권 보호소에 당신의 저작권을 등록하지 않는 것은, 저작권 침해로 인한 피해 축소 측면에서의 그 결과에 대해 감수해야 할 것이다. 더 많은 정보를 원한다면, 미국 저작권 보호소 홈페이지를 방문하라.

- **기업 비밀**(Trade secret) : 이것은 일반적으로 알려져 있지 않거나 사업에 경제적 이익을 준다고 상당히 확인될만한 정보의 과정, 제조법, 패턴, 업무, 디자인, 기구나 편집물이다. 기업 비밀의 전형적인 예로는 코카콜라의 제조법이 있는데, 코카콜라는 이를 외부에 노출하지 않도록 철저히 지켜왔다. 코카콜라의 제조법은 동시에 두 명의 직원만이 알고 있다는 말이 있다. 다행히도, 그러한 예방책은 보통 불필요하다. 재료에 "기밀"이라는 표시를 하고 정보를 꼭 필요한 때에 꼭 필요한 것만 알려주는 방식으로 접근을 제한하는 것과 같은 예방책만으로도 몇몇 경우에는 충분하다. 비공개 협정(non-disclosure agreement) 역시 중요하다.

- **특허**(Patent) : 이는 특정한 기간 동안 개발자에게 주어지는 독점적 권한 들

진단과 분석

당신의 사업 아이디어가 당신의 기술, 흥미와 재능을 어떻게 활용하는가?

_____

_____

_____

_____

_____

_____

_____

_____

_____

*역자주

국내의 저작권 등록은 웹사이트 www.cros.or.kr에 방문하여 온라인으로도 등록가능하며, 한국 저작권 위원회(www.copyright.or.kr)에서 분쟁 관련 업무를 맡고 있음

의 집합이다. 발명은 반드시 이미 알려진 기술이 아니어야 하고(신규성), 선행기술과 다르면서도 선행기술로부터 쉽게 생각해 낼 수 없는 것(진보성), 산업상 이용할 수 있어야(산업상 이용가능성) 한다.(*역자주: 이 설명은 한국의 특허법상 발명에 대해 정의한 것을 옮김) 대부분의 국가들에서 특허권자에게 주어지는 권한은 다른 사람들이 그 발명품을 제작하거나, 사용하거나, 팔거나, 팔 것을 제안하거나 수입하는 것을 금지하게 하는 것이다. 미국 정부는 특허 및 상표 보호국의 사이트www.uspto.gov에서 더 많은 정보를 제공한다.(*역자주: 한국에서는 특허청 사이트www.kipo.go.kr에서 특허관련 정보를 제공한다)

- **상표**(Trademark) : 이는 다른 사람들의 물건이나 서비스로부터 자신의 것을 구분하는 소유주의 상표 사용을 보호한다. 더 많은 정보를 얻으려면 미국 정부 특허 및 상표 보호국의 사이트www.uspto.gov를 찾아보라.(*역자주: 한국에서는 특허청 사이트www.kipo.go.kr에서 상표관련 정보를 제공한다)

- **디자인**(Logo) : 이는 물품(물품의 부분 및 글자체 포함)의 형상, 모양이나 색채 또는 이들을 결합한 것으로서 시각을 통하여 미감을 일으키게 하는 것을 말한다. 더 많은 정보를 얻으려면 미국 정부 특허 및 상표 보호국의 사이트www.uspto.gov를 찾아보라.(*역자주: 한국에서는 특허청 사이트www.kipo.go.kr에서 상표관련 정보를 제공한다)

저작권과 상표의 경우, 본인이 등록하는 것이 가능하다. 특허가 있다 면, 예비 조사는 스스로 할지라도 변리사에게 연락할 필요가 있을 것이다.

재산권 침해를 막는 것은 시간도 비용도 소모된다. 얼마 전 저작권 등록을 하였던 나의 자료 몇 개가 내 승인 없이 복사되었을 때 정말로 그렇다는 사실을 알았다. 어떤 경우에는 소송을 통해 지적 재산권을 행사하는 비용이 오히려 내가 받을 수 있는 보상 금액보다 더 많을 수 있다. 그런 경우, 경쟁자들에게 할 수 있는 가장 좋은 대응은 시장 내에 최고의 품질과 최고의 고객 서비스를 제공하는 것뿐이다.

또 다른 법적 보호 방법 두 가지는 다음과 같다.

비공개(비밀) 협정(Non-disclosure(confidentiality) agreement) : 고객 데이터, 발명이나 기업 비밀 등과 같은 회사 기밀 정보를 공개하려는 사람으로부터 보호하는 방법이다. 비공개 협정이 어떠한 실질적인 보호를 제공하는 지에 대해서는 변호사에게 문의해보라.

비경쟁 협정(Non-compete agreement) : 종업원이 상대방(일반적으로 고용주)과 비슷한 일하거나, 경쟁적으로 사업하는 것을 제한하는 것이다. 일반적으로 정확한 기간과 지리적 위치를 포함하고 있어야 강제성을 지닐 수 있다.

「실전 단계 11.3」에서 당신의 시장에서의 경쟁 우위와 당신이 사용하게 될 마케팅 전략에 대해 알아볼 텐데, 마케팅 자금면에서 최대한의 효과를 얻기 위해서는 자력추진(bootstrap marketing) 기술을 함께 활용해야 한다.

통찰력 혹은 지혜
어떤 기업가들은 사업 계획을 공유하는 사람들에게 비공개 협정(non-disclosure agreement)에 서명할 것을 요구한다. 다수의 기업가들과 함께 일하거나, 많은 사업 계획서를 읽는 위치에 있는 사람들은 비공개 협정을 위반했다고 잘못된 고소를 당하는 것을 염려해 서명하지 않는 경우가 종종 있다.

실전 단계
마케팅 전략
marketing strategy

11.3

다음의 질문들에 답하시오:

a. 당신은 시장에서 가질 수 있는 경쟁 우위들은 무엇인가(즉, 사업의 강점, 지적 재산)?

_____

_____

_____

_____

11.3

b. 마케팅 믹스의 일환으로 어떠한 마케팅 활동을 할 것인가(광고, 판촉, 홍보)?

_____

_____

_____

_____

성공 기업가 사례의 서론

역사적으로 중요한 농장 지역은 벨몬트 이벤트 앤 베드 앤 브레이크퍼스트(Belmont Events and Bed and Breakfast)사에게 노스캐롤라이나(North Caroline) 지방 그린스보로(Greensboro) 에서의 결혼식 및 행사 장소에 있어 경쟁적 우위를 제공한다. 역사에 남을만한 벨몬트(Belmont) 맨션은 세대를 불문하고 매력을 지녀 젊은 부부가 결혼 장소로 벨몬트를 택하게 한다.

성공 기업가 사례 Charlie Adams

Belmont Events and Bed and Breakfast
Event venue and bed and Breakfast

찰리 아담스(Charlie Adams)는 지금 성이라고 할 수 있는 농장의 열쇠를 소유하고 있다. 소작인 집안의 가족의 일원으로 자라나면서, 찰리는 지주의 근사한 농장 집안에서 가족들이 함께 사는 것을 상상했을 것이다.

몇 년이 지나, 그의 50세 생일을 빠르게 다가왔고, 그는 50세에는 "실행 하자, 하고 싶다고 바라지만 말고"라고 다짐했던 것을 기억하였다. 그는 역사적으로 유명한 벨몬트 맨션과 토지를 구매했다. 그 맨션은 건축학적으로 매우 잘 지어졌고 정교한 재료들로 지어졌으며, 노스캐롤라이나(North Carolina) 그린스보로(Greensboro)에서 20 마일이 채 되지 않은 곳에 있었다. 1996년에 그가 방문했을 때는 시장에 내놓지 않았었지만, 찰리는 매매가 가능해질 때를 대비해 주인에게 명함을 남겨두었다. 그 후 얼마 지나지 않아, 그는 맨션을 판매할 생각이라는 전화를 받았다. 그의 처음의 목표는

Belmont Events and Bed and Breakfast

전통 있는 그 맨션과 그늘지고 풍경이 좋은 10 에이커의 땅들을 과거의 화려함으로 되돌려놓는 것이었다.

최초 시작할 때 지역 고객들에게 제공되던 우아한 점심식사는 풀서비스를 제공하는 결혼식과 행사 장소로 성장했고, 거의 그해 모든 주말에 예약이 가득 찼으며 최대 200명의 손님까지 이르렀다. 벨몬트의 완벽한 서비스는 베드 앤 브레이크퍼스트(Bed and Breakfast) 상품의 하나의 형태로 내부 출장 뷔페, 꽃 장식과 숙박시설로 구성되는데, 이 서비스는 지난날 남부의 매력을 맛보게 해주며, 시장에서의 경쟁적 우위의 원천을 제공했다.

챨리는 어릴 적부터 농장 소유의 꿈만을 꾸었던 것이 아니라, 성공적인 결혼식과 행사 장소를 소유하는데 필요한 기술들도 젊은 시절부터 배우기 시작했다. 10대 때, 챨리는 지역 호텔에서 일을 하면서 호텔과 출장 뷔페 사업에 대해 배웠다. 그의 재정적 전문성은 여러 해 동안의 회사 법인들에서 재정 전문가로서, 그리고 한 엔터테인먼트 협회 출납담당자로서 일했던 때 얻어졌다. 엔터테인먼트 사업에서 일했던 파트너를 데려옴으로써 그 사업에 필요한 전문성을 완성할 수 있었다.

오늘날, 62세의 나이로, 챨리는 대학 교수라는 직업의 은퇴를 앞두고 있다. 벨몬트 이벤트 앤 베드 앤 브레이크퍼스트(Belmont Events and Bed and Breakfast)는 그의 앞날의 재정에 결정적인 한 부분이다.

삶의 현 단계에서 자신의 사업을 시작하려고 계획하고 있는 사람들에게 챨리의 충고는 "다른 사람이 하지 못하는 모험을 위해 준비하라. 또 수년 동안 준비할 것을 잊지 마라. 유머 감각을 지니고, 당신의 이야기를 나누며, 좋은 이웃이 되고, 당신의 힘이 스스로를 견디지 못할 때 당신의 믿음이 견딜 수 있게 해줄 것이라는 사실을 잊지 말아라."

더 많은 정보를 얻으려면 www.belmontevents.com을 방문하라.

단계1 은퇴자가 창업시 고려해야할 사항은 무엇인가?
단계2 자신과 시장에 맞는 창업 기회를 포착하라
단계3 창업아이디어를 검증하고 시장에서 테스트 하라
단계4 사업의 실현 가능성을 결정하고 착수하라

제 12 장
아이디어를 시험하라
Test Your Idea

　지금까지 당신은 무엇을 팔지, 누구에게 팔지, 유사 제품이나 서비스를 파는 다른 사람들과 비교해서 어떻게 차별화할지를 결정했다. 이제는 시장에서 당신의 아이디어를 시험해 볼 때이다. 많은 사업가들이 그러하듯이 자신의 아이디어에 도취되기 쉽다. 그러나 이제는 다른 사람들이 어떻게 생각하는지를 알아볼 때이다. 다른 사람들에게 제품을 보여주거나 이야기하고 **그들이** 그것을 마음에 들어 하는지를 알아보라. 오늘날의 경제는 경쟁이 매우 심하고, 실수와 잘못된 아이디어들은 용인되지 않는다.

실제 시장에서의 반응 Real-World Reactions
　혹시 당신도 나와 같이 내적 처리자(Internal processor), 즉 자신의 머릿속으로만 생각하는 성향의 사람일 지도 모른다. 그러니까, 말하자면 일할 때 내 자신 스스로가 생각하고 결정한다. 당신 역시 그러하다면, 당신은 사업 아이디어를 많이 생각만 했을 뿐 다른 사람들에게는 그 것에 대해 제시한 적이 없을 가능성이 크다. 반대로 당신이 외적 처리자(External processor)라면 당신은 생각이나 감정을 다른 사람들에게 분명히 표현함으로써 처리할 것이다. 즉 오랜 기간에 걸쳐 가족이나 친구들과 당신이 사업을 시작하는 것에 관해 이야기를 나눈 적이 있을 것이다.

사업가적 피해망상

다른 사람들에게 사업 아이디어를 이야기하고, 그들 중 누군가가 그 아이디어를 훔쳐간다면 어떻게 하죠? 이는 사업가들 사이에서 흔한 걱정거리이고, 간혹 타당한 것이기도 하다. 당신과 거의 똑같은 능력이 있으며, 당신의 사업을 똑같이 모방할 수 있는 다른 사람들에게 사업 아이디어를 얘기하지 않는 것이 아이디어를 지키는 방법이기도 하다. 또한 당신이 지닌 지적 재산권이 확실히 보호되는지도 확인해야 한다. 그러나 대부분의 사업가들의 경우 혼자 일을 진행시키는 게 아이디어를 도난당하는 것보다 훨씬 더 위험할 수 있다. 언젠가는 당신의 사업이 공개될 것이다. 그 때, 모든 사람들은 당신의 사업에 관한 정보에 접근할 수 있기 때문 이다.

어떤 사람들은 당신이 자주 얘기를 해서 사업 아이디어에 관해 듣는 것 만해도 질렸을 지도 모르겠다! 이제는 당신의 성향에 무관하게 당신이 준비하고 계획하는 사업에 관해 실제 시장으로부터 피드백을 얻기 위한 노력이 필요한 때이다.

혹시 다른 사람이 도용할 지도 모른다는 생각에 사업 아이디어를 다른 사람들에게 말하기를 꺼려할 수도 있다. 이는 당연한 염려일수도 있지만, 사업가들은 종종 피해망상에 사로잡힐 때도 있다. 이에 관해 "사업가적 피해망상"에서 기술되어 있다.

다른 사람들에게 말하는 것에 대해 개의치 않으며, 이에 관해 피드백을 얻고 싶다고 결심하였을 때, 누구와 상의 할 것인가? 가족? 친구? 그런데 주의해야 할 점이 있다. 그들에게서는 좋은 아이디어라는 말을 듣게 될 것이다. 그들은 당신의 감정을 상하게 하고 싶지 않거나 당신의 사업 아이디어의 가치를 평가할 자격이 없다고 느낄 것이기 때문이다.

친구와 가족들이 당신의 사업 아이디어에 대해 얼마나 긍정적인 생각을 가지고 있는지 시험하고 싶다면, 그것에 투자할 의향이 있는지를 물어보라. 투자자들을 만들라는 게 아니라, 당신의 성공의 기회에 대한 사람들의 신념을 시험할 수 있는 리트머스 시약이라고 보면 된다.

나의 친구가 트럭 뒷문 제조 및 소형 저장 트레일러 사업을 시작하려는 구상을 나에게 처음 이야기했을 때, 나는 그 아이디어에 대해 조사하고 사업을 계획하는 것을 계속하라고 응원해주었다. 이후 그 친구가 나에게 투자자나 파트너가 되어달라고 요청 했을 때 깜짝 놀랐다. 나는 그 아이디어가 내 맘에 꼭 든 것은 아니기 때문이었다. 이전에 해준 응원의 말들은 내 돈을 걸만큼 그 아이디어를 믿고 있다는 뜻은 아니었다! 심각하게 고민하고 분석한 끝에, 나는 결국 투자자/파트너가 되기로 서명하였다. 다행히도 그 투자는 잘 되었지만, 나는 다른 사람들부터의 격려를 확신으로 오해하지 않도록 주의하라고 한다.

이제 어떻게 하면 사업에 대한 객관적인 피드백을 얻을 수 있는지 알아보

자. 그러기 위해서는, 장래의 소비자(표적 시장의 사람들), 공급자, 다른 기업가들과 당신이 아는 회계사나 은행직원, 지역 소상공인지원센터(*역자주: 소상공인지원센터 홈페이지 www.sbdc.or.kr를 방문하면 각 지역별 지원센터를 소개해줌)나 창업보육센터의 상담사 등과 이야기해볼 필요가 있다.

먼저 '외부 전문가를 찾아라(Seek Outside Expertise Early)'를 통해서 한 기업가가 그녀의 의사결정과정에서 초기에 얻은 피드백으로부터 어떻게 도움을 받았는지 읽게 될 것이다.

당신이 받은 모든 피드백을 주의 깊게 살펴보라. 그 패턴들을 잘 파악하라. 즉 응답자들의 의도와 감정을 잘 들어라. 그들이 실제로 하는 말 자체보다 더 많은 것을 알려줄 수 있다.

> *"항상 잘 하는 것 다음으로 좋은 것은,*
> *당신이 잘못하고 있다는 것을 빨리 알아차리는 것이다."*
> John Manley(존 맨리)

이 책을 쓰면서, 내가 다른 사람들로부터 받은 피드백은 매우 유용했다. 우선, 나는 북 클럽(6주마다 만나 선정한 책에 관해 토론하는 모임)의 회원들에게 원고를 나누어 주었다. 그들은 이 책의 예상 독자와 꽤 근접하는 사람들이었다.

나의 "제품 테스트 노력"은 기업가 정신 분야의 전문가인 동료들과 함께 하였다. 두 사람은 대학에서 기업가 정신을 가르치는 교수이고, 한 사람은 소상공인지원센터 임원이고, 또 한 사람은 나와 많은 컨설팅 프로젝트를 해왔던 기업가 정신 컨설턴트이다. 이러한 나의 자부심에도 불구하고 나는 객관적인 피드백에 대한 욕구가 더 강했다. 나는 동료들에게 가능한 한 최대한 솔직하게 말해달라고 부탁했다. 그들의 피드백은 이 책의 마지막 부분을 준비할 때 매우 유용했다.

당신의 사업에 관한 피드백을 얻는 것은 사업을 시작할 때 대단히 중요한

외부 전문가를 찾아라(Seek Outside Expertise Early)

"소상공인지원센터에 대해서 일찍 듣고 프랜차이즈를 시작하기 전에 그들과 더 얘기해봤더라면, 더 진행하지 말라고 말해줬을 거예요.", 48쪽에 특집으로 실린 프랜차이즈 사장 캐럴이 말했다. 지역 소상공인지원센터를 통해 얻은 전문가의 충고는 그녀의 사업을 구하기에는 너무 늦었지만 그녀와 그녀의 남편이 사업을 잘 마무리하는 데는 도움이 되었다.

이미 프랜차이즈 사업이 운영되고 있던 때, 캐럴이 찾은 소상공인지원센터 상담사는 우선 소매 사업과 관련된 경험이 많은 회계사를 소개해 주었고 이후 소매 전문가를 소개해 주었다. 그 소매전문가는 나중에 그녀와 재고 관리에 관해 함께 일하게 되었다. 사업이 구제할 수 없는 상황임이 드러났을 때, 캐럴은 소매업 정리 전문 컨설턴트를 소개받게 되었다. 이 사람의 도움으로, 그녀와 그녀의 남편은 "점포정리" 가격으로 매장에 남은 대부분의 물건을 팔 수 있었다.

통찰력 혹은 지혜
창업 계획 과정에서,
피드백 단계는 매우
중요하다. 책상에 앉
아서 생각하게 된 사
업아이디어 결정들은
제품에 비유하면 싸
구려다!

초기 단계이다. 그 방법 중 하나로는 장래의 소비자들을 조사하는 것이 있다. 실전 단계 12.1에 있는 조사 양식은 당신이 사업과 연관된 핵심적인 분야를 다루고 있으며 이는 피드백을 얻기 위한 기회의 대부분을 얻도록 해줄 것이다. 내가 강의해 왔던 많은 강의와 워크숍에서, 참여자들은 이 활동이 가장 가치 있다고 여겼다. 참여자들 중 많은 이들은 그들이 받은 피드백에 근거해 사업 아이디어의 많은 부분을 바꾸었다. 당신도 사업에 대한 피드백 과정을 통해 도움 받게 될 것이다.

12.1 실전 단계
사업 아이디어 개념 시험 — 구두 조사
concept testing-oral survey

당신의 사업 아이디어를 확인하고 피드백을 얻기 위해 장래의 소비자, 공급자, 다른 사업가, 당신이 아는 회계사나 은행 직원 혹은 지역 소상공인 지원센터나 창업보육센터의 상담사 에게 질문해보라. 많은 사람과 이야기할수록 더 좋다. 추천할만한 주제들을 다음과 같다.

- 제품이나 서비스(Product or service): 짧게 설명하고 나서, 응답자에게 그것을 살 의향이 있는지를 묻는다.(혹은 다른 사람들이 살 것으로 생각하는지에 대해 묻는다)

  주의: 잠재 소비자들을 대상으로 조사할 때, 그들이 당신의 제품을 왜 구매하지 않는지 에 대해 아는 것은 왜 구매하는지에 대해 아는 것만큼이나 도움이 된다. 부정적인 답변들을 살펴보라.

- **판매 촉진 방법 Method of promotion :** 당신과 같은 종류의 사업이나 서비스를 소비자들이 어떤 경로를 통해서 찾는지에 대해 묻는다. 예를 들어,

소비자들이 전화번호부나 인터넷에서 제품이나 서비스를 찾는지, 다른 사람들에게 물어서 찾는지, 광고를 보고 찾는지?

- **특징과 이점 Feature and benefit :** 구매자에게 제품의 어떤 특색이 중요한지, 왜 중요한지를 묻는다. 소비자의 이득이라고 여겨지는 것에 대해 묻는다.
- **가격 Price :** 소비자들이 원하는 가격을 묻는다.

  주의: 가격에 대한 피드백은 가치를 수량화하는 데 도움을 준다. 이는 또한 당신이 제품을 판매할 때에 이익을 볼 수 있을지를 결정하는 데 도움을 준다.
- **인구 통계적 데이터 Demographic data :** 잠재적인 소비자들을 위해서, **관련된** 인구 통계적 변수에 관한 정보를 모은다. 즉, 연령, 성별, 결혼 여부, 교육 들이다.

지침

1단계. 각 섹션의 **첫 번째 빈칸**(줄이 있는)을 끝낸다.

2단계. 조사할 계획인 사람들을 확인한다. 각 응답자에게 부록 265~268쪽에 있는 빈 양식을 복사해 준다.

3단계. 응답자와 각 섹션의 **첫 번째 빈칸**의 정보를 공유하고 그에 해당하는 박스 안의 관련 질문들을 한다. 빈 양식에 응답자의 답변을 기록한다.

A. **설명 Description** 당신의 제품이나 서비스 아이디어를 간단히 설명하시오. (아래에 설명을 적는다.)

_____

_____

_____

_____

12.1

응답자와 설명을 공유한다.

조사 질문 – 응답자에게 묻기

1. 이 제품/서비스를 구매할 생각입니까?

   -혹은-

   다른 사람들이 이 제품/서비스를 구매할 것이라고 생각합니까?

2. "네"라고 대답한 경우, B부터 G까지의 항목을 계속해주십시오.

   -혹은-

   "아니오"라고 대답한 경우, 이유가 무엇입니까?

B. **마케팅 방법** Marketing Methods 계획하고 있는 마케팅 종류를 나열하라. (광고, 판촉, 인쇄물 등의 방법을 아래에 적는다.)

_____

_____

_____

응답자와 마케팅 방법을 공유한다.

조사 질문

1. 당신(혹은 다른 사람들)에게 접근하기에는 어떤 마케팅 방법이 제일 효과적일 것이라고 생각합니까? (제 제품이나 서비스에 관해서 어떤 경로 로 알게 될 것이라고 생각됩니까?)

2. 추천할만한 다른 마케팅 방법에는 무엇이 있습니까?

C. **특색** Features 당신의 제품/서비스의 특정한 부분이나 구성 요소들을 나열하라. (아래에 특색들을 적는다.)

_____

_____

_____

나열한 특색들을 응답자와 공유한다.

조사 질문

1. (당신/다른 사람들에게) 제품/서비스의 어떤 특색이 가장 유용하며 그 이유는 무엇입니까?

2. 다른 어떤 특색들이 유용할 것이라고 생각됩니까?

D. **이점** Benefits 제품/서비스로 인해 소비자가 얻게 될 것으로 예상되는 이점들을 나열하라. (아래에 이점들을 적는다.)

_____

_____

_____

예상되는 소비자의 이점들을 응답자와 공유한다.

조사 질문

1. 당신(혹은 다른 사람들)에게 어떤 이점이 가장 가치가 있습니까?

2. 확인되지 않은 다른 이점들이 있습니까?

12.1

E. 가격 Pricing 적절한 가격이나 계획 중인 가격대를 명시한다.

_____

_____

_____

예상되는 가격(가격대)을 응답자와 공유한다.
1. 이 가격/가격대에서, 당신/다른 사람들이 이 제품을 살 것이라고 생각합니까?
2. 대부분의 소비자들이 지불할 의사가 있는 가격은 얼마라고 생각합니까?
3. 어떠한 요소들이 더 높은 가격을 매기는 것(혹은 가격대를 높이는 것)을 정당화할 수 있습니까?

F. 구매 수량 Quantity

1년 동안 소비자들이 얼마나 많이 구매할 것인가?
주의: 판매가 일시적인 경우 이 질문은 생략한다.

G. 응답자와 관련된 인구 통계학적 정보 (장래의 소비자[표적 시장의 구매 예상자] 포함).

다음과 같은 인구 통계적 질문들이 포함될 수 있다:
당신의 나이(대)는?   함께 사는 가족의 인원은?
교육 수준은?   수입(대) 수준은?
거주하는 지역은?
주의할 점은 응답자들은 수입과 같은 개인적 환경에 관련된 질문에서는 범위가 주어졌을 때 더 응답하기 쉽다.

인구 통계적 질문들을 아래에 적어보라. 나열된 인구 통계적 질문들을 묻고 응답자의 답변을 기록하라

당신의 나이(대)는?　　　　함께 사는 가족의 인원은?
_____　　_____

교육 수준은?　　　　　　　수입(대) 수준은?
_____　　_____

거주하는 지역은?
_____

_____

모든 응답자들과 이 과정을 반복하라.

「실전 단계 12.1」을 마치면, 구두조사 과정을 통해 배운 사실들을 종합해보면 최초의 사업 컨셉을 개선해 볼 준비가 될 것이다. 이 정보와 관련해 진단과 분석에서 질문들에 답하라.

구두 조사를 더 많은 사람들에게 우편이나 이메일을 통해 전달될 수 있는 서면 조사로 바꾸면, 더 많은 정보와 피드백을 얻을 수 있다. 다음은 부머프루누어(BoomersPreneurs) 책을 예제로 사용한 샘플 조사이다. 이 조사는 B to B(생산자 대상) 시장이 아닌 B to C(소비자 대상) 시장을 겨냥해 작성된 것임에 주의하라.

진단과 분석

이 활동을 통해 당신의 사업 아이디어는 어떻게 바뀌었는가?

_____

_____

_____

_____

마케팅과 가격 결정에 있어서 무엇을 배웠는가?

_____

_____

_____

_____

나중에 이 설문지를 다시 사용한다면 무엇을 다르게 하겠는가?

_____

_____

_____

_____

_____

_____

조사 사례 　부머프루누어 책

지침

제품 설명을 읽고 질문 1~6을 답변해주십시오.

설명: BoomerPreneurs: 이 책은 베이비 붐 세대가 어떻게 자신의 사업을 시작하고, 수익을 내며 삶을 즐길 것인가에 대해 말해주는, 창업을 준비하는 베이비 붐 세대에게 실용적인 지침서입니다. 이 책은 베이비 붐 세대가 사업을 시작할 때 특별히 고려해야 하는 것들에 대해 설명합니다. 사업전략 계획 과정은 기회 포착, 사업에 대한 조사, 적합성 평가, 단축 사업 계획서 준비와 사업 시작의 순서입니다. 또한 실전 단계, 사업가 이야기, 요령과 자료 출처 등이 담겨 있습니다.

1. 이 책을 구입하시겠습니까? ___ 네 　___ 아니오 (아니라면, 그 이유는 무엇입니까?)

2. BoomerPreneurs를 마케팅 하는 방법으로는 무엇을 추천하시겠습니까? (이러한 종류의 책을 어디서 발견할 것이라고 생각됩니까?)
   ___ 서점　　　　　　___인터넷　　　　　___잡지 기사
   ___직접적인 메일　　___신문　　　　　　___프레젠테이션
   ___홈페이지　　　　　___기타(구체적으로)

3. 조사의 맨 앞부분에 제시된 부머푸르누어 책에 대한 설명을 다시 한 번 살펴봐 주십시오. 어떤 특색(들)이 당신에게 가장 중요하며, 이유는 무엇입니까? 다른 어떠한 특색들이 포함되었으면 좋겠다고 생각합니까?

_____

_____

4. 이 책을 구매(사용)하는 것을 통해 얻게 될 이점 중 가장 큰 것은 무엇입니까?

___ 시간 절약(사업 시작 시 접근법의 안내)

___ 자신이 직접 평가하고 조사하도록 체험적인 창업 준비 가이드

___ 사업을 시작하려는 베이비 붐 세대이 구체적으로 고려해야할 점 제시

___ 사업 아이디어를 어떻게 확인하고 평가할 것인지에 관한 정보

___ 창업 적합성을 어떻게 알아내고, 사업을 어떻게 계획하며 시작하는 지에 관한 정보

___ 기타 (구체적으로)_____

5. BoomerPreneurs의 가격은 대략 $25.95입니다.

이 가격에 구입 하시겠습니까? ___네   ___아니오

이 책에 어느 정도의 가격을 지불하고 싶으십니까?_____

6. 인구 통계학 – 맞는 답변에 동그라미 치시오.

당신의 근무 상황은?

(상근)   (시간제 근무)

(은퇴)   (은퇴 고려 중)

(해고됨)

수입은?

$40,000 미만 $40~$75,000

$76~100,000 $100,000 초과

교육 정도는?

고등학교   대학수료

대학졸   대학원수료/졸업

설문지를 배포할 때, 의미 있는 정보 수집을 위해 충분한 답변을 받을 수 있도록 많은 양을 배포하도록 하라. 응답자가 설문지를 얼마나 쉽게 마칠 수 있는지와 당신과의 관계, 그리고 설문 주제에 관한 그들의 관심도에 따라 설문지 회수율은 다양할 것이다.

실전 단계 12.2는 구두 조사를 서면 조사로 바꾸는 과정을 안내한다. 제품이나 소비자 필요에 관해서는 더 많은 정보를 얻을수록 좋다. 구두조사를 서면 조사로 바꾸는 과정을 실행해 보자.

12.2 실전 단계
사업 아이디어 개념 시험 – 서면 조사
concept testing–written survey

당신의 구두 조사를 서면 조사로 바꾸려면 다음 단계들을 따른다. 표적 시장의 구성원들을 조사하는 것을 잊지 말라.

1단계 – 설문지를 수정한다. 구두 조사에서 받은 피드백에 의거해서, 적절한 수정을 하고 개인적 관련과 관계없이 실시될 수 있도록(우편, 인터넷, 유인물을 통해) 준비하라. 모든 질문들은 명확해야 하며, 모호하지 않고 객관적이어야 한다. 가능하다면 조사는 한 페이지로 제한하라. 설문지를 나누어주기 전에 몇 사람에게 조사를 부탁해 내용과 명확성에 대한 피드백을 얻어 조사를 시험해본다.

2단계 – 조사를 실시한다. 표적 시장을 확인한다. 그 시장에 우편, 이메일을 보내거나 설문지를 나누어준다.

3단계 – 설문 결과를 모으고 결과를 산출한다. 각 조사 질문에 대해 빈 양식에 답변을 기록하고 총계를 낸다. 그리고 다음의 질문들에 답한다.

a. 설문 답변을 통해 알게 된 가장 중요한 것들은 무엇인가?

_____

_____

_____

b. 알게 된 사실들을 통해 판단(결론) 내릴 수 있는 것들은 무엇인가?

_____

_____

_____

c. 이 조사가 당신이 제품이나 서비스를 개발하고, 마케팅 활동을 하고 그리고 가격을 책정하는 데 어떤 도움을 줄 것인가?

_____

_____

_____

d. 이 활동의 결과로 당신의 제품/서비스, 가격이나 마케팅을 어떻게 변화시킬 것인가?

_____

_____

_____

이제 당신은 시장 조사를 통해 당신의 제품이나 서비스에 대한 시장의 답변을 확인했으니, 상품을 개선하고 다른 사람들에게 사업에 대해 말할 준비가 되었다. "엘리베이터 피치(Elevator Pitch)"를 준비하는 것에 관한 다음 섹션은 다른 사람들에게 사업에 관해 얘기할 때 효과적인 방법을 개발하는 데 도움을 줄 것이다.

엘리베이터 피치 Your Elevator Pitch

사업가 모임에서, "엘리베이터 피치"이라는 용어를 자주 듣게 된다. 이 용어는 당신이 벤처 투자가와 엘리베이터에 함께 타서 30초 이내에 당신의 사업에 대한 짧은 설명을 통해 그 사람을 현혹시켜야 하는 일생에 한 번 뿐인 기회를 가졌다고 가정하는데서 유래하게 되었다.

비록 당신이 벤처 투자자와 만날 필요가 없다고 하더라도, 가족 모임의 친척에서부터 어떤 모임 장소에서 만나는 사업가와 재료 공급자, 서비스 제공자, 투자자, 파트너와 직원에 이르기까지 모든 사람들에게 엘리베이터 피치, 즉 사업의 짧은 이야기를 지니는 것은 매우 중요하다. 당신의 엘리베이터 피치는 듣는 이의 마음에 당신의 사업에 대해 확신할 수 있게 해주며 당신이 제공하고 있는 가치 제안(value proposition)을 명확하게 한다.

엘리베이터 피치에서는 당신이 해결하고자 하는 문제를 짧고 간결하게 제시하라. 엘리베이터 피치는 기술적인 세부 사항을 말하거나 당신의 인생 일대기 말하는 시간이 아니다. 판매를 위한 시간도 아니다. 대신에 듣는 이를 사로잡고 어떤 종류의 추가 약속을 확실히 받고 싶은 것이다. 그것이 이메일이든, 전화이든 개인적 약속이든 상관없다. www.IdeaCrossing.org의 "엘리베이터 피치 통달하기: 사업 성공을 위한 5가지 비밀"에서 엘리베이터 피치를 준비하는 요령들을 따라 해보라.

1. **주의 깊은 리허설을 거쳐 자연스럽게 하라.** 최고의 엘리베이터 피치들은 즉석에서 하는 것처럼 보이겠지만, 사실을 신중하게 쓰고 교정하여 리허설을 거친 것이다. 시간을 지키는 것도 잊어서는 안 된다. 광고들이 30초인 것에는 이유가 있다. 오늘날과 같이 정보가 홍수인 사회에서는 집중할 수 있는 시간이 급속히 줄어들고 있다. 간결함이 최고의 방법이다.

2. 엘리베이터 피치의 핵심은 책의 제목처럼, **1)당신의 아이디어나 해결책을 제시해야 한다.** 이것은 미스터리 소설이 아니므로, 당신이 하는 일에 대해 완벽하게 명확히 표현해내라. **2)사업의 상태를 언급하고 3)당신이 가지는 시장 기회와 독창적인 경쟁적 우위 요소에 대해 설명하라.** 다음으로 **4)당신의 수입 방법(전자 상거래, 도매, 소매)을 강조하고 해당되는 것을 두어 개 정도 언급하라.** 마지막으로 **5)장기적인 목표에 대해 언급하라(매출액,

*역자주

Ideacrossing에서는 초기 기업들에게 엔젤투자자나 벤처캐피탈을 온라인상에서 연결해 주는 서비스를 제공하면서 창업에 관한 다양한 정보를 제공함.

이익, 투자자 수익).

3. **다른 무엇보다도, 간단하게 하라.** 만약 당신의 제품이 애완동물 주인이 내장형 마이크로칩과 와이파이 기술과 휴대전화 알림 등을 통해 잃어버린 애완동물을 추적할 수 있는 혁신적인 기술을 제공한다고 하자. 더 효과적으로 표현하면 다음과 같다. '당신은 애완동물 주인들에게 마음의 안정을 제공한다.' 이 간단한 메시지는 근본이 되는 기술이 아닌 시장 문제에 초점을 맞추고 있다.

(허락 하에 인용함)

설명한 원칙들을 이용해서 「실전 단계 12.3」에서 당신의 엘리베이터 피치의 초안을 작성하라. 기억해야 할 것은 이것은 다른 사람의 관심을 끌 수 있는 기회이다. 어쩌면 가치가 큰 사업 계약을 맺는 기회가 될 수도 있다.

실전 단계 12.3
엘리베이터 피치
Elevator Pitch

150자 정도로 30초 이내에 발표할 엘리베이터 피치의 초안을 작성하라. 끝마친 후에는, "자연스럽도록" 연습하고, 가족과 친구나 다른 이들에게 당신의 엘리베이터 피치를 들려준다.

_____

_____

_____

_____

_____

_____

＊ 역자주

엘리베이터 피치는 NABC 접근법으로 주로 작성한다.

즉 Needs, Approach, Benefits, Competition의 순서이다. Needs는 고객의 불편 또는 필요를, Approach는 고객의 불편에 대한 해결책, Benefits는 소비자의 이득, Competition은 경쟁자에 대비한 경쟁우위 요소를 말한다.

모임이나 행사에 참여하기 전에 당신의 엘리베이터 피치를 다시 한 번 살펴보고 "무슨 일을 하세요?" 혹은 "요즘 뭐 하세요?"라는 피할 수 없는 질문을 받았을 때 대답할 수 있도록 준비하라. 당신의 이야기를 나눌 수 있는 기회이다. 혹시 다른 사람이 그것을 듣고 유익한 정보를 제공해 주거나 계약을 맺을지도 모르는 일 아닌가? 최근의 기업가 행사에서 내가 엘리베이터 피치를 준비한데로 했을 때 내가 필요로 했던 법적인 일에 도움이 될 변호사의 명함을 받았을 뿐만 아니라 내 책의 또 다른 잠재적 판매상과 함께 행사장을 나오게 되었다.

성공 기업가 사례의 서론

블론델 맥네어(Blondell McNair)는 소매점으로 확장하기 전에 스프링필드 기술 커뮤니티(Springfield Technical Community) 대학의 소기업 인큐베이터라는 안전한 환경에서 그녀의 제품에 대한 시장 수요를 시험했다. 그 곳에서 그녀는 특별 행사 의상을 직접 디자인해서 판매하거나 의류 디자인을 강의하였다.

성공 기업가 사례 Blondell McNair

Blondell's Fashion Gallery
Clothing design and sales

블론델 맥네어가 매사추세츠 주의 스프링필드에서 블론델스 패션 갤러리라는 패션 디자인 사업을 창업을 하게 된 동기는 지루함이었다. 그녀는 뉴욕에서 비슷한 종류의 사업을 하다가 과로로 기력이 소진되어 접은 지 몇 년이 흘렀기 때문이다. 몇 년 동안 백화점에서 일하면서, 자신의 사업을 운영하는 긴장으로부터 기운을 회복한 후 블론델은 "지루해"라고 말했다. 55세에 스프링필드로 이사한 후, 그녀는 자신이 다시 사업을 시작할 준비가 되었다고 판단했다.

스프링필드 기술 커뮤니티(Springfield Technical Community) 대학(STCC)의 창업 보육 센터에서 그녀의 사업을 처음으로 시작했고, 블론델은 사업이 확장되어 60여명의 디자이너(공예, 주얼리, 옷짜기, 예술 등)가 있는 소매 복합 단지인 인디언 오챠드 밀스(Indian Orchard Mills)의 1000평방피트짜리 스튜디오로 이사했다. 그 스튜디오에서 그녀는 특별 행사 의상을 디자인하고, 자신이 직접 디자인한 옷과 다른 사람이 디자인한 옷을 판매하고, 의류 디자인을 가르쳤다. 또한 블론델은 STCC에서 디자인과 재봉일 을 시간제로 가르쳤다.

젊은 시절, 블론델의 패션에 대한 흥미는 그녀의 이모에 의해 영향을 받았다. 그녀의 이모는 블론델에게 "너 자신을 위해서 바느질할 수 있다면, 다른 사람을 위해서도 할 수 있어."라고 말해주었다. 그녀의 초기 소비자는 결혼이나 모금 행사 또는 기념행사 들을 위한 특별한 드레스를 요청하기 위해 찾아온 가족과 친구들이었다. 몇 년 후, 양육해야할 아이를 가진 젊은 미망인으로서 블론델은 패션이 가족을 부양하는 길임을 알았다.

블론델의 고객들은 거의 구전 효과를 통해서만 찾아왔다. 이는 그녀의 고객들이 그녀의 일을 위한 걸어 다니는 광고가 되기 때문이었다. 앞으로 얼마나 일을 할 계획이냐고 묻자, 블론델은 "15년 더요. 전 가만히 있을 수가 없거든요."라고 대답했다.

더 많은 정보를 원하면, blondell3fashion@comcast.net으로 이메일을 보내보라.

단계1 은퇴자가 창업시 고려해야할 사항은 무엇인가?
단계2 자신과 시장에 맞는 창업 기회를 포착하라
단계3 창업아이디어를 검증하고 시장에서 테스트 하라
단계4 사업의 실현 가능성을 결정하고 착수하라

제 13 장
시장 자료를 통한 사업 컨셉 조정
Find the Answers

당신에게는 당신의 사업 아이디어가 좋은 것인지 아닌지를 말해 줄 요술 구슬이 없다. 그래서 당신이 할 수 있는 유일한 것은 기본적인 조사를 행하는 것 뿐이다. 조사는 복잡할 필요가 없다. 인터넷을 통해 주제를 검색할 때마다, 당신은 조사를 하고 있는 셈이다.

실전 단계 12.1과 12.2의 조사를 마치면서 당신은 이미 시장 조사를 시작했던 것이다. 이것은 1차 조사라고 불리는 것으로 구체적인 주제에 관련된 새로운 정보를 구두조사나 서면조사를 통해 수집하는 것이다.

이 장에서는 1차 조사 뿐 아니라, 이미 존재하는 데이터에서 답을 찾는 2차 조사에 대해서도 더 알게 될 것이다. 2차 정보 출처들은 잡지와 신문 기사, 책, 저널, 웹사이트와 정부 간행물을 포함한다. "시장 조사가 성공하는 아이디어를 만든다"를 통해 딜리나 스타웃이 행한 조사가 어떻게 그녀의 사업을 독특하고 성공적인 사업으로 만들었는지 살펴보라.

> **시장 조사가 성공하는 아이디어를 만든다**
>
> 브룩사이드 바커리 앤 배스의 설립자인 딜리나 스타웃(85쪽)은 그녀의 초기 사업 아이디어를 다듬기 위해 시장 조사를 이용했다. 그녀의 조사는 개를 목욕시키는 장소라는 그녀의 최초 아이디어가 재정적 목표를 충족할 만큼의 수익성이 좋지 않다는 것을 나타내 주었다. 애완동물 산업의 트렌드에 관한 조사와 그녀의 애완견의 건강에 대한 관심은 애완견을 목욕 시키는 장소라는 최초 아이디어에 애완동물 영양 공급이라는 내용을 더하게 했다. 딜리나의 경험과 유사하게, 조사를 통해 얻는 정보는 당신의 사업에 굉장히 중요할 것이다.

통찰력 혹은 지혜

정보 수집을 빨리 시작하라. 나중보다 계획 단계에서 수정하는 것이 더 쉽고 비용도 덜 든다.

포커스 그룹 Focus Group

이 방법은 1차 조사에서 사용된 것으로 일반적으로 설문이나, 포커스 그룹, 또는 인터뷰를 포함한다. 이 방법은 사람들이 무엇을 살 것이며, 왜 사는지, 언제 사는지 그리고 어떻게 사는지를 알려준다. 어떤 기업가들은 이런 종류의 조사를 하기 위해 다른 사람을 고용하기도 한다. 어떤 사람들은 스스로 조사를 하고, 설문조사를 전개하고 인터뷰를 한다.

「실전 단계 12.1」에서 구두조사를 통해 수집한 1차 조사를 「실전 단계 12.1」에서 서면 조사를 통해서 응답자 수를 늘리며 확장시켰을 수도 있다. 또, 1차 조사를 하기 위해 포커스 그룹이라는 다른 방법을 사용할 수도 있다.

포커스 그룹은 일반적으로 10명 이내의 당신의 표적 시장의 구성원을 대상으로 하는 조사이다. 조사 진행자는 효과적인 회의 진행 기술을 지니고 응답자들에게 질문하고 그들의 답변을 듣는 중립적인 제 3자 역할을 해야 한다. 기업가는 포커스 그룹 진행 중에 나타나지 않는 게 일반적으로는 더 좋다. 왜냐하면 기업가의 존재는 응답자들의 답변에 영향을 끼칠 수 있기 때문이다. 포커스 그룹에 대한 더 많은 정보를 얻고 싶으면 "포커스 그룹"을 인터넷으로 검색해보라.

2차 정보 출처들을 사용하라 Use Secondary Sources

2차 정보를 활용하는 조사는 가장 쉽고 저렴하지만, 단점들이 있다. 우선, 가장 최신의 데이터나 당신이 알아야 할 것을 정확히 제공하지 못할 수 있다. 얻을 수 있는 정보가 단순하기 때문에 2차 정보 출처 사용의 성공은 당신의 조사 목표의 명확성에 전적으로 달려 있다.

나는 인터넷 조사부터 시작하는 것을 굉장히 좋아하는데, 편리함과 얻을 수 있는 정보의 양 때문이다. 검색 엔진들을 쓰면 조사하기 쉽고, "상세 검색" 기능을 이용해 더 세밀하게 조사할 수 있다. 많은 데이터베이스는 온라인으로 사용할 수 있다. 어떤 것들은 이용료를 필요로 하지만, 대부분은 무료이다.

그러나 인터넷으로 얻은 정보에 의존하는 것은 주의할 점이 있다. 당신이 얻은 어떤 정보라도, 정보 출처의 신뢰성을 신중하게 평가하고 많은 정보 출처들 가운데서 일관성이 있는지를 찾아내라.

정보를 찾아내는 데 있어서 도서관의 직원은 당신의 가장 좋은 친구가 될 수 있다. 직원의 도움을 구하는 것을 꺼리지 말라. 그것이 직원의 일이다. 오랜 경험과 기술적 노하우는 원하는 출처를 빨리 찾을 수 있게 해준다.

조사를 계획하라 Plan Your Research

삶의 대부분의 일들은, 계획이 있을 때 더 잘 된다. 다음 세 단계를 따르하라.

1. 조사 목표를 정하라.(Set your research goals)

조사목표나 답을 알고 싶은 질문을 써보라. 한 시장 조사 전문가가 말해준 바에 의하면, "올바른 질문을 할 필요가 있다. 그러면 답을 찾는 것은 쉬운 일이다." 「실전 단계 12.1」에서 '시장 자료 조사 항목들'을 작성함으로써 당신이 원하는 정보를 확인할 수 있게 된다.

물론, 어떤 정보들은 당신의 사업 결정에 다른 것들보다 더 중요한 경우가 있다. 특히 중요한 것 중 하나는 당신의 제품의 잠재적인 판매량이다. 많은 경우, 이 종류의 정보는 직접적으로 발견될 수는 없고, 유사한 사업의 판매량으로부터 추론하거나 국가 및 지역 판매 수, 판매 트렌드에 관한 정보에서 추론 한다.

2. 조사를 실행한다.(Conduct research)

시작하기 전에, 가능한 정보 출처 유형들을 고려하라. 이미 언급한 것(웹사이트, 정기간행물, 기사, 정부 데이터) 이외에, 나는 당신의 업종 분야의 조합을 찾아볼 것을 강력히 추천한다. 이는 최신의 조사 자료를 얻을 수 있을 뿐더러 또한 정보의 또 다른 완벽한 출처인 조합 구성원을 만날 수 있다. 대부분의 도서관에는 비영리단체 연보가 있고, 아니면 인터넷으로 관련 업종 조합을 검색해볼 수 있다. 이제 당신이 조합의 일원이 아니라면 진단과 분석에서 당신의 사업과 관련된 동업 조합을 확인하라.

또한 지금은 지역 소상공인지원센터나 창업보육센터를 방문할 적당한 시기이다. 이러한 사업 지원 단체(80쪽 참고)의 웹사이트에 가서 가까운 센터를 찾아보라.

3. 데이터를 편집하고 분석하라.(Compile and interpret data)

당신이 설정한 조사 목표에 관련된 정보를 얻었으면, 통찰력을 갖고 그것을 분석할 때이다. 유사점, 차이점과 데이터 트렌드를 찾아본다. 조사에서, 질과 양은 모두 중요하다.

얼마나 많은 조사면 충분한가? 그것은 대답하기 힘든 질문이며 스스로가 결정해야 하는 것이다. 정보는 두려움을 극복할 수 있다. 정보가 많을수록 사업을 시작할지 말지에 대한 결정에서 자신감을 더 가질 수 있다.

소규모 판매 시장 조사 Test The Waters

지금까지 어떻게 조사가 행해지는지 살펴보았다. 이제는 시행착오를 통한 조사에 대해 알아보자. 예상되는 경제적 비용과 정신적 비용(시간, 에너지와 돈)이 낮은 경우에는 꼭 나쁜 것은 아니다.

당신의 "소규모 판매 시장 조사(test the waters)"는 소규모로 당신의 제품이나 서비스를 제공하는 것을 의미한다. 당신이 아직 회사 일을 하고 있는 동안에는 소규모로 당신의 제품이나 서비스를 시장에서 판매해 보는 것이 도움이 된다. 혹은 당신이 판매하는 것들을 수정하고 시장수요를 시험하기 위해 아주 소수의 소비자에게 우선적으로 판매하는 것도 필요하다. 그렇게 얻게 된 정보를 활용하여 제품이나 서비스를 수정하고 조정하라. 소규모 판매를 통해서 당신은 경험을 얻고, 네트워크도 형성하고 사업 확장의 자신감을 갖게 된다.

다음 장에서, 당신은 다양한 차원에서 사업의 적합성을 결정하게 된다. 말하자면 개인적 적합성, 기술적 적합성, 운영 관리 적합성, 시장 적합성과 재정적 적합성 들이다. 실전 단계 13.1의 '시장 자료 조사 항목들'은 이들 분야에서의 적합성을 결정할 때 필요한 정보를 조사할 수 있게 한다.

다음 표의 질문 항목들을 읽고 답을 이미 "알고" 있거나 조사해야 하는 경우 체크하라. 어떤 항목들은 당신의 상황에는 맞지 않을 수도 있다. 그러한 경우에는 항목을 빈 칸으로 남겨둬라.

질문항목	안다	조사해야 함
개인적인 적합성		
◇ 미래를 위한 목표와 비전	☐	☐
◇ 사업을 위한 목표와 비전	☐	☐
◇ 사업과 관련된 리스크	☐	☐
기술적 적합성		
◇ 정부 규격 그리고/혹은 지자체 규정	☐	☐
◇ 도급업자, 하도급 업자 혹은 벤더들	☐	☐
◇ 기술 요구 사항	☐	☐
◇ 생산과 유통을 위한 일정표	☐	☐
◇ 필요한 원자재와 이용 가능성	☐	☐
생산 설비가 있으면 답하라		
◇ 필요한 설비의 크기와 유형	☐	☐
◇ 적당한 위치, 고려해야 할 것들	☐	☐
• 시장에의 접근성	☐	☐
• 원자재와 운송의 접근성	☐	☐
• 직원과 관리의 접근성	☐	☐
• 소비자에의 접근성	☐	☐

관리적 적합성		
◇ 운영 관리 필요들	☐	☐
◇ 설립자 그리고/혹은 설립 팀의 전문성, 경험과 열정	☐	☐
◇ 내부 인프라 구성원: 변호사, 은행직원, 회계사, 기술 그리고/혹은 산업 전문가	☐	☐
시장 적합성		
◇ 초기 표적 시장의 소비자 정보: B to C 시장 (즉, 나이, 성별, 교육, 수입, 배우자 등) 혹은 B to B 시장 (즉, 직원 수, 위치, 산업, 평균 판매량 등)	☐	☐
◇ 경쟁 정보 • 주요 경쟁자 • 경쟁자들의 장점과 약점	☐	☐
◇ 시장 잠재력 • 표적 시장(틈새 확인) • 이윤 폭 추정 • 제품 차별화 잠재력 • 시장 침투 능력	☐	☐
재정적 적합성		
◇ 충분한 창업 자금	☐	☐
◇ 사업 유지 가능한 충분한 수익	☐	☐
◇ 잠재적 판매량	☐	☐

이제 진행할 순서를 정했다. 위에 정보를 최대한 많이 찾을수록 14장에서 실행하게 될 적합성 분석을 잘 준비할 수 있다.

3단계 결론: 아이디어를 개선하고 조사하라

　3단계에서, 당신은 시장에서 이미 성공한 사업들을 살펴보았고, 당신의 경쟁적 우위요소가 무엇인지, 그리고 표적시장이 누구인지 확인하였고, 잠재 고객을 조사하고 설문조사 자료를 수집함으로써 당신의 사업 아이디어를 개선하는 긴 여정을 이루어왔다. 148쪽의 「실전 단계 10.4」의 2단계 마지막에서 확인한 아이디어에 의해 이제는 자신의 사업 아이디어를 확정하였을 것이다. 즉 사업 아이디어에서 사업 개념으로 바뀌었다. 더 넓게, 그렇지만 더 구체적으로 바뀌었다. 이제 이 「실전 단계 13.2」에서 확장된 개념의 사업 아이디어를 확인하게 될 것이다.

실전 단계 13.2
3단계 결론, 당신의 사업 컨셉
step 3 conclusion, your business concept

13.2

　당신의 사업 컨셉을 간단하게 설명하라(즉, 상품/서비스 특색과 소비자 이익, 경쟁 우위, 표적 시장(들), 마케팅 전략)

_____

_____

_____

　다음 4단계에서는 당신의 사업을 시작하든 아니든 결정을 내리는 과정을 마무리 짓는다. 그리고 당신의 결정에 따라서 사업 착수로 나아간다.

성공 기업가 사례의 서론
　폴 코클리(Paul Coakley)는 다른 사람들이 사업 아이디어의 적합성을 결정하고 사업을 시작하는 것을 돕는다. 그는 건강관리 조직분야의 특정한 틈새시장 전문성을 가지고 중소기업들에게 사업 착수 계획과 운영 자문 시스템을 제공한다.

성공 기업가 사례 폴 코클리

Andover Associates
Business start - up planning and operations assistance

어떤 사람들은 정기적인 수입이 있는 재미있는 일과 자신의 사업을 운영하는 것의 도전과 보상이라는 양쪽 세계의 최고를 모두 가진 사람들이 있다. 앤도버 어소시에이츠(Andover Associates)의 회장이며 발티모어 카운티 커뮤너티 대학(The Community College of Baltimore County)의 경제학과장인 폴 코클리(Paul Coakley)가 바로 그러한 경우이다.Paul Coakley

Paul Coakley

폴의 겸직은 건강관리 산업에서의 30년간 경영자로서 일을 마치고 나서 시작되었다. 회사의 리엔지니어링 계획으로 인해 50세에 은퇴한 후, 폴은 자신의 건강관리 관련 기술과 통찰력을 활용해 자신의 사업을 시작하기로 결정했다. 그는 사업 착수 계획과 운영 관리 도움이 필요한 중소기업과 건강관리 조직 분야의 틈새시장을 공략했다. "언제나 사업이 성장하고 팽창하는 것을 돕고 싶었습니다," 라고 폴은 말했다.

폴과 그가 필요할 때마다 함께 일하는 컨설턴트들의 네트워크는 이러한 사업들에 대해 착수 계획을 세우는 것을 돕는다. 즉 비전과 미션 보고서, 사업 계획의 준비, 정책, 과정, 고용, 유지와 관례들이다. 최근에 폴의 표적 시장은 구조조정 당한 관리자들로까지 확대되었다. 그가 추정하기를 구조조정 당한 사람들의 40%는 더 이상 기업에 돌아가 일하는 것에 관심이 없다. 폴은 "구조조정 당한 기업 관리자들이 다시 기업으로 들어가지 않고 자신의 사업을 시작하는 것에 대한 관심이 늘어나고 있습니다. 경제가 기업들의 '규모 적정화'에 직접적인 영향을 끼치게 되었고, 자신의 회사를 설립하는 것에 있어 도움을 줄 수 있는 제 회사와 같은 컨설팅 회사가 필요해 졌습니다."라고 말했다.

폴의 컨설팅 사업의 성공은 그의 개인적 마케팅 노력(기업과 교육 기관, 건강관리 기관과 연장자 집단에 대한 프레젠테이션 등)에 기초한다. 그러한 행사장에서 그가 나누어준 브로슈어, 명함과, 만족한 고객들의 입소문을 탄 유명세는 폴이 다룰 수 있는 양 이상의 일을 가져다주었다. 그 때가 다른 컨설턴트와의 그의 넓은 관계가 효과적으로 이용된 때였다.

사업 컨설팅 관점뿐만 아니라 개인적 관점 모두에서, 폴은 기업가들에게 "적절한 틈새시장을 찾으라"고 권고한다. 또한 폴은 자신의 사업을 시작하려는 베이비 붐 세대들은 반드시 다음과 같은 것이 필요하다.

1. 관심을 끌만한 브로슈어와 명함을 준비하는 데 시간을 충분히 들여라. 이때 들인 시간과 노력은 장기적으로 그렇지 않은 경쟁자들과 성과면 에서 정반대의 결과를 나타낼 것이다.
2. 일이나 계약이 없을 때도, 공부를 계속하는 것을 잊어서는 안 된다. 원래의 계약에는 없는 돌발적인 상황이 당신을 고민에 빠뜨릴 수 있다.
3. 만족한 소비자로부터 소개를 받으라. 최고의 홍보는 입소문이다.
4. 당신의 서비스나 제품의 가격을 너무 낮게 책정하는 함정에 빠져서는 안된다. 너무 낮은 가격은 너무 높은 것만큼이나 사업에 치명적일 수 있다. 잠재적 소비자들이 당신의 경쟁자와 비교해서 품질에 관해 의문을 품을 수 있다.
5. 지역 커뮤니티나 민간단체에 가입하라. 이러한 네트워킹 기회들은 새로운/부수적인 사업으로 이어질 수 있다.

폴은 60세를 넘긴 나이이지만, 은퇴에 관해 질문하면 그는 "가까운 미래에 은퇴할 계획은 없습니다. 앞으로 몇 년은 대학에서의 일과 고객의 컨설팅을 함께 할 겁니다." 라고 대답했다.

더 많은 정보를 원하면, pcoakley@ccbcmd.edu로 연락하라.

4단계

사업의 실현 가능성을 결정하고 시작하라

단계1 은퇴자가 창업시 고려해야할 사항은 무엇인가?
단계2 자신과 시장에 맞는 창업 기회를 포착하라
단계3 창업아이디어를 검증하고 시장에서 테스트 하라
단계4 사업의 실현 가능성을 결정하고 착수하라

제 14 장

적합성을 결정하는 다섯 가지 리트머스 시험들
Five Litmus Tests for Determining Feasibility

단순한 사업 아이디어는 별다른 가치가 없다. 몇 년 간 당신이 생각해본 아이디어나 친구에게서 듣거나 가족과 이야기한 모든 아이디어들을 떠올려 보라. 이러한 아이디어들의 대부분은 결실을 맺지 못한다.

이것이 꼭 나쁜 것만은 않다. 당신은 자본 부족이나 기술적 노하우 부족과 같은 정당한 이유들로인해 당신의 아이디어를 진행하지 못하였을 수도 있다. 이후에 당신은 당신의 아이디어가 다른 누군가에 의해 성공적으로 실행된 것을 보았을 수도 있다. "다른 사람을 위한 아이디어"에서 볼 수 있듯이.

이 장에서, 당신은 마케팅 전망 뿐 아니라 개인적인, 기술적인, 또 운영 관리와 경제적 전망을 통해 대부분의 사업가들이 우선적으로 고려하는 사업 아이디어의 가능성을 시험하게 될 것이다. 어느 한 부분에서라도 부족한 경우에는 "시작의 실패", 즉 순조롭게 출발하지 못하는 아이디어로 결론이 날 것이다.

> **다른 사람을 위한 아이디어**
> 야구 연습용 기계가 야구공을 던지듯이 농구공을 코트에 던지는 농구 연습 기계의 개발과 연구에 300시간을 들였건만, 기업가 성공사례의 제임스 쉬한(James Sheehan) 박사는 그의 아이디어에 관심을 갖는 사람을 아무도 찾을 수 없었다. 10년이 지난 지금, 그가 구상했던 것을 그대로 하는 DISH라는 기계는 불티난 듯 팔리고 있다.

적합성 분석 Feasibility Analysis

사업의 가능성은 기업의 내부 및 외부 환경의 요인에 의해 결정된다. 내부는 조직과 창업자 그리고/혹은(and/or) 창업 팀으로 이루어진다. 외부 요인은 시장이다. 이처럼, 실행 가능성은 그림 14.1에서 보듯이 많은 변수들의 다양한 상호작용에 의해 결정된다.

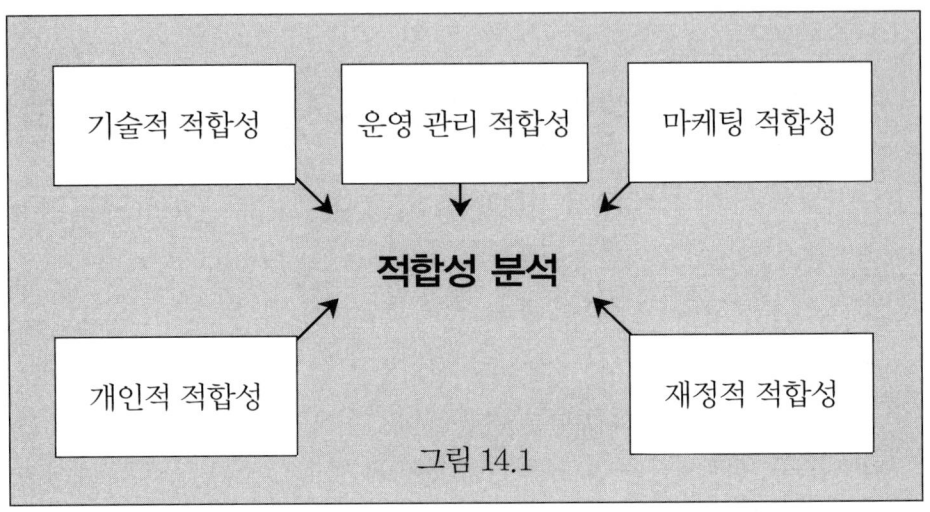

그림 14.1

각각의 분야에 있어서 당신의 사업 아이디어를 평가하기 전에 이 분야들을 깊이 있게 검토해보자.

개인적 적합성 Personal Feasibility

다른 무엇보다도, 당신의 사업은 자신의 개인적 목표와 미래에 대한 비전에 도달할 수 있도록 도움이 되어야 한다. 6장에서, 그러한 것들이 무엇인지를 명확히 하였다.

개인적 목표에 대해 사업을 평가할 때, 첫 번째는 당신의 사업이 당신이 원하는 라이프스타일을 제공할 수 있는지에 특별히 주의를 기울여라. 이는 근무시간과 스케줄의 유동성을 포함한다. 예를 들어, 당신이 여행을 떠나거나 개인적 취미 생활을 즐기기 좋아하는 사람이라면, 소매업은 정말로 좋은 조력자가 있지 않은 한 당신에게는 맞지 않는다.

둘째, 근무 환경 역시 중요하다. 원하는 수준의 사회적 교류를 갖는 것은 근무 환경의 주요한 부분이다. 당신이 외향적이고 사람들과 만나는 것을 즐긴다면, 재택 근무는 당신에게 고립감을 줄 수 있다. 이는 내 친구의 경우였는데, 그녀는 집에서 보험 사업을 운영하였다. 그녀는 결국 사업을 포기하고 소매업에서 직업을 찾았다. 그 일은 그녀에게 더 많은 사회적 교류를 제공했다. 재택 근무는 나에게는 매우 잘 맞는다. 남편이 퇴직하기 전에는 집이 조용해서 애완견에게 많은 얘기를 했다. 지금은 조용한 것이 문제시 되지 않는다.

이러한 종류의 고려들은 중요하지 않아 보일지라도, 당신이 일하는 시간을 얼마나 투자할 것이냐를 고려해 본다면 중요한 일이다.

마지막으로, 사업에 내재되어 있는 재정적 리스크의 양은 개인적 관점에서 실현 가능한 것인지 아닌지를 결정하는 요인이 된다. 이 책을 통해, 우리는 위험이 낮은 사업이 자산을 보호하고 싶어 하는 대부분의 베이비붐 세대에게 적합한 사업임을 강조해왔다. 우리는 위험을 어떻게 받아들이고, 때때로 역경을 극복하기 위해 얼마나 노력하는지에 대해서 각자가 모두 다르다. 그런데 적어도 밤잠을 못자며 걱정을 하는 상황은 만들지 않도록 하여야 한다. 이것은 재정 고문 수즈 오먼(Suze Orman)이 TV에서 또 신문 기사를 쓸 때마다 강조하는 내용이다.

이제 실전 단계 14.1에서 당신의 사업이 개인적인 계획과 얼마나 맞는지를 확인해보자. 당신의 사업은 개인적 적합성을 지니는가?

실전 단계 14.1
리트머스 시험 – 개인적 적합성
litmus test–personal feasibility

다음 표의 각 질문들에 "예", "아니오" 혹은 "잘 모르겠음" 에 체크(∨) 표시로 대답하라.

질문항목	예	아니오	잘모름
1. 당신의 사업이 당신의 개인적 목표 그리고 직업적 목표에 도달하고 당신의 미래를 위한 비전을 만들 수 있게 해주는가? (실전 단계 6.1, 91쪽에서 작성된 개인적인 꿈과 직업적인 목표 참조)	☐	☐	☐
2. 당신의 사업이 이상적인 근무 환경을 제공할 것인가?	☐	☐	☐
3. 당신의 사업에 내재한 위험의 정도를 견딜 수 있는가?	☐	☐	☐
4. "아니오" 라고 대답한 항목이 하나라도 있다면, 사업을 수정해 그 답을 "예"로 바꿀 수 있는가? 그렇다면, 어떻게?	☐	☐	☐
결론: 당신의 사업이 개인적인 적합성을 지니는가?	☐	☐	☐

다른 대량 판매의 큰 도전(Large Quantities, Big Challenges)

데일(Dale)은 수제 낚시 미끼를 판매했다. 미끼의 인기 때문에, 대형 스포츠 용품 판매점에서 그 미끼를 판매하는 것에 관심을 표명해왔다. 물론, 데일은 그 모든 제품을 직접 만들 수는 없었고, 노동자를 고용하는 것은 높은 비용이 들었다. 해외에 아웃 소싱하거나 장비를 사는 등 높은 비용이 드는 것을 비롯한 여러 방법들을 탐색해 본 후, 그는 대형 계약을 포기하고 취미로 그 미끼를 만드는 것을 계속하기로 결정했다. 데일에게 이런 결정은 원하는 일을 하며 동시에 수익을 올릴 수 있게 해주었다.

기술적 적합성 Technical Feasibility

이는 당신의 능력이 사업에서 필요로 하는 생산과 유통 요구 조건의 충족여부와 관련이 있다. 하루에 12개의 파이를 만드는 것은 사업이라기보다는 취미이다. 많은 양의 파이를 만드는 것이 전혀 다른 규모의 생산 설비를 요구하는 게 아니라면, 많은 양을 만들고 유통하기 위해 생산을 증가시켜야 한다.

당신의 목표와 소비자의 필요에 맞는다면, 어떠한 생산 수준이라도 괜찮다. 소비자 수요가 사업자들에게 제기한 대량 생산 문제에 대해 다음 두 짧은 글, "대량 판매의 큰 도전"과 "생산은 계획보다 오래 걸린다"에서 읽어보자.

제품의 기술적 적합성을 고려함에 있어, 당신의 주요한 결정 중 하나는 직접 생산할지, 생산을 아웃소싱할지 결정하는 것이다. 자체적으로 생산한다면, 기술적 고려에는 생산 설비의 크기, 종류와 위치가 포함된다.

많은 기업가들은 제품을 "생산"하기보다는 유통시킨다. 그런 경우라면, 당신의 기술적 적합성에 대한 평가는 질 좋은 도급 업체나 판매사를 찾는 것이 중요하다.

서비스 사업을 하고 있거나 고려중이라면(컨설팅, 웹디자인, 가내 간호 등) 당신의 "생산" 즉, 서비스 수입은 다른 사람이 도와주지 않는 한 당신이 일할 수 있는 낮 시간으로만 제한된다. 서비스 사업에서 판매를 늘리는 다른 방법은 당신의 서비스에 상품 판매를 추가하는 것이다. 미용실은 이것에 관해 전문가이고 다양한 가발이나 개인 상품들을 스타일리스트들이 고객에게 판매한다. 한 미용실이 상품 판매에 있어 매우 효과적으로 된 예를 소개하자면, "아이들을 위한 미용실"을 읽어보라.

당신의 상품이나 서비스를 기술적인 관점에서 생각하는 것을 돕기 위해, 당신의 제품이나 서비스가 어떻게 기원했으며, 어떻게 생산되고 최종적으로 소비자에게 어떻게 도달하는지에 관한 플로우 차트(flow chart)를 작성해보라.(*역자주: 서비스의 경우에는 고객의 탐색→ 방문→ 구매 → 사용 → 보완→ 유지→ 폐기와 같이 서비스 단계별로 구체적으로 쓰는 것이 필요하다) 당신이 서비스를 제공한다면, 서비스를 제공하는 것을 통해 소비자와 처음으로 접촉하게 되는 것을 생각해보라. 진단과 분석에서 플로 차트의 초안을 작성하라.

그리고 당신이 제품을 생산하거나 서비스를 제공하기 위해 필요한 설비, 도구와 전문 지식에 대

생산은 계획보다 오래 걸린다

작은 기술 사업의 설립자는 박람회에 정기적으로 참여해 잠재적 구매자들에게 제품을 보여주고, 관심 있는 사람들의 명함 무더기를 가지고 돌아왔다. 그러나 그 제품은 생산 단계에 있지 않았다—그것은 여전히 "정제되고 있는" 상태였으며 몇 달이나 그것이 이어져, 결국 잠재적 소비자들은 흥미를 잃거나 다른 제품들을 구입했다.

아이들을 위한 미용실

이것은 세 미용실이 아이들의 커트와 스타일링을 전문화한 체인점중 하나이다. 설립자인 폴라 써먼(Paula Thurman)은 그들의 미용 서비스에 더해, 그들의 사업 수익의 큰 비중을 상품 판매가 차지했다고 밝혔다. 폴라가 말하길 "경기 침체 이전에," 아이들을 위한 미용실의 소매 측면은 판매의 35~39%까지 극적으로 증가했습니다. 그 이후로는 안정적으로 20% 대에 머물고 있어요." 그들의 가장 잘 팔리는 상품은 장난감이다! 더 자세한 정보는 홈페이지 www.shearmadnesskids.com을 참조하라

진단과 분석

해 생각해보라. 그렇게 하는 것은 당신이 플로우 차트에서 확인한 각 활동이나 기능에 관련된 비용에 관해 생각할 수 있게 한다. 마지막으로, 플로우 차트의 어떤 활동이나 기능이 아웃소싱될 수 있으며 어떤 것을 반드시 직접 해야 하는지를 고려하라. 아웃소싱은 사업의 초기 비용을 줄이는 효과적인 방법이 될 수 있고, 어쩌면 운영비용도 줄일 수 있을지 모른다.

앞 장의 「실전 단계 13.1」의 시장 자료 조사 항목들에서, 필요한 기술적 정보를 확인하고 조사를 시작했다. 이제 그 기술적 관점들을 당신의 사업에 비추어보고 다음의 질문들에 답하라.

다음 표의 각 질문들에 "예", "아니오" 혹은 "잘 모르겠음"에 체크(∨) 표시로 대답하라.

질문내용	예	아니오	잘모름
당신의 사업에 필요한 기술적 전문 지식이나 기술들을 나열하시오. _____ _____ _____ _____			
1. 이러한 기술적 능력들을 지니고 있거나, 그러한 다른 사람을 찾았는가?	□	□	□
2. 필요한 도급업자, 하도급 업자나 벤더를 확인했는가?	□	□	□
3. 생산이나 유통 능력이 충분한가?	□	□	□
4. 당신의 사업에 영향을 미칠 수 있는 관련 정부나 지역의 규제들을 확인했는가?	□	□	□
결론: 당신의 사업이 기술적 적합성을 지니는가?	□	□	□

통찰력 혹은 지혜

당신의 한계를 알고 그를 극복하기 위해 당신이 찾을 수 있는 최고로 재능 있는 사람들을 데려오거나 그들과 계약하라.

운영 관리 적합성 Management Feasibility

당신이나 당신의 팀(있다면)이 "이것을 이끌어낼" 능력을 지니는가? 각 사람이나 팀은 독특한 기술, 특성이 재능을 사업에 기여한다. 그것들이 당신의 사업의 필요와 얼마나 잘 맞는가?

사업 자체를 신중히 살펴보고 어떠한 운영 관리 전문 지식이 필요한지를 아는 것은 이 결정을 내리는 시작점이다. 그렇게 한 후, 당신과 당신의 팀의 기술과 경력을 살펴보라. 당신은 어떤 기술을 가지고 있는가? 당신이나 다른 사람들이 해당 산업이나 창업의 경험이 있는가? 발견된 부족 함들이 또 다른 재능 있는 사람이나 파트너를 데려오거나, 다른 사람들을 고용하거나 그들과 계약하거나 자문위원회를 조직하는 것을 통해 해결될 수 있는가?

한 투자자가 나에게 말하기를, "전 A급 아이디어와 B급 경영보다는 B급 아이디어와 A급 경영을 선호해요." 이는 사업의 성공과 실패를 결정하는 것이 팀이라는 것이다. 사업을 혼자 이끌어간다면, 당신의 팀은 당신이 필요에 따라 접촉하는 전문가나 당신이 주기적으로 상담하는 동료들과의 관계에서 멀어질 것이다.

다음의 실전단계도 활동은 강점과 개발이 필요한 부분을 확인하기 위해 당신과 당신의 팀(있다면)의 기술을 다시 살펴보게 한다.

14.3 실전 단계 14.3
리트머스 시험—운영 관리 적합성
litmus test—management feasibility

다음 표의 각 질문들에 "예", "아니오" 혹은 "잘 모르겠음"에 체크(∨) 표시로 대답하라.

질문내용	예	아니오	잘모름
아래의 사업과 관리 기술의 일부 목록을 다시 살펴보고 추가적인 것이 있으면 e(기타) 아래에 추가하라. a. 재정 관리 노하우 b. 마케팅과 판매 노하우 c. 계획, 조직 관리와 리더십 d. 컴퓨터 기술 e. 기타 (당신의 특정 사업과 관련된 것들을 나열하라) _____ _____ _____ 1. 당신은 이 기술 중 어떤 것을 가지고 있는가? 2. 다른 사람들에게서 어떤 기술을 얻을 생각인가?			
3. 당신 혹은 당신의 팀 구성원이 관련 산업 전문 지식과 경험과 창업 경험이 있는가?	☐	☐	☐
4. 은행직원, 회계사, 변호사, 마케팅 전문가나 소기업 컨설턴트와 같은 사람들과 인프라를 구축하고 있는가?	☐	☐	☐
5. 당신(당신의 팀)의 강점은 무엇인가?			
6. 사업이 성공하기 위해서 강화해야 하는 기술들은 무엇인가?			
결론: 사업에 대한 운영 관리 적합성을 지니는가?	☐	☐	☐

14.3

통찰력 혹은 지혜

예상 판매량은 유통 채널에 대한 접근정도에 크게 영향을 받을 수 있다. 어떤 산업에 처음인 사람들은 이미 구성된 유통 구조에 들어가는 것이 얼만 큼 어려운지에 대해 과소평가하는 경향이 있다.

시장 적합성 Market Feasibility

소비자들이 당신의 제품이나 서비스를 당신이 이익을 올릴 수 있는 충분한 양과 가격에 구매할 것인가? 이것이 알고 싶은 주요한 질문이다.

"누구라도 1달러를 95센트에 팔수는 있다."
작자 미상

위 질문에 대한 답변은 당신과 같은 종류의 상품이나 서비스에 대한 일반적인 시장 수요가 있는 지 또 그 수요에 응할 수 있는 공급자가 얼마나 있는지에 의해 어느 정도 결정된다. 즉, 당신이 유일한 공급자인지, 무수히 많은 공급자 중 한 명인지를 말한다. 각각의 요인들을 깊이 있게 살펴보자.

시장 수요 Market demand

큰 그림을 먼저 보라—산업과 그것이 국가적 혹은 세계적 수준에서 얼마나 잘 유지되고 있는가. "산업 전망" "(당신의 산업명)"을 검색해보라. 이는 어떠한 상태인지에 관한 일반적인 개념을 제공하기에 충분할 것이다. 다시 한 번 말하지만, 시장 조사는 복잡할 필요가 없다.

그리고 나서 작은 그림을 살펴본다. 즉, 당신의 특정 산업 지역에서의 표적 시장의 수요를 살펴본다. 이 시장과 관련된 2차 조사 데이터를 찾는 것이 어려울 수 있다. 어떤 경우에는 표적 시장의 구성원을 조사했던 실전 단계 12.1과 12.2에서와 유사하게, 1차 조사를 통해 수요를 가늠해야 할 수도 있다.

최종 소비자 수요는 예상 판매량을 측정하는 데 유일한 고려 요소가 아니다. 당신이 유통업자나 소매업자를 통해 판매한다면, 그들이 새 공급자에게 얼마나 개방적인지 역시 고려해야 한다. 예를 들어, 과거에는 책의 보급이 기본적으로 주요 출판업자들을 통해 이루어졌다. 작가들이 수요자에게 책을 팔기 위해서는, 대리인이나 출판업자를 필요로 했다. 지금은 작은 출판사, 자체 출판이나 온라인 책 소매점을 통해, 작가들은 소비자에게 접근할 훨씬 많은 기회를 갖게 되었다.

경쟁 환경 Competitive environment

당신이 사업을 운영하게 될 환경은 얼마나 경쟁적이며, 경쟁의 기본은 무엇인가—품질? 가격? 위치? 효율적인 유통? 서비스?

첫째, 당신의 주요한 경쟁자가 누구인지를 알아내라. 직접적인 경쟁자와 간접적인 경쟁자를 모두 고려해야 한다. 예를 들어, 세차장을 운영하고 있다면, 직접적인 경쟁자는 다른 세차장이다. 간접적인 경쟁자는 주유소나 기금 모금을 위해 세차하는 교회들처럼 부차적으로 세차를 제공하고 있는 쪽이다. 직접적 경쟁자이든지, 간접적 경쟁자이든지 모두 소비자의 지갑을 열기 위해 경쟁한다. 어떤 사람이 자신은 경쟁자가 없다고 말할 때, 그것은 보통 "직접적인" 경쟁자가 없다는 뜻이다. 지금은 당신의 직접 및 간접적 경쟁자에 대해 생각하고 진단과 분석에서 그들을 확인할 좋은 때이다.

지역 경쟁자들에 관한 정보는 찾기 힘들 수 있다. 도움이 되는 웹사이트는 www.manta.com이다.(*역자주: 국내 정보는 sg.smba.go.kr에서 업종별로 지역별로 제공하고 있음) 이 사이트에서, 사업의 유형과 위치에 따라 검색할 수 있다. 정보는 업종별로 그리고 개인 사업자별로 수입, 개업일자, 고용인 수와 연락처를 제공하고 있으며 정보를 얻으려면 회원 가입을 해야 한다. 소매 사업을 하고 있으면, 지역 신문이나 인터넷의 옐로우페이지닷컴(Yellopages.com)(*역자주: 국내에서는 전화번호 사이트에 해당함)에서 당신의 경쟁자를 찾아보라. 지역 도서관에서 지역 사업들에 관한 정보를 찾아볼 수 있다.

해당 업종 분야의 경쟁자 수 뿐 아니라, 경쟁자들로부터 스스로를 차별화할 수 있는 자신의 능력에 대해서도 생각해봐야 한다. 194쪽에서 확인한 경쟁 우위가 충분한가?

「실전 단계 14.4」에서 사업의 시장 적합성에 관한 8가지 질문에 답하게 된다. 「실전 단계 13.1」의 시장 조사자료 항목들을 마친 후 시작한 그 조사는 아래의 질문들에 답하는 데 도움을 줄 것이다. 지금 대답할 수 없으면, 조사를 계속하고 더 많은 정보를 얻은 후 이 실전 단계를 다시 시도하라.

진단과 분석

당신의 직접적인 경쟁자는 누구인가?

————————

————————

————————

————————

당신의 간접적인 경쟁자는 누구인가?

————————

————————

————————

————————

통찰력 혹은 지혜

당신은 경쟁자에게서 많은 것을 배울 수 있다. 그들이 무언가 적절하지 않은 일을 했다면 그들은 아직도 사업을 하고 있지 않을 것이다.

14.4 실전 단계
리트머스 시험-시장 적합성 litmus test-Market Feasibility

다음 표의 각 질문들에 "예", "아니오" 혹은 "잘 모르겠음"에 체크(∨) 표시로 대답하라.

질문내용	예	아니오	잘모름
1. 당신의 제품이나 서비스에 명확히 확인된 표적 시장이 있는가? 있다면, 설명하라:	☐	☐	☐
2. 표적 시장이 당신의 제품이나 서비스를 당신이 제시하는 가격에 구매할 수 있는 능력이 되는가?	☐	☐	☐
3. 표적 시장에 쉽게 접근할 수 있는 방법이 있는가?	☐	☐	☐
4. 시장에서 다른 이들로부터 당신의 제품/서비스를 차별화할 수 있는가? 있다면 무엇인가?	☐	☐	☐
5. 경쟁자들이 두드러지는 약점을 지니고 있는가? 있다면 무엇인가?	☐	☐	☐
6. 소비자들이 당신의 제품/서비스에 필요로 하는가?	☐	☐	☐
7. 중간 공급자(유통/판매인)가 당신의 제품이나 서비스와 같은 새로운 공급자를 필요로 하는가?	☐	☐	☐
8. 당신의 제품이나 서비스에 대한 수요가 상대적으로 강하거나 성장 중인가?	☐	☐	☐
9. "잘 모르겠음"이라고 대답한 항목들에 있어서, 더 명확한 답변을 하려면 어떤 정보가 더 필요한가?			
결론: 당신의 사업이 마케팅 가능성을 지니는가?	☐	☐	☐

재정적 적합성 Financial Feasibility

재정적 적합성이란 간단하게 말하면, 사업을 시작하기 위해 당신의 돈이나 또는 다른 사람으로부터 조달할 충분한 돈을 가지고 있는지? 그리고 당신의 사업이 그 자체로 유지할 수 있을 만큼의 충분한 이익을 만들어낼 것인가? 에 관한 것이다.

창업 초기 자금에 대한 예산은 사업을 시작하기 위해 무엇이 필요한지를 말해준다. 기본적인 수익성 분석은 당신이 기대할 수 있는 이윤폭에 대해 알려준다. 그리고 나서 사업의 장기적 유지 가능성을 알려준다. 이러한 분석을 통해서 당신 사업의 재정적 위험과 보상이 받아들여질 수 있는 것인지를 판단할 수 있다.

창업 초기 자금과 지출 Start-up Founding and Expenditures

이것은 당신의 첫 재정적 예측이고, 굉장히 중요한 것이다. 말하자면, 이것은 당신이 개점할 수 있을지 없을지를 말해준다.

많은 사람들이 내 컨설팅 사업이 그랬듯이 초기 자금이 가장 적은 저 위험 사업을 시작하는 것을 고려할 가능성이 높다. 아래의 초기 자금과 지출 예산 예시는 저 위험 사업을 위한 것이다. 각 범주의 항목의 예시도 포함되어 있다. 어떤 항목들은 당신의 사업과 무관할 수도 있고, 다른 것이 추가되어야 할 수도 있다. 이 예시에서, 초기 자금은 18,000천원(*역자주: 원저를 이해하기 쉽게 국내 단위로 전환하고 지출 항목도 국내 현실에 맞춰 조정함)이고 초기 비용과 지출은 총 10,200천원이다.

인생의 대부분의 것들은 당신이 예상한 것보다 더 많은 비용이 든다. 따라서 예상하고 준비해야 한다. 초기 자금이 초기 지출을 감당할 수 있을 만큼 충분한지를 확인하고 싶을 것이다. 또한 사업이 이득을 내기 전까지 운영하는 데 드는 비용을 준비하기 위해 초기 자금과 초기 지출 사이에 얼마만큼의 대비책이 필요한지도 고려해야 한다. 사업을 시작하는 것과 그것을 유지시키는 것은 다르다.

14.4

창업 초기 자금과 지출 사례(단위: 천원)			
창업 초기 현금(1 열)	1 열	2 열	3 열
자기 자본	18,000		
대출			
창업 초기 현금 합계(3 열)			18,000
창업 초기 비용(1 열)			
회사 설립 비용	500		
사무용품비	200		
개점 전 광고비(간판비포함)	1,200		
인쇄비	400		
소프트웨어 비용	2,000		
임차 보증금	7,000		
임차료	600		
초기 제품(재료)비			
회의비용	500		
기타 보증금			
기타 비용			
창업 초기 비용 합계(2 열)		12,400	
시설 투자금(1 열)	1 열	2 열	3 열
컴퓨터 설비	1,300		
사무실 설비	3,000		
총 시설 투자금(2 열)		4,300	
창업초기 비용과 시설 투자금 합계 (2열계: 3열)			16,700

"정확한 비용을 모르겠어."라고 말할 지도 모르겠다. 이 시점에서는 대강 계산하는 것도 괜찮을 수 있다. 그러나 현실적인 수치들을 수집하는 데 많은 노력을 하면 할수록, 당신의 예측에 근거한 결정을 내릴 때 더 자신감을 가질 수 있다. 은행 대출은 사업의 시작 단계에서는 받기 어렵다.

대부분의 사업가들은 사업을 시작하기 위해 개인적 저축과 친구와 가족들로부터의 투자에 많이 의존하고 있다. 돈을 빌리거나 투자를 받을 생각이 없다고 해도, 사업상의 참고와 재정 계획을 위해 창업 초기 비용을 추정할 필요가 있다.

50세를 넘은 사람들의 장점은 자신의 사업에 투자하거나 대출에 담보로 쓸 수 있는 축적된 재산이 있을 수 있다는 것이다. 그러나 그 재산들을 가지고 있다고 해서 창업하는데 그 돈을 쓰는 것이 현명하다는 뜻은 아니다. 이 책 전반에 걸쳐 당신이나 주변 사람의 재정적 미래를 위험으로 밀어 넣을 수 있는 투자에 대해 경고해왔다.

아래 표의 창업 초기 자본과 지출 예측은 당신이 창업에 따른 위험을 감당할 수 있는 것인지를 결정하게 한다.

실전 단계 14.5는 사업을 시작할 때 어느 정도의 돈이 필요한지에 대해 결정하는 것을 도와줄 것이다.

실전 단계 14.5a
14.5a
리트머스 시험—재정적 적합성 litmus test—Financial Feasibility
창업 초기 자본과 지출 start-up funding and expenditures

아래의 초기 예측을 하고 이어지는 질문에 답하라.

창업 초기 자본과 지출 사례(단위: 천원)			
창업 초기 현금(1 열)	1 열	2 열	3 열
자기 자본			
대출			
창업 초기 현금 합계(3 열)			

14.5a

창업 초기 비용(1 열)			
회사 설립 비용			
사무용품비			
개점 전 광고비(간판비포함)			
인쇄비			
소프트웨어 비용			
임차 보증금			
임차료			
초기 제품(재료)비			
회의비용			
기타 보증금			
기타 비용			
창업 초기 비용 합계(2 열)			
시설 투자금(1 열)			
컴퓨터 설비			
사무실 설비			
총 시설 투자금(2 열)			
회의비용			
창업초기 비용과 시설 투자금 합계 (2열계: 3열)			

결론: 사업을 시작할 충분한 자금이 있는가?

(예, 아니오, 잘 모르겠음)

창업 초기 필요 자본에 대한 신중한 검토는 당신이 필요한 총 자금을 감소시킬 수 있는 방향으로 사업 컨셉을 바꾸게 할 수 있다. 책의 앞부분에서, 그 방법들을 알아보았다. 그리고 지금은 그 방법들을 다시 살펴 볼 좋은 때이다. 예를 들어, 당신이 사업을 시작하고 싶어 하는 제과점이나 화원이 비용이 많이 든다는 사실을 알았다면, 훨씬 적은 비용으로 결혼식 케이크를 만들거나 결혼식장용 꽃꽂이를 하는 것으로 만족할 수도 있다. 즉, 당신의 사업이 "축소"될 수 있는지 없는지를, 그리고 적은 투자금으로 당신이 원하는 즐거움과 이익을 거두게 할 수 있는지를 고려하라.

> *당신의 사업 시작은 당신이 예상했던 것보다*
> *두 배의 돈이 들고 두 배의 시간이 걸릴 것이다.*
> 작자 미상

기본적인 수익성 Basic Profitability

사업을 시작하기 위해 기초 자금을 갖추는 것 이외에도, 사업이 유지되면서도 당신에게 재정적 보상을 제공할 수 있을 만큼의 충분한 이득을 낼 수 있는지를 확인해야 한다. 이를 결정하는 기본적인 등식은:

$$판매금액 - 지출액 = 순이익$$

이는 간단한 개념이다. 또한 이는 우리가 다음 장에서 살펴볼 손익 계산서의 기본적인 구조이기도 하다.

대부분의 지출은 판매량과 직간접적으로 관련이 있기 때문에, 당신이 예측하는 판매량이 상당히 중요하다. 그렇다면 어떻게 판매를 정확하게 예상할 것인가? 이전에 시작했던 조사는 판매량을 예측하는데 그 기초를 제공한다. 그러나 추가적인 조사가 필요하다. 예를 들어, 당신의 산업에서 비슷한 기업들의 연 평균 판매량은 얼마인가?

미국의 산업별 기업들의 연평균 판매량 통계는 다음의 두 책을 참고함으로써 알 수 있다. 'Dun & Bradstreet's Industry Norms&Key Business

Ratios'와 'Risk Management Association의 RMA Annual Statement Studies' 이다. 이 정보는 NAICS(북미 산업 분류 체계) 혹은 SIC(표준 산업 분류)에 의해 구성되었으며, 대, 중, 소규모 회사의 업종 자료를 제공한다. NAICS는 최신 분류 체계이며 최근의 기술과 서비스 산업을 더 많이 제시한다. NAIC 코드를 알고 싶으면 미국 센서스 NAICS 웹사이트를 방문하라.(www.census.gov/naics) 웹페이지의 좌측에 "키워드 입력"이라고 쓰여 있는 빈칸에 당신의 산업명을 입력한다. 여러 가지 변수들을 시도해야 할 수도 있다.

혹은 NAICS나 SIC와 당신의 사업 종류를 인터넷에서 검색해 코드를 찾아볼 수도 있다. 이것으로 원하는 결과를 얻지 못했으면, 관련 코드를 찾기 위해 당신의 사업을 특정한 종류보다는 넓은 범주에서 생각하라.

많은 산업에 관한 재정적 기본 자료를 얻는 데에 굉장히 도움이 되는 웹사이트는 www.entrepreneur.com이다.

산업과 기업 정보를 찾을 수 있는 다양한 방법들 이외에, 두 번째 방법은 동업종 CEO들에게 문의하는 것이다. 당신의 상권과 먼 거리에 있는 유사한 사업을 운영하고 있는 기업가들로부터 듣는 것이 굉장히 도움이 될 수 있다. 그들은 자신들의 정확한 판매량과 수익은 알려주지 않을 수 있지만, 당신과 같은 종류의 사업의 평균적인 판매량과 수익에 대해서는 기꺼이 알려줄 것이다.

지출을 예측하는 데에 있어서도 마찬가지로 동종 기업가들이 도움이 된다. 제품을 제조할 것이라면, 지출을 제품매출원가(제품을 생산하는 데 드는 직접적인 비용, 즉, 재료와 인건비)와 판매 관리 비용(생산에는 직접적으로 관련이 없는 일반적인 사업 운영과 관련된 지출)의 두 범주로 나눌 필요가 있다.

> **수익성 등식**
> 매출액 – 매출 원가 = 매출 총이익 – 판매비와 관리비 = 영업 이익

당신의 수익성 평가에 대해 여기서 살펴보자. 당신과 같은 유형의 사업 표준 원가 가산율(mark-up, 매출액/매출원가)과 매출액을 아는 것은 순수익을 예측하는 데 매우 유용한 도움이 된다. 첫 해에 300,000천원의 매출을 올린 작은 의류 매장을 가지고 있다고 가정하자. 또한 매출원가는 정확히 매출액의 절반이고 판매 관리 비용은 월 9,000천원, 즉 연 108,000천원 이라고 하자.

당신의 수익성 평가표는 이렇게 나타난다.

제조업

수익성 평가			
매출액 – 매출 원가	300,000천원 150,000천원		
= 매출 총이익 – 판매비와 관리비		150,000천원 108,000천원	
= 영업이익			42,000천원

이제 매출원가가 있는 소매점 대신, 컨설팅 사업을 한다고 해보자. 첫 해에 200,000천원의 매출을 올렸다고 하자. 판매 관리 비용 170,000천원에는 최소한의 사무실 지출과, 당신 자신, 그리고 하청 계약을 맺은 다른 두 명의 컨설턴트의 급여가 포함되었다. 당신의 수익성 등식은 다음과 같이 나타난다.

서비스업

수익성 평가		
매출액 – 판매비와 관리비	200,000천원 170,000천원	
= 영업이익		30,000천원

주의해야 할 점은 위의 예에는 매출 원가가 없다.

만약 소규모의 저자본 사업을 시작하는 것을 고려하고 있다면, 당신의 창업 초기 자본과 지출을 계산하는 것과 기본적인 수익성 등식을 완성하는 것이 당신이 시작하는 데에 필요한 재정적 예측의 전부이다. 더 큰 재정적 필요와 위험을 포함한 사업을 시작할 계획이라면, 손익 계산서와 현금흐름표도 완성해야 한다. 다음 장에서 이것에 대해 더 살펴볼 것이다. 재무제표(손익계산서, 재무상태표, 현금흐름표)를 작성하는데 더 많은 생각과 조사를 쏟아 부을수록, 이러한 정보에 근거로 한 결정을 내릴 때에 더 많은 자신감을 지닐 수 있게 된다.

"정보는 불확실성을 극복하는 비결이다." –작자미상

14.5b
실전 단계
리트머스 시험–재정적 적합성 litmus test–Financial Feasibility
수익성 profitability

아래 표에 사업 첫 해의 수익성 평가표를 완성하고 다음 질문에 답하라.

당신의 수익성 평가			
매출액	＿＿＿＿ 천원		
– 매출 원가 (제조업의 경우)	＿＿＿＿ 천원		
= 매출 총이익		＿＿＿＿ 천원	
– 판매비와 관리비 (모든 사업의 경우)		＿＿＿＿ 천원	
= 영업이익			＿＿＿＿ 천원
결론: 수익성이 사업을 유지하고 당신이 원하는 수익을 제공하기에 충분하다고 여겨지는가? (예, 아니오, 잘 모르겠음)			

적합성 결론? Will It Work?

모든 각각의 적합성 평가로부터 얻은 정보를 한데 모아 당신의 사업 아이디어의 가능성에 대한 결론을 내야 할 때이다. 실전 단계 14.1에서 14.5까지의 답변들을 다시 살펴보고, 실전 단계 14.6의 질문에 답하라.

아래의 각 질문들에 "예", "아니오" 혹은 "잘모름"에 체크(∨) 표시로 대답하라.

질문내용	예	아니오	잘모름
1. 실전 단계 14.1 당신의 사업이 개인적 적합성을 지니는가?	☐	☐	☐
2. 실전 단계 14.2 당신의 사업이 기술적 적합성을 지니는가?	☐	☐	☐
3. 실전 단계 14.3 당신의 사업이 운영 관리 적합성을 지니는가?	☐	☐	☐
4. 실전 단계 14.4 당신의 사업이 마케팅 적합성을 지니는가?	☐	☐	☐
5. 실전 단계 14.5a 당신의 사업이 창업 초기 자본과 지출 면에서 재정적 적합성을 지니는가?	☐	☐	☐
6. 실전 단계 14.5b 당신의 사업이 수익성 측면에서 재정적 적합성을 지니는가?	☐	☐	☐
7. "아니오"라고 답한 항목이 있다면, 그것을 가능하게 만들기 위해 사업을 변화시킬 수 있는가?	☐	☐	☐
8. 지금 이 시점에서 당신의 사업 아이디어를 "하자(GO)"라고 생각하는가?	☐	☐	☐

위의 질문 1에서 6까지 "예"라고 대답했다면, 당신의 사업은 "하자(GO)" 쪽이지만, 그것이 꼭 당신이 사업에 당장 뛰어들어 시작할 준비가 되었다는 의미는 아니다. 다음 단계는 간략한 사업 계획을 작성하는 것이다. 외부 투자자를 찾고 있거나 당신의 사업이 상당한 위험을 안고 있다면, 그 간략한 사업 계획을 확장시켜서 전통적인 사업 계획을 작성해야 한다. 전통적인 사업계획서는

더 광범위하고 3~5년 정도의 장기간의 재정적 전망을 필요로 한다.

만일 위의 질문 1에서 6까지의 몇몇 답이 "아니오"라면, 당신의 사업은 "하지 말자" 쪽이다. 당신의 적합성 분석에서 사업 컨셉의 심각한 단점들을 찾아내게 한다. 이 특정한 사업으로는 당신이 더 이상 계획을 하지 않을 가능성이 높다. 단 하나의 질문에만 "아니오"라고 대답을 했더라도, 그 한 항목은 그 중요성과 그것을 만회할 수 있는 당신의 능력에 따라 더 이상 진행하지 못하게 하는 걸림돌이 될 수 있다. 예를 들어, 당신의 아이디어가 아무리 좋은 것이라고 할지라도, 그 아이디어를 시작하기 위한 충분한 돈을 조달 할 수 없다면 적어도 그 상황이 만회될 수 있을 때까지는 그것은 창업을 못하게 하는 걸림돌이 된다.

만약 질문 1에서 6까지의 몇몇 답들이 "잘 모르겠음"이라면, 사업을 시작할지 말지를 결정하기 위해 추가적인 조사가 필요하다.

당신의 적합성 분석의 결과에 무관하게, 당신은 적합성 절차를 거치는 동안 많은 것을 배웠다. 이 전략적 계획 과정은 당신이 시작하고 싶은 사업을 발견할 때까지 계속 반복해서 활용될 수 있다. 사업 계획 과정과 밟아야 할 다음 단계에 대해서는 이 책의 마지막 두 장에서 다루어진다.

"계획하기에 실패했다면, 당신은 실패하기로 계획한 것이다."
작자 미상

성공 기업가 사례의 서론

개리(Gary)와 샤론 던칸(Sharon Duncan)은 액자와 액서서리 전문의 소매점인 프레임웍스 기프트 앤 인테리어(Frameworks Gifts and Interiors)를 구매하기로 결정했다. 그곳은 그들의 개인적인 목표에 부합했으며 개인적인 면, 운영 관리 측면, 기술적인 면 그리고 재정적 관점에서 적합했다. 그러나 나중에 그들은 새로운 정보(그들이 처음에 더 많은 조사를 했다면 분명히 알 수 있었을 정보)를 알게 됨에 따라 그들이 처음에 실행했던 시장 조사를 조정해야겠다는 것을 알게 되었다.

성공 기업가 사례 Gary Duncan

Frameworks Gifts and Interiors
Retail store specializing in framing and accessories

개리 던칸이 일하던 회사가 2001년에 파산한 후, 개리와 그의 부인 샤론은 그것이 그들의 사업 계획을 실행할 기회라고 생각했다. 식물 육종가로 훈련을 받은 개리는 상업 종자 산업에서 40년 이상을 관리자로서 일해 왔다.

샤론은 상품화에 타고난 재능이 있었다. 개리의 일이 여러 지방으로 옮겨 다니면서 이사해야 하는 일이었기 때문에 샤론은 여러 도시

www.frameworksgiftsandinteriors.com

의 선물 가게에서 그 녀의 재능을 발휘하였다. 준비되어 있는 저금으로, 던칸부부는 손주들과 가까운 미주리 주에 살기로 하고 인수할 사업을 찾기 시작했다. "샤론은 제가 일을 시작하고 CEO가 될 때까지 40년 동안 저를 따라 다녔어요. 이제는 그녀 차례지요."라고 개리가 말했다. "저희는 샤론이 좋아하는 종류의 사업을 찾고 있었어요." 그들이 찾은 사업인 프레임웍스 기프트 앤 인테리어(Frameworks Gifts and Interiors)는 그들의 재능(개리-사업경력, 샤론-인테리어 디자인과 상품화)을 합쳐 무언가 새로운 것을 만들 수 있게 했다.

오늘날 프레임웍스 기프트 앤 인테리어는 미주리 주 중부의 유명한 액자 회사이자 집안 장식품(꽃, 실크, 초와 향, 식기류, 예술작품액자나 사진액자, 시계, 램프와 조명, 핸드백, 보석과 가구)으로 유명한 곳이 되었다. '고급품 시장에 초점을 맞추었고, 연 소득이 $75,000에서 $250,000의 범위 혹은 그 이상인 자들을 공략하여, 올해 사업이 25%이상 성장하게 되었다'라고 개리는 말했다. "8년 전 사업을 인수한 이후로 많은 것들을 조정해야 했어요,"라고 그는 덧붙였다. "프레임웍스를 찾았을 때는 너무 열성적이었는지도 모르겠어요." 개리에게 있어서, 이 열성은 사업 구매 시 필요한 실사(Due diligence, 예를 들어 소비자나 중간 판매자와의 대화)를 하지 못하는 실수를 낳았다. "소비자들은 변했어요. 충분히 많이 살펴보지 않았어요,"라고 개리는 말했다.

경험 있는 최고 경영자와 SCORE(*역자주:1964부터 소기업과 창업자를 무료로 지원하는 비영리단체)의 상담역으로써, 개리는 충분한 기업 실사에 관해 다른 사람들에게 전파해왔는데, 막상 자기 스스로는 실사를 충분히 하지 못했다. "저희는 너무 열성적이었어요," 그는 말했다. "저희는 여기서 살고 싶었습니다. 처음에는 저희가 산 것에 대해 깜짝 놀랐습니다. 사업을 사들였을지는 몰라도, 저희는 완전히 다른 조치를 취해야 했어요."

개리는 사업가가 되는 것의 장점은 가족을 만나거나, 여행하거나 여가를 즐기기 위해 때로는 떠날 수 있다는 것임을 인정했다. 비록 소매점의 속성상 개리와 샤론의 여행을 일주일 이하로 제한되기는 했다. 그들의 여행의 대부분은 댈러스, 캔자스시티와 다른 지역의 선물매장을 둘러보는 것이었다. 그들은 트렌드를 파악하거나 무엇을 팔고 있는지를 확인하기 위해 여행하는 도중 다른 가게들을 방문했다.

개리는 일주일에 50~60 시간을 일하고, 샤론은 60 시간 이상을 일한다. "소매업은 시간이 엄청 빨리 가요. 적당히 될 때가 없죠." 개리는 말했다. 그러나 개리는 그와 샤론이 여전히 삶을 즐기면서, 외식하거나 여행할 시간을 가지면서 또한 정기적으로 SCORE 상담역으로써 봉사 활동을 하고 있다고 말했다. 개리는 완벽한 직원들이 있기에 그런 것들이 가능하다고 했다. "은퇴하고 싶지 않아요, 아침에 일어날 이유는 있어야 하잖아요."

던칸부부는 사업 준비를 할 때 현금흐름표와 함께 사업 계획서를 작성하였다. 그 이유는 은행이 그들에게 요구했으며 개리가 다른 사람들에게 강하게 추천하는 것이기도 했다. "계획이 사업 개요에 불과하더라도, 종이에 써보세요," 그는 말했다. 개리는 자산 그 자체는 부동산 담보 대출에 있어 부수적인 것일 뿐이고, 나머지 투자금에 대해서는 그들이 책을 져야 했다고 밝혔다.

지금까지 많은 교훈들을 얻었는데, 가장 중요한 것은 사업을 시작할 때 조사를 하는 것(사람들과 이야기하거나, 질문하거나, 자문을 얻거나)이 매우 필요하다는 것이다. "지금 당신이 시작하려고 하는 게 무엇인지 완전히 이해하세요." 개리는 말했다. 그는 8년 전에는 베라 브래들리 핸드백과 트롤비드보다 옥수수의 유전학에 대해 훨씬 더 많이 알고 있었다. 이제 추는 옮겨갔다.

또한 개리는 사업가들이 사업을 시작할 때부터 그들의 출구 전략을 고려해야한다고 추천한다. 던칸부부도 70대에 접어들면 사업을 인수하려는 사람을 찾기 힘들어질 것을 고려해, 최근 두 사람이 심각하게 고려하고 있는 중이다.

더 많은 정보를 원한다면 www.frameworksgiftsandinteriors.com을 방문하라.

단계1 은퇴자가 창업시 고려해야할 사항은 무엇인가?
단계2 자신과 시장에 맞는 창업 기회를 포착하라
단계3 창업아이디어를 검증하고 시장에서 테스트 하라
단계4 사업의 실현 가능성을 결정하고 착수하라

제 15 장
성공을 위한 계획
Planning for Success

　창업에 성공하려면, 사업 계획이 필요하다. 혹 그 계획이 당신의 머릿속에서 구상하고 있을지라도 그것은 계획이라고 할 수 있다. 만약 당신의 사업이 소규모이고 투자자나 은행으로부터 돈을 끌어올 필요가 없다면, 왜 사업 계획을 작성해야 하는지에 대해 의구심을 가질 수 있다.

　글로 표현된 사업 계획의 가치는 당신이 생각하고 있는 것을 명확하게 하고 기록하게 한다는 것이다. 이것은 지금까지 당신이 사업에 관해 모아온 모든 정보를 집중시키는 한 점이 되고, 다른 사람들이 쉽게 접근하고 이해하기 쉬운 형태로 변환시키는 것이다. 계획을 작성하는 과정에서, 정보의 부족을 확인할 지도 모른다. 이로 인해 당신이 사업을 시작하기 전에 추가적인 조사를 하게 된다.

　그러므로 처음에는 글로 표현된 사업 계획의 가치에 대해서 의문을 가졌더라도, 사업 계획 준비의 과정은 사업의 성공에 있어 매우 유용하다. 위험한 사업(Risky Business) 웹사이트에서 제이슨 자스키(Jason Zasky)가 작성한 칼럼에서는 사업 계획서를 작성하는 것은 사업의 생존 확률을 10% 가량 상승시키는 이점이 있다고 했다.

"전투를 위해 준비하는 과정에서 나는 언제나 계획은 쓸모없지만 계획을 세우는 것은 없어서는 안 된다는 것을 알았다."
드와이트 D. 아이젠하워

몇몇 소규모의 저 위험, 저비용 사업에서, 사업가들을 지루하게 만들어 작성을 완전히 포기하게 하는 전통적인 길고 자세한 사업 계획은 필요치 않을 수도 있다. 그러나 축약된 사업 계획을 준비하는 것에서는 이익을 얻을 것이다. 축약된 사업계획서에서는 당신이 모은 정보의 핵심과 사업을 위해 당신이 지닌 목표와 전략의 윤곽을 보여준다. 나는 이것을 간략 사업 계획(an Abbreviated Business Plan), 혹은 사업 계획 라이트(Business Plan Lite)라고 부른다. 이 책에서는 간략 사업 계획서에 대해서 자세히 논의하게 된다. 이것은 당신을 위하거나 혹은 가까운 팀원이나 가족의 일원을 위해 작성된다. 이런 유형의 사업 계획서는 베이비 붐 세대가 시작하는 많은 저 위험 사업에 충분하다.

만일 당신의 사업이 많은 재정적 투자(개인 저축, 은행 대출이나 투자자 유치)나 엄청난 기회비용(사업을 위해 포기해야 하는 것)이 필요하다면, 모든 항목을 갖춘 사업 계획서를 작성해야 한다. 이 경우, 간략 사업 계획을 완성하는 것은 완벽한 기초 자료가 된다.

대부분의 계획에서, 가장 큰 이익을 주는 것은 계획을 세우는 과정이지 결과가 아니다. 사업 계획서를 작성하는 과정을 거치며, 당신은 사업의 모든 면(상품/서비스 명세, 마케팅, 운영 관리와 재무)을 명확히 한다.

간략 사업 계획 Abbreviated Business Plan

이 책의 앞부분에서 소개한 엘리베이터 피치(Elevator Pitch)와 적합성 분석(Feasibility Analysis)은 간략 사업 계획의 기본적인 내용 대부분을 포함한다.

엘리베이터 피치 와 적합성 분석		간략 사업 계획
엘리베이터 피치	➡	사업 개요
기술적 적합성	➡	사업 내용
운영 관리 적합성	➡	운영/조직
시장 적합성	➡	마케팅 전략
재정적 적합성	➡	재무 계획

그림 15.1

이 장에서, "간략 사업 계획"의 각 부분을 심도 있게 살펴보고 당신에게 필요한 추가적인 정보는 무엇인지 결정할 것이다.

사업 개요 Executive Summary

사업 개요는 사업 계획을 모두 마친 후에 작성되며 계획의 주요 부분들을 강조한다. 이것은 당신의 사업 계획의 요약이다.

12장 마지막(185쪽)에서 작성한 엘리베이터 피치는 이 부분의 가장 중요한 부분을 담고 있다. 이제 앞에서 작성한 엘리베이터 피치를 다시 살펴보고 지금까지 실행한 조사를 토대로 추가로 발전시키거나 변화시킬 것이 있는지 확인할 때이다. 엘리베이터 피치를 업데이트하고 "사업 개요"의 아래에 있는 내용에 따라 당신의 사업에 대해 간단히 요약한다.

사업/제품 설명 Business/Product Description

다음으로, 당신의 상품이나 서비스의 구체적인 내용을 포함하여 사업을 더 자세히 설명한다. "사업/제품 설명"에 있는 대부분의 정보는 앞 장에서의 활동들을 통해 이미 결정한 것이다. 이제는 정보를 한데 모아서 여기에 포함시킨다. 「실전 단계 13.2」(단계3 결론, 195쪽)의 사업 컨셉은 기본 자료가 된다.

사업 개요

간략 사업 계획이 완성되면 작성한다

- 제품/혹은 서비스의 간략한 설명
- 경쟁 우위 요소
- 시장 기회와 표적 시장
- 창업자/운영팀 강점
- 미래에의 비전

사업/제품 설명

- 사업장 위치/혹은 설비
- 사업 소유 형태(개인 사업자, 주식회사 등)
- 제품 개발 단계
- 제품/서비스 특색과 소비자 이점
- 제품/서비스 법적 책임 혹은 한계
- 주요 원재료 공급자 혹은 중간 판매자

사업 소유에 관한 형태는 개인사업자, 동업사업자, 유한 책임 회사, 주식회사 혹은 비영리 단체들이 있다. 사업 형태는 사업의 과세뿐 아니라 사업 관리, 자본을 조달하는 능력과 부채에 대한 법적 책임과 사업의 불법 행위/과실에 지대한 영향을 미친다.

법적 책임은 베이비붐 세대에게 특히 중요한데, 사업 운영으로 인해 위험에 빠지게 하고 싶지 않은 그동안 모아온 재산이 있기 때문이다. 적절한 사업 형태를 선택하는 것은 당신이 필요로 하는 보호 수단을 제공할 수 있다. 지금은 돈에 인색할 때가 아니다. 이 중요한 일에 관해서는 소기업 전문 변호사와 상담하라.

운영/조직

- 핵심 인력의 경험과 강점
- 주요 직책, 역할과 책임
- 외부 전문가와 자문 위원
- 사업 구조(기획, 생산부터 판매까지의 과정)
- 제품/서비스 생산 방법의 개요

운영/조직 Management/Organization Overview

어떤 사업들은 창업 팀을 필요로 하기에는 지나치게 작거나 아직 초창기에 불과할 수 있다. 반면에 다른 사업들은 확인된 기회를 붙잡기 위해 시작부터 창업 팀을 필요로 하는 경우가 있다. "운영과 조직"에서 사업의 진입과 성장을 위해 책임지는 사람이 누군가에 대해 설명한다. 「실전 단계 14.3」 리트머스 시험(운영 관리 적합성)을 마쳤을 때, 당신이나 당신의 팀이 지닌 주요 기술들을 확인했었다.

기억할 것은 사업 성공의 기회는 설립자와 창업팀의 기술과 경험에 달려있다. 이부분은 당신 자신과 창업팀 사람들이 어떤 기술이 아직 부족한 가에 대해 객관적인 눈으로 살펴볼 수 있게 해준다.

마케팅 전략

- 산업에 대한 일반적인 설명
- 표적 시장
- 마케팅 목표(즉, 매출액? 주요 고객?)
- 마케팅 활동(고객 접촉 방법)
- 경쟁자 분석(경쟁자의 장단점)
- 가격 전략
- 유통 과정

마케팅 전략 Marketing Overview

"마케팅 전략"에서, 당신은 사업이 충분한 판매 목표에 도달할 수 있는 시장 가능성을 지니는지를 입증한다.

산업 Industry 당신이 시작하려고 하는 산업의 분야에서 오랜 시간 일해 왔다면 산업과는 굉장히 친숙할 것이다. 따라서 그 산업의 성장과 방향에 대해서는 쉽게 답변할 수 있다. 만약 당신이 모르는 산업이라면, 지금이 그 산업을 살펴보고 성장 가능성 면에서 산업의 매력도를 살펴볼 때이다. 산업이 그 라이프 사이클(Life cycle, 도입기, 성장기, 성숙기, 쇠퇴기) 단계 중에 어디에 있는지, 일반적인 이윤 폭과 미래의 방향에 대해서 분석해야 한다.

도서관과 인터넷을 통해 미국 표준 산업 분류 체계인 SIC/NAICS 코드로 사업 정보를 찾아볼 수 있다. 이 책의 217~218쪽에서 그 코드들을 어떻게 찾는지를 살펴보았다. 이 코드들은 미국산업백과(Encyclopedia of American Industries)와 스탠더드 앤 푸어스 산업 조사(Standard & Poor's Industry Surveys)와 같은 곳에서 사업 정보를 찾는 데 도움을 줄 것이다.

표적 시장 Target Market 표적 시장에 관해서는 11장에서 다루었다. 사업 계획의 표적시장 부분을 작성하기 전에 160쪽의 표적 시장 설명을 다시 한 번 살펴보라. 당신의 표적이 누구인지 명확히 알수록, 그들에게 도달하기 위한 성공적인 마케팅 믹스(판매, 광고, 출판과 판촉을 조합해서 사용함)를 발전시키는 데에 더욱 효과적이다. 당신의 소비자가 누구이고, 어디에 살며, 무엇이 그들을 구매하게 하고 어디서 제품을 구매하는지를 아는 것은 당신의 마케팅 예산을 현명하게 쓸 수 있도록 할 것이다.

마케팅 목표와 활동 Marketing Goals and Activities 많은 사업가들이 사업의 기술적 측면(제품이나 서비스의 생산)에만 집중하고 있지만, 효과적인 마케팅 전략을 세우는 것은 성공에 굉장히 중요하다. 우리들 대부분처럼 사업가들도 그들이 잘 아는 것을 하고 싶어 한다. 대부분의 사업가들에게 마케팅은 익숙하지 않다. 따라서 마케팅은 실행되어지지 않거나, "시간 되면 하자"는 범주로 남겨져버린다.

마케팅은 능력을 발휘해서 무언가 새로운 것을 배워야하는 것일 수도 있다. 그러기 위해서, 당신 사업의 관하여 마케팅 전문가와 상담할 수 있다. 소상공인지원센터나 창업보육센터의 무료 상담을 통해 전문지식을 얻을 수 있다. 혹은 당신과 같은 종류의 사업에서 일해 본 경험이 있는 마케팅 컨설턴트를 고용할 수도 있다. 또한 당신의 사업을 돈 없이 또는 저렴한 비용으로 홍보하는 자력추진 마케팅(Bootstrap marketing)에 관한 책들이 많이 있다.

통찰력 혹은 지혜
소비자 수요가 급격히 팽창하고 있는 성장 산업들은 기업가들에게 많은 사업 기회를 만들어준다.

통찰력 혹은 지혜
"모든 사람"이 당신의 잠재 소비자는 아니다. 소기업들은 마케팅을 실행 할 때 무차별적인 접근을 할 만큼 여유가 없다.

경쟁자 분석 Competitive Analysis 14장(211쪽)에서 직·간접적 경쟁자들을 살펴보았을 때 이미 경쟁자에 대한 분석하였다. 이제는 그들의 강점과 약점을 더 자세히 살펴볼 시간이다. 만약 경쟁자가 지역 소매점이라면, 찾아가보라. 그렇지 않다면, 경쟁자의 웹사이트를 조사하고, 경쟁자의 고객들과 그리고 그러한 사업과 경험 있는 다른 사람들과 이야기를 나눠보라. 고객의 관점에서, 자신의 사업을 경쟁자들과 어떻게 차별화할지를 생각하라.

가격 전략 Pricing 제품과 서비스의 가격을 어떻게 책정하는가는 재정적 측면과 마케팅 전략의 관점에서 매우 중요하다. 다음의 수입 등식은 사업의 성공에 가격 책정이 얼마나 중요한가를 강조한다. **재정적 관점**에서, 가격 책정은 수입 등식의 절반을 차지한다.

$$\text{수입} = \text{판매량} \times \textbf{가격}$$

마케팅 관점에서, 가격 책정은 당신의 경쟁자의 가격을 염두에 두어야 한다. 당신의 가격은 경쟁자보다 높을 것인가, 비슷할 것인가, 혹은 낮을 것인가?

때때로 가격 책정할 때에 가격 범위로 생각하는 것이 도움이 된다. 가격 범위의 최솟값은 당신의 비용이다. 제품 가격이 실제 비용보다 낮다면 사업을 지속할 수 없다. 물론, 가끔은 손님을 끌거나 다른 더 비싼 제품의 판매를 증진하기 위해 미끼상품으로 비용 이하의 가격에 제품을 팔수도 있다. 그러나 원칙과 장기적인 면에서 사업을 계속하기 위해서는 비용보다 비싸게 가격을 책정해야 한다.

가격 범위의 상한은 당신이 경쟁자를 압도하는 차별화된 경쟁 우위 요소로 높은 가격을 정당화할 수 있는 것이 아닌 한, 당신의 고급 경쟁자의 가격이다. 경쟁 우위 요소는 높은 품질, 더 나은 고객 응대와 편리한 위치가 될 수 있다. 고객에 의해 높게 평가받는 경쟁 우위 요소가 없다면, 그들은 당신의 경쟁자들의 가격보다 높은 가격을 지불하려고 하지는 않을 것이다.

사업을 시작하는 사업가들에게서 발견할 수 있는 가장 흔한 오류는 그들의 제품이나 서비스를 너무 낮은 가격에 판매한다는 것이다. "손님이 더 잘 안다."에서 한 사업가의 경험을 읽어보라. 나는 그웬(Gwen)의 낮은 가격 정책이 경험 부족인지 자신감 부족인지 잘 모르겠지만, 어느 쪽이든, 낮은 가격 정책은 사업의 생존을 위험으로 밀어 넣고 있는 것이다. 비용을 낮추지 않고 당신의 제품 가격을 경쟁자보다 낮게 책정하는 것은 장기적으로 그 사업을 지속할 수 없게 된다. 폐업의 지름길이다.

내가 아는 한 사업가는 자신이 "멍청한" 경쟁을 싫어한다고 말했다. 즉, 새 회사들이 그들의 실질 비용에 대해 알지 못하고 그들의 서비스 가격을 너무 낮게 책정하는 것을 말했다. 그의 경우에서, 이 새로운 경쟁자들은 설비 교체의 장기적 비용을 그들의 가격 책정의 요소로 고려하지 않는다. 설비 교체 비용은 단기적으로는 그의 사업에 영향을 주지 않지만, 장기적으로는 그 비용이 사업을 그만두게 하는 요인이 된다. 당신의 실질 비용과 경쟁자들이 매기는 가격에 대해 아는 것은 가격을 책정하는데 있어서 정보에 입각한 결정을 내릴 수 있게 해준다.

유통 Distribution 유통은 제품을 생산자로부터 소비자에게로 연결시키는 것과 관련이 있다. 일반적으로 이 과정에는 많은 단계가 있다. 아울러 제품을 판촉하고, 물리적으로 유통시키고 그리고 때로는 돈을 주고 제품을 이동하는 데 중개상인이 필수적이다. 제조업을 한다면 그 산업의 유통 체인의 중개상과 거래를 성사시키는 것은 소비자에게 다가갈 수 있게 하는 가장 중요한 것이다. 서비스업을 하거나 소매점을 가진 사람들에게는 이미 소비자와 직접 일하고 있기 때문에 중개상이 필요치 않다.

나는 내 첫 책인 '맞는 신을 찾아라(Finding the Shoe That Fit)'을 통해 출판업의 유통 시스템의 중요성을 알았다. 그 책은 대학 시장을 겨냥한 것이었고 이미 몇몇 대학에서 사용되어지고 있었다. 하지만 나는 그 책이 대중에게도 먹힐 것이라고 생각하고 그것을 판매하려는 서점이 있을지 알아보기로 결정했다. 지역 작가들을 후원하는 국내 대형 체인의 한 지역 매장을 찾아냈고, 그들은 내 책을 팔기로 동의해 주었다.

내가 이 서점들에 걸어 들어가 내 책을 보는 것에 아주 신이 났지만, 서점의

손님이 더 잘 안다

그웬(Gwen)은 그녀의 IT 컨설팅 사업에서 살아남아보려고 노력했다. 패스트랙(FastTrac) 사업성장 수업의 다른 참가자들로부터 그녀가 지나치게 가격을 낮게 책정했다는 얘기를 들은 후, 그웬은 가격을 올렸다. 이 변화에 대해 한 고객과 얘기할 때, 그의 대답은, "언제 당신이 그것을 알게 될지 궁금했어요."라고 말했다. 그녀의 새로운 높은 가격은 그녀가 사업을 계속할 수 있게 해주었다.

재고 관리 시스템과 연결된 출판 산업의 일반적인 유통 채널에 연결되지 않는 한 내 책들을 선반에 올려놓기 위해 노력하는 것은 의미가 없다는 것을 오래지 않아 알게 되었다. 서점 선반에 내 책이 오르게 하기 위해 나는 서점들의 재고 수준을 확인하고 서점이 재고가 떨어지면 책을 배달하기 위해 이 동네 저 동네를 돌아다녔다. 이 책을 쓰기 전, 나는 효율적인 유통 계획을 확실히 했다.

초보 사업가들은 확고히 다져진, 성숙된 유통 시스템에 진입하는 것이 얼마나 어려운지에 대해 과소평가하곤 한다. 당신이 사업을 계획하면서 다른 사람들에게 물어야 할 것 하나는 당신이 진입할 산업 유통 시스템내의 사람들이 새로운 공급자에게 얼마나 수용적인가? 하는 것이다.

> **재정 계획**
> • 초기 필요 자금, 판매량과 수익 전망
> • 창업 초기 자금과 지출표
> • 손익 계산서(1차년도)
> • 현금흐름표(필요시)

재정 계획 Financial Plan

"재정 계획"의 구성 요소들을 살펴보면 14장의 창업초기 자금과 지출표와 수익성 평가표를 작성함으로써 얼마나 완벽한 시작을 했는지 알 수 있다. 이제, 재정 계획에서, 이 수익성 평가표를 손익 계산서로 확장하게 될 것이다.

손익 계산서 Profit and Loss Statement 다음은 소규모 서비스 사업의 손익 계산서 사례이다. 간단하게 설명할 것이다. 그렇게 함으로써 자세한 것들에 얽매이지 않고 원칙에 집중할 수 있다. 이 손익 계산서가 어떻게 수익성 평가표의 확장인지 확인하게 될 것이다.

손익 계산서 서비스 사업의 예 – 1차년도(단위: 천원)			
	1 열	2 열	3 열
매출액* (1 열)	120,000		
매출원가	0		
매출총이익		120,000	
판매 관리 비용(1 열)			
인건비	60,000		
복리후생비	9,000		
광고선전비	9,500		
보험료	3,000		
세금과공과금	600		
회의비	500		
지급수수료	500		
사무용품비	800		
출장비	900		
도서인쇄비	200		
통신비	300		
소모품비	900		
지급 임차료	15,000		
교육훈련비	1,400		
판매촉진비	2,000		
관리비	3,000		
감가상각비	2,400		
기타 비용			

총 판매관리비(2열)		110,000	
영업이익(3열) (매출총이익-판매관리비)			10,000

* 매출 가정: 컨설팅 프로젝트 A는 월간 6,000천원, 연간 72,000천원을 번다. 컨설팅 프로젝트 B는 월간 4,000천원과 연간 48,000천원을 번다.

이제 당신이 직접 작성할 차례이다. 실전 단계 15.1에서 당신의 사업 첫 해의 손익 계산서를 추정해보라. 아래의 SCORE 웹사이트 에서 손익 계산서 양식을 찾아볼 수 있다.

참고사이트:

http://www.score.org/download/Profit%20and%20Loss%20 Projection,%201Yr.xls

(*역자주: www.score.org 사이트에서 profit and loss 로 검색하면 1년, 3년 손익계산서 엑셀표를 다운로드받을 수 있음)

손익계산서 양식은 당신이 쉽게 데이터를 바꾸고 나머지 항목에 어떤 영향을 미치는지를 쉽게 확인할 수 있게 한다. 또한 손익 계산서를 다양한 시나리오(최장의 경우, 대부분의 경우, 최악의 경우)에서 작성할 수 있다.

15.1 실전 단계
손익 계산서
profit and loss(income) statement

다음 페이지에 당신의 예측을 적어라. 손익 계산서 양식을 원한다면, www.score.org 사이트에서 다운로드 받을 수 있다.

당신의 손익 계산서			
1차년도(단위: 천원)			
	1 열	2 열	3 열
매출액* (1 열)			
매출원가			
매출총이익			
판매 관리 비용(1 열)			
인건비			
복리후생비			
광고선전비			
보험료			
세금과공과금			
회의비			
지급수수료			
사무용품비			
출장비			
도서인쇄비			
통신비			
소모품비			
지급 임차료			
교육훈련비			
판매촉진비			
관리비			
감가상각비			
기타 비용			

총 판매관리비(2열)			
영업이익(3열) (매출총이익-판매관리비)			
* 매출 가정:			

많은 사업들은 초기 투자 이후로는 완전히 자기 자본만으로 운영하지 않는다. 추가적인 돈은 설립자나 투자자에 의한 자본 투자, 혹은 대출을 통해 이루어진다.

앞서 말했듯이 나는 작은 트레일러 제조 사업의 투자자/파트너가 되었던 경험이 있다. 그 사업은 판매량이 증가하여 생산 설비 용량을 늘리기 위해 자금을 필요로 했다. 투자자/파트너에게 추가적인 자본투자를 요구하는 것 대신에 회사는 은행 대출을 받기로 결정했다. 그 사업은 대출 담보를 잡을만한 자산이 없었기 때문에, 우리 투자자들은 보증을 서달라고 부탁받았다. 대출이 이루어진 방식은, 채무 불이행이 일어날 경우 각 투자자가 대출금의 100%를 부담해야 했다(다른 투자자들이 대출금의 자신의 할당량을 갚지 못할 경우). 내리기 힘든 결정이었지만, 나는 그 위험을 부담하지 않기로 결정하고, 다른 투자자에게 내 지분을 팔았다.

우리 모두는 우리가 견딜 수 있는 수준의 위험을 결정해야 하고 그 한도 내에서 사업 기회를 찾아야 한다.

투자 수익률 Return on Investment 사업의 잠재적 투자 수익률을 고려할 때이다. 당신은 어떤 투자이든지 투자 수익률을 고려할 것이다. 당신의 사업 투자라고 해서 다를 것은 없다.

투자수익률은 사업에서의 순수익을 총투자금으로 나누어서 계산한다. 그러나 사업 초기에서 투자 수익률을 계산하는 것은 어려울 수 있는데, 많은 사업들이 첫 해에는 수익을 올리지 못하기 때문이다.

당신과 같은 종류의 사업들의 투자 수익률이 도움이 될 수 있다. 그러한 자료는 동종 산업 협회나 그 분야의 사업가들과 이야기하는 것을 통해, 혹은 대부분의 서점에서 구할 수 있는 재정 관련 출판물(RMA Annual Statement Studies와 Dunn and Bradstreet's Key Business Ratios)을 통해 얻을 수 있다. 이 두 책에 나와 있는 산업 데이터는 미국 표준 산업 분류(SIC, Standard Industrial Classification) 코드에 따라 분류되어있다.

당신은 사업의 투자 수익률을 다른 투자 대안들, 이를테면 양도성 정기 예금(CDs, Convertible Deposit), 주식, 채권이나 부동산들과 비교하고 싶을 것이다. 그렇게 함으로써 기회비용을 확인할 수 있다. 예를 들어, 사업에 8천만 원을 투자했다면, 그 8천만 원을 다른 곳에는 투자할 수 없다. 사업에 투자했을 때의 예상되는 수익률과 다른 최선의 대안에 투자했을 때의 수익률을 비교하라.

그러나 당신의 사업을 소유하고 운영하는 것은 이성적인 재정적 결정과는 같지 않다는 것을 알아야 한다. 사실 자신의 사업을 운영하고자 할 때는 재정적 이유 말고도 다른 많은 요인이 있다. 우리는 3장에서 이러한 다른 이유들을 살펴보았다. 수익률은 창업을 하고자 결정을 내릴 때 그저 한 요인에 지나지 않는다.

현금 흐름 예측 Cash Flow Projection 현금 흐름 예측은 그리 필요하지 않다고 느껴질지도 모른다. 사업을 시작하고 운영하는 데 필요한 돈이 크지 않고 그리고 이를 감당해야할 재원이 충분하다면, 자금 부족에 대해서 걱정할 필요는 없다. 그러나 아무리 작은 사업들이라도 돈이 들어가는 때와 다시 그 돈을 받을 때가 일치 하지 않을 수 있다. 제품을 판매하고 고객들로부터 돈을 받기 전에 제품을 생산하기 위해 돈을 들여야 한다. 따라서 사업에서의 자금 부족은 발생할 수 있다. 현금 흐름 예측은 당신이 언제 자금을 투입해야 하는지를 예측할 수 있게 해준다.

이러한 자금 부족을 감당해야 할 자금을 준비한다면, 당신은 대출을 받거나 자신의 자금을 투자할 수 있다. 그러나 회사가 성장함에 따라 필요한 자금규모도 증가하게 되고 현금 흐름 계획은 중요해진다.

현금 흐름 예측은 일정 기간 동안 사업 자금의 들어오고 나가는 것을 예측하는 것에 지나지 않는다. 아래의 소규모 서비스 기업용 3개월 현금흐름표 예시를 보라. 일반적으로 최소 1년 치의 현금 흐름 예측을 준비해야 한다.

3개월 현금흐름표			
			(단위: 천원)
	1월	2월	3월
초기 현금(영업 시작월)	15,000	10,000	7,500
현금 수입			
현금 판매	2,000	3,000	3,500
외상 매출금 결제		1,000	1,500
대출금/기타 자금 투자			
총 현금 수입	2,000	4,000	5,000
총 가용 현금	17,000	14,000	12,500
현금 지출			
인건비	2,000	2,000	2,500
복리후생비	500	500	700
광고선전비	800	1,100	300
보험료	100	100	100
세금과공과금	200	200	400
회의비	200	200	200
지급수수료	100	100	100
사무용품비	100	100	100
출장비	300	300	300
도서인쇄비	100	100	100
통신비	100	100	100

소모품비	300		100
지급임차료	1,000	1,000	1,000
교육훈련비	500	300	800
판매촉진비	400		500
관리비	200	200	200
감가상각비			
기타비용	100	200	
총 현금 지출	7,000	6,500	7,500
순 현금(월말)	10,000	7,500	5,000

현금 흐름이 사업에 중요하다고 여겨진다면, 이제 실전 단계 15.2에서 자금 흐름 예측을 통해 계획할 때이다.

실전 단계
현금흐름표
cash flow statement
15.2

아래의 양식이나 www.SCORE.org 사이트의 현금흐름표 양식을 이용해 당신의 1년 치 자금 운용 예측을 작성해 보라.

*역자주: www.score.org 사이트에서 profit and loss 로 검색하면 1년, 3년 손익계산서 엑셀표를 다운로드받을 수 있음.

월	1	2	3	4	5	6	7	8	9	10	11	12
현금흐름표 (단위:천원)												
초기 현금(영업 시작월)												
현금 수입												
현금 판매												
외상 매출금 결제												
대출금/기타 자금 투자												
총 현금 수입												
총 가용 현금												
현금 지출												
인건비												
복리후생비												
광고선전비												
보험료												
세금과공과금												
회의비												
지급수수료												
사무용품비												
출장비												
도서인쇄비												
통신비												
소모품비												
지급 임차료												
교육훈련비												
판매촉진비												
관리비												
감가상각비												
기타 비용												
총 현금 지출												
순 현금(월말)												

지금까지 사업을 시작하고 운영하는 데 드는 비용 뿐 아니라 사업의 잠재적 수익성에 관해서 알게 되었다. 이제는 장래에 당신이 취할 수 있는 다양한 출구 전략을 고려하고 지금부터 그 계획을 세우는 시기가 되었다.

출구 전략(Exit Strategy). 많은 사람들이 출구 전략을 계획하며 사업을 시작하지는 않는데 출구 전략은 반드시 필요하다. 한 사업가는 "들것에 실려서 회사 문을 나서면서 사업을 그만 두는 일, 즉 죽어서야 사업을 접을 수밖에 없는 현실을 방지하려면, 출구 전략이 필요해요." 라고 나에게 말했다. 일반 통념은 당신이 팔거나, 실패하거나, 죽거나 또는 사업을 접을 것이라고 말한다.

스티븐 코비(Steven Covey)의 '성공하는 사람들의 일곱 가지 습관'에서 "끝을 생각하고 시작하라"는 원칙을 기억하라. 이 원칙은 창업에 적용할 필요가 있다. 구체적인 출구 전략을 결정하고 시작해야 한다.

더 이상 일을 하고 싶지 않을 때, 그냥 가게를 닫을 것인가? 아이들에게 물려줄 것인가? 시장에서 팔 것인가? 직원에게 팔 것인가? 끝을 생각하면, 끝에 관한 계획은 당신이 어떻게 창업할 것인지에 대해 영향을 미친다.

베이비붐 세대가 시작하는 어떤 종류의 사업들(컨설팅이나 소규모의, 재택 근무 사업들)은 출구의 필요성이 크지 않아 보일 수도 있다. 한 성공한 사업가가 나에게 이렇게 말했다. "대부분의 사업들은 내 머릿속에 존재하고 있어요."

그러나 사전 계획으로, 사업가들이 가지고 있는 많은 전문지식들은 다른 사람에게 전해지거나 판매될 수 있는 책으로 만들어질 수 있다. 문서화가 결정적이다. 운영과 처리 방법서는 어떠한 사업에 가치를 더해준다. 자신의 사업을 몇 백만 달러에 판매한 한 기술자는 그 가격에 팔 수 있었던 이유는 그의 사업은 구매자가 본 적 없는 최고의 기록화 된 사업이었기 때문이라고 밝혔다.

표준화와 문서화는 성공적인 프랜차이즈의 비결이다. 양탄자 세탁, 식당, 그리고 직원 채용 회사까지 모든 것이 프랜차이즈화 되어 있다. 표준화와 문서화의 원칙은 당신의 사업에서도 가치를 만들 수 있는 방법이 될 수 있다. 당신의 사업을 어떻게 그만 둘 것이며 당신의 생각을 어떻게 기록할 것인지 진단과 분석에서 생각해보자.

진단과 분석
어떠한 출구 전략을 구상하고 있는가?

———————————

———————————

———————————

———————————

———————————

———————————

———————————

———————————

이제는 실전 단계 15.3에서 당신이 그동안 작성하였던 것들을 수집하여 간략 사업 계획(abbreviated business plan)으로 정리하게 될 것이다. 이를 통해 당신의 사업 계획이 구체화 될 수 있고 또한 사업에 관한 결정의 귀중한 토대를 얻게 된다.

15.3 실전 단계 15.3
간략 사업 계획
abbreviated business plan

당신의 간략 사업 계획을 작성하기 위해 아래의 개요를 따르시오.

▣ 간략 사업 계획 Abbreviated Business Plan

□ 목차 Table of Contents
계획서를 완성하고 나서 작성한다.

사업 개요 Executive Summary
계획서가 완성된 후에 작성하며, 계획의 주요 내용들을 요약한다.
- 제품/서비스의 간략한 설명
- 경쟁 우위 요소
- 시장 기회와 표적 시장
- 창업자/운영팀 강점
- 미래에의 비전

□ 사업/제품 설명 Business/Product Description
- 사업장 위치 그리고/혹은 설비
- 사업 소유 형태(개인 사업자, 주식회사 등)
- 제품 개발 단계(컨셉단계, 계획, 초기 시작, 성장)
- 제품/서비스 특색과 소비자 이점(154쪽 진단과 분석, 실전 단계 12.1, 실전 단계 13.2 의 3단계 결론 참고)

- 제품/서비스 법적 책임 혹은 한계
- 주요 원재료 공급자 혹은 중간 판매자

□ **운영/조직** Management and Organization Overview

- 핵심 인력의 경험과 강점 (실전 단계 8.1, 8.2, 14.3 참고)
- 주요 직책, 역할과 책임 (206쪽 진단과 분석 참고)
- 외부 전문가와 자문 위원 (실전 단계 14.2 리트머스 시험 참고)
- 사업 구조 (206쪽 진단과 분석 참고)
- 제품/서비스 생산 방법의 개요 (206쪽 진단과 분석 참고)

□ **마케팅 전략** Marketing Overview

- 산업에 대한 일반적인 설명 (실전 단계 9.2 참고)
- 표적 시장(실전 단계 11.2 참고)
- 마케팅 목표(즉, 매출액? 주요 고객?, 실전 단계 14.5b 참고)
- 마케팅 활동(고객 접촉 방법, 실전 단계 11.3 참고)
- 경쟁자 분석(경쟁자의 장단점, 실전 단계 11.1 참고)
- 가격 전략 (실전 단계 12.1 참고)
- 유통 과정 (실전 단계 12.1 참고)

□ **재정 계획** Financial Plan

- 초기 필요 자금, 판매량과 수익 전망 (실전 단계 14.5, 14.5b 참고)
- 창업 초기 자금과 지출표 (실전 단계 14.5a 참고)
- 손익 계산서(1차년도) (실전 단계 15.1 참고)
- 현금흐름표(필요시) (실전 단계 15.2 참고)
- 출구 전략

이제 한 곳에 모든 정보를 모아 보았다. 어떻게 생각하는가? 여전히 당신의 모험을 계속 해야 할 것이라고 여겨지는가? 다음 장에서, 사업가로서의 실행 해나가야 하는 다음 단계에 대해 알아볼 것이다. 이장의 마무리로 일부 사업가

15.3

들이 사용하는 전통적인 그리고 범위가 넓은 사업 계획에 대해서 살펴보자.

전통적 사업 계획 Traditional Business Plan

앞서 말했듯이, 작고 저 위험의 사업에 전통적 사업 계획은 필요 없다. 적합성 분석과 간략 사업 계획을 작성하는 것은 당신이 그 사업 아이디어를 밀고 나갈지 말지를 결정하는 데 충분했을 것이다. 어떠한 경우에 전통적인 사업 계획이 필요한가? 다음과 같은 경우에 당신은 간략 사업 계획의 확장판인 확대 사업 계획(Comprehensive Business Plan)을 필요로 한다.

- 급격한 성장을 예상하거나 당신의 사업이 복잡한 경우
- 당신의 사업이 많은 양의 자금을 필요로 한 경우
- 당신의 사업을 운영하는 것이 큰 기회비용이나 위험을 포함한 경우
- 외부 투자자로부터 자금을 끌어올 계획인 경우

전통적 사업 계획은 당신이 이미 갖고 있는 것과 또 다른 것을 필요로 한다. 즉 더 많은 시장 조사, 예상 재무제표, 자세한 운영 및 경영 방안 들이다. 어느 서점에서라도 성공하는 사업 계획을 작성하는 방법에 대한 많은 책들을 찾아볼 수 있다. 또한 그 과정을 지도하는 소프트웨어 프로그램도 많이 있다. 덧붙여, 무료 사업 계획 양식은 SCORE 사이트(http ://www.score.org/template_gallery.html?gclid=COHwr925hpYCFR8)에서 찾아볼 수 있다.

SCORE 사이트의 좋은 점은 무료 온라인 멘토링이 가능하다는 점이다.

또한 인터넷에서 많은 사업 계획 사례들을 찾아볼 수 있다. 어쩌면 당신과 같은 사업 유형의 것도 있을 수 있다. 원하는 것을 발견하면, 그것은 참고와 안내로서의 역할을 한다. 미국 중소기업청이 제공하는 사업계획서의 사례를 보려면, http://www.bplans.com/samples/sba.cfm으로 가라.

*역자주: 다양한 업종에 관한 사업계획서 샘플이 제공된다.

성공 기업가 사례의 서론

조 파다빅(Joe Padavic)은 파트 타임제로 그의 사업을 몇 년 동안 운영하면서 준비하여 그의 표현대로 "과감히 모험을 단행하게" 되었고, 그는 자신의 직장을 그만뒀다.

성공 기업가 사례 Joe Padavic

Teardrop Video
Service to preserve keepsake images- films, video tapes,
photos and 35-mm slides

조 파다빅(Joe Padavic)은 가장 연세가 많으신 이모님이 돌아가시자 쓰레기통에 버려졌던 가족의 역사를 담은 몇 천 장의 사진을 후회하면서 회상했다. 그녀는 제 2차 세계 대전 세대이었으며 아마추어 사진작가였다. 조는 그 후로부터 다른 사람들의 소중한 기억을 보존하는 것을 도울 수 있는 기회를 찾게 되었다.

티어드롭 비디오(Teardrop Video)가 그 일을 하는 회사이다. 티어드롭 비디오는 고객들의 기념사진들을 DVD에 보관하여 장기간 계속 그들의 홈DVD 플레이어에서 재생할 수 있게 해 준다. 영화, 비디오 테이프와 사진, 35미리 슬라이드 모두가 오랫동안 보관할 수 있도록 만들어진다.

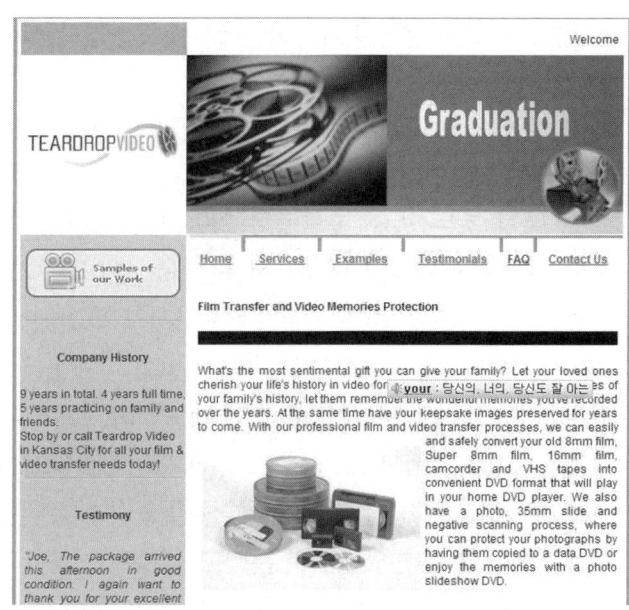

www.teardropvideo.com

조는 그가 부모님으로부터 구매한 미시간 주의 작은 집을 개조하여 민박집으로 운영하려는 장기적인 목표를 가지고 있었다. 게다가 그는 민박집의 계절적인 성수기와 비수기의 균형을 맞춰줄 사업을 찾고 있었다. 티어드롭 비디오가 이상적이었다. "은퇴한 사람이 하는 많은 일들이 돈을 벌어요," 조는 말했다. "저는 은퇴하고서 할 일을 찾아서 돈을 벌고 싶어요."

중앙 처리 컴퓨터와 프로젝트 관리자로 일한 35년 후, 조는 더 이상 그 일이 재미있다고 느껴지지 않았다. 그의 본업을 낮에 계속하면서 시작한 티어트롭 비디오는 그 분야의 산업과 시장에 대해 더 알 수 있도록 했다. 그러는 동안, 그는 소상공인 지원센터의 무료 서비스를 찾게 되었고, "사업 타당성 진단"을 위해 그는 소상공인 지원센터의 컨설턴트와 몇 달마다 만났다.

몇 년이 지나, 비디오 사업은 성장하게 되어 조가 본업을 계속하며 동시에 사업을 운영할 수 없을 정도가 되었다. 그는 결정을 내려야만 했다. 조는 안정적인 수입을 포기하는 것이 그 때까지 그의 가장 힘든 일이었다고 말했다. 그가 "정보 과다로 인한 분석 불능의 상태(analysis paralysis)"에 놓였을 때도 있었다. 그는 끊임없이 스스로에게, "내가 준비가 됐나? 또 알아야 할 것이 뭐가 있나?"라고 물었다. "모르는 것에 대한 공포였어요,"라고 조는 말했지만, 그는 2008년 1월 직장을 그만두었다.

몇 년간 조는 몇몇 교훈들을 얻었다고 말한다. "초기에, 저는 모두가 제 고객이라는 생각 대신에 표적 시장을 확인하는 데 더 집중했어야 했어요. 저는 아무나 최선을 다해 주려 했습니다,"라고 조는 말했다. "사람들의 3분의 2는 단지 시간만 투여했을 뿐 좋은 이익이 되지 않는다는 것을 알았습니다. 나머지 3분의 1은 제 최고의 고객들입니다. 그들은 나로부터 받게 될 이득에 관심이 있었으며 제 서비스에 기꺼이 대가를 지불하고자 했습니다."

조는 그의 고객의 35%는 그의 웹사이트로부터 오며, 일부는 전화번호부 사이트(Yellow Pages), 그리고 나머지는 상공 회의소의 일원들과의 네트워킹으로부터 그리고 다른 "네트워킹" 단체들과 가족이나 친구들의 추천으로부터 온다고 말했다. 최근 조는 그의 사업을 홍보하는 일환으로 "사진과 영상을 보관하는 법"에 대해 단체들에게 가서 강의하기 시작했다. "단체들은 언제나 20~30분 정도의 연설을 해줄 초대 연설자를 찾고 있어요." 조는 차별성을 갖기 위해서 사업의 기술 측면과 사업 측면의 조사에 대해 균형을 맞춰야 할 필요가 있다고 생각했다. 또한 그는 전적으로 일에 파묻혀 있기 보다는 일의 경영이 중요하다고 마이클 거버(Michael E. Gerber)의 저서(E-Myth Revisited: Why Most Small Businesses Don't Work and What to Do About It)에서 밝힌 원칙을 강조했다. "일주일에 60~80 시간을 일하는 건 재밌지 않아요. 잘 할 수 있는 것에 집중하고 나머지는 사람을 고용하면, 현실적인 한계 하에서 일을 계속할 수 있어요."

더 자세한 정보는 www.teardropvideo.com 을 방문하라.

단계1 은퇴자가 창업시 고려해야할 사항은 무엇인가?
단계2 자신과 시장에 맞는 창업 기회를 포착하라
단계3 창업아이디어를 검증하고 시장에서 테스트 하라
단계4 사업의 실현 가능성을 결정하고 착수하라

제 16 장
사업 시작할 때 몇 가지 단계들
Getting Started-Next Steps

책의 시작부터 먼 길을 달려왔다. 당신은 성공적인 사업가들의 중요한 특징 중 하나를 이미 보여주었다. 바로 인내이다! 거기에 당신의 계산된 위험 감수 성향(사업에 뛰어들기 전에 이 책을 샀다는 것으로부터 당신이 보여주고 있다)을 추가하면 사업 성공에 좋은 징조를 보여 주고 있는 것이다.

지금까지 해온 것들을 살펴보자.

은퇴자의 창업성공 비결 16 과정
단계1 은퇴자가 창업시 고려해야할 사항은 무엇인가?
⬇
단계2 자신과 시장에 맞는 창업 기회를 포착하라?
⬇
단계3 창업아이디어를 검증하고 시장에서 테스트 하라?
⬇
단계4 사업의 실현 가능성을 결정하고 착수하라?
⬇

그림16.1

진단과 분석

당신의 상태를 가장 잘 표현하는 것에 체크 (∨) 표시로 대답하라.

___ 시작할 준비가 되었다 – 긍정적 조사 데이터와 낮은 초기 비용은 당신이 창업할 준비가 되었음을 의미한다.

___ 사업 아이디어에 흥분이 되지만 더 많은 조사가 필요하다 – 지금까지는 좋았지만, 여전히 답해야 할 중요한 질문들이 남아있다.

___ 전통적 사업 계획서를 작성한다. 투자의 규모 그리고/혹은 외부투자자들이 당신에게 전통적, 종합적인 사업 계획을 요구한다.

___ 아이디어를 수정한다 – 조사 결과가 몇몇 부분에서 조정이 필요함을 나타냈다.

___ 다시 시작한다 – 심각한 단점이나 결함이 존재한다.

___ 기타 – 여기에 설명하시오.

이 책에 설명한 4단계를 거치며, 당신은 미래와 사업의 목표를 수립했고 당신의 강점과 재능을 확인했다. 시장을 조사했으며 사업의 재정적 필요와 가능한 투자금을 확인했다. 기초적인 시장 조사를 했으며 적합성 분석과 간략 사업 계획서 작성을 통해 사업의 가능성을 평가했다. 이제 심호흡을 하고 당신이 결정을 내리는 과정의 어디에 있는지를 진단과 분석을 통해 확인할 때이다.

"다시 시작한다"를 제외한 모든 설명들은 당신이 사업 계획을 기반으로 진행하고 있음을 보여준다. 다음은 창업초기 과정에서 고려해야 할 추가적인 몇 가지 요점들을 살펴보자.

당신에게 필요한 네트워크를 만들어라
Build The Network You Need

사업가로서 당신은 사업을 시작하고 발전시키는 것을 도와줄 수 있는 넓고 다양한 사람들의 네트워크가 필요하다. 이러한 네트워크에는 다른 사업가, 은행직원, 변호사나 회계사, 잠재적 고객과 소비자, 산업의 전문가와 공급자를 포함할 수 있다. 지금의 당신의 네트워크를 살펴보면, 그것이 사업 목표에 도달하기 위해 필요한 것이 아니라고 생각할 수 있을 것이다.

사업의 시작이 먼 훗날의 계획이라고 해도 네트워킹은 지금부터 시작하라.

당신은 파트너, 투자자, 종업원, 판매사와 고객을 찾기 위해 사람들을 만날 것이다. 누군가와 처음으로 말하는 때는 당신의 제품을 사 달거나 요청하거나, 당신의 사업에 투자하라거나, 돈을 빌려달라거나 믿을만한 회계사의 이름을 알려달라거나 할 때가 아니다. 관계를 쌓는 것은 시간이 걸린다.

"표적 네트워킹"이라고 칭하는 활동을 생각해보자. 나는 이 용어를 당신에게 도움이 되거나 성공을 지원할 수 있는 사람들과의 관계를 확인하고 발전시키는 과정을 표현하여 사용한다. 그 방법 중 하나는 잠재적인 네트워킹 일원이 속한 단체나 모임을 확인하는 것이다. 당신이 오랫동안 일 해온 분야에서 사업을 시작한다면 이것은 쉬운 일이다. 잘 알지 못하는 영역을 탐험하려는 다른 사람들은 가능성 있는 기관을 조사해야 할 것이다. 그 조사 방법은 당신의 시장에 있는 사람들에게 그들이 어떤 단체에 속해있는지 묻는 것과, 인터넷과 지역 전화번호 사이트에서 업종이나 직업 기관을 찾아보거나, 도서관을 찾아 협회소개백과(Encyclopedia of Associations)를 확인하는 것이다. 많은 사업주들은 그들의 지역 상공 회의소 회원으로 가입해 있다. 사업상 필요한 사람들을 만나기 위해 상공 회의소에 들어가는 것도 좋은 방법이 될 수 있다.

단체를 선택할 때, 단체의 목표가 당신과 부합하는지 그리고 그 기관을 통해 사람들의 정보, 아이디어와 도움을 공유하고 접촉할 수 있는지 확인해야 한다. 어떤 단체들은 장래의 회원들이 단체 회원으로 가입하기 전에 사전에몇 번 모임에 참석하는 것을 허용하고 있다.

그리고 당신이 이미 속한 단체에서 네트워킹 기회의 대부분을 만드는 것을 잊어서는 안 된다. 맡고 있는 역할이 있는가? 자원 봉사 활동을 하는가? 발표자로 활동하는가? 다른 사람들과 이야기하기 위해 행사에 일찍 도착해서 늦게까지 남아 있는가? 차를 마시거나 점심 식사를 하며 특정한 주제에 관해 이야기하자고 누군가에게 묻는 것은 관계를 만들기 시작하는 좋은 방법이다.

때로는 제3자가 당신을 모임에 끼워주거나 이나 사람들과 이메일을 통해 연락할 수 있도록 해 당신의 네트워킹을 용이하게 할 수도 있다.

첫 고객은 누구인가? Who Are Your First Customer

네트워킹은 첫 혹은 초기의 소비자를 찾는 완벽한 방법이다. 이미 주문을 받거나 구매할 의향이 있는 소비자를 확보하고 사업을 시작하는 것은 이상적인 방법이다. 그러나 모든 사업들이 그렇게 운이 좋은 것은 아니다. 그리고 사업가들은 종종 두려움, 경험 부족, 혹은 접근할 방법을 몰라서 잠재적인 소비자들과 만나는 것을 종종 미룬다.

초기 소비자를 확인하는 것은 사업을 성공적으로 시작하기 위해 매우 중요하다. 정확히 파악하기 위해 애를 썼던 표적 시장 안에서, 어떤 소비자에게 가장 먼저 접근할 것인가? 어떤 소비자에게 최초 접근해야 하는지 그 선정 기준은 다음과 같다.

- 가장 살 것 같은 소비자
- 가장 접근하기 쉬운 소비자
- 새로운 판매자에게 가장 개방적인 소비자
- 다른 잠재적 구매자에게 영향력이 있는 소비자

당신의 첫 혹은 초기 소비자는 당신이 신용을 쌓는 것을 도울 수 있으며, 어떤 경우에는 다른 구매자에게 판매할 수 있는 길을 열어준다. 이번이야 말고 지난 몇 십 년 동안 당신이 쌓아온 방대한 인맥을 활용할 수 있는 좋은 때이다. 그 인맥 중에서 어떤 사람이 당신을 위해 길을 열어줄 수 있고, 또는 당신과 새로운 소비자사이의 교량 역할을 해줄 수 있는가? 누가 당신의 사업을 지지하며, 도움을 주고 당신의 성공을 자랑할 것인가? 산업이나 공동체 중에서 다른 사람들로부터 높게 평가받으면서, 당신이 사업을 시작하는 데 있어 자산이 될 소비자가 있는가?

실전 단계 16.1에서 '첫 구매자 접촉 실행 계획'을 작성해보는 것은 중요한 초기 소비자에게 접근할 수 있도록 도와줄 것이다. 캐티 이거(Kathy Yeager)가 그녀의 첫 고객들 중 한 명에게 접근하기 위해 준비한 '첫 구매자 접촉 실행 계획' 사례를 들어보자.

캐티는 78쪽의 짧은 이야기(성공적인 창업을 위한 준비와 코칭열쇠)에 소개되었다. 캐티는 컨설팅 업체(Contract Training Edge, LLC)를 운영하면서, 대학이 인력 개발과 훈련 프로그램을 지역 사회의 사업체들에게 판매할 수 있도록 도와주고 있다.캐티가 확인한 잠재적인 첫 소비자들 중 하나는 모레인 밸리 커뮤니티(Morain Valley Community) 대학이었다. 그녀는 이 대학이 상대적으로 크고, 노동자 개발 분야에서 많은 일을 했으며 그녀의 서비스를 구입할 수 있는 능력이 있기 때문에 이 대학을 선택했다. 캐티의 '첫 구매자 접촉 실행 계획은 다음과 같다.

첫 구매자 접촉 실행 계획(First Customers' Action Plan)

구매자 명: Morain Valley Community 대학

실행 계획 목록:　　　　　　　작성 날짜: 8월 31일

a. Morain Valley Community 대학을 인터넷에서 조사한다. 주요 정책결정자를 확인하고 대학의 노동자 개발 분야에서의 규모와 범위, 그들의 수요와 영역을 결정한다.

b. 정책 결정자에게 전화 통화를 부탁하는 소개 메일을 보낸다.

c. 약속 날짜 하루 전에 전화 약속을 확인한다.

d. 전화한다. 고객의 필요를 알아내기 위해 면밀히 살피는 질문들을 한다.

e. 소비자의 필요에 적합한 대안을 보낸다.

　캐티는 위의 과정을 따랐다. 그녀는 이후 모레인 밸리 커뮤니티 대학 직원들을 위한 훈련 프로그램을 주관하고 있으며 6개월 이내에 또 다른 프로그램이 계획되어 있다.

　캐티는 정기적인 사후 관리 전화를 통해 이 고객과의 연락을 유지하고 있다. 또한 그녀는 매달 메일로 보내는 뉴스레터의 수신자 목록에 대학을 포함시켰다.

　「실전 단계 16.1」을 작성함으로써 효과적으로 사업을 시작할 수 있도록 도와주는 고객에게 마케팅 노력을 집중할 수 있게 된다. 또한 표적 소비자에게 도달하기 위한 단계들을 확인함으로써 많은 초보 사업가들이 경험하는 초기 무력증과 두려움을 극복할 수 있게 된다.

16.1

실전 단계
첫 구매자 접촉 실행 계획
first customers' action plan

a. 당신의 첫 혹은 초기 소비자를 찾을 때 다른 소비자에게 연결해줄 수 있으며 신용을 쌓는 데 도움이 되는 사람들에게 우선 집중해서 알아본다.

	누구인가?	왜 선택했는가?	어떻게 접근할 수 있는가?
1.	_____	_____	_____
	_____	_____	_____
2.	_____	_____	_____
	_____	_____	_____
3.	_____	_____	_____
	_____	_____	_____

b. 위에서 확인한 각 소비자와 첫 판매를 성사시키기 위해 취할 수 있는 구체적인 단계들을 알아본다.

소비자 #1 이름:

_____

실행 계획 목록: 작성 날짜:

_____

_____

_____

소비자 #2 이름: _____

실행 계획 목록: 작성 날짜: _____

_____

_____

_____

소비자 #3 이름: _____

실행 계획 목록: 작성 날짜: _____

_____

_____

_____

소비자 #4 이름: _____

실행 계획 목록: 작성 날짜: _____

_____

_____

_____

앞에서 당신의 개인적 네트워크를 넓히고 주요 고객들에게 도달하는 것에 관하여 살펴보았다. 사업 시작을 준비하기 위해 취해야 할 또 다른 초기 단계로는 무엇이 있을까? 다음 체크리스트는 창업 초기 취해야할 단계와 참고할 만한 자료 출처들을 알려준다.

창업 초기 체크리스트 Start-Up Checklist

체크리스트의 가치는 지금이든 가까운 미래에든 끝내야 하는 특정한 중요한 항목들을 실수 없이 준비하게 해준다는 것이다. 다음 페이지의 창업 초기 체크리스트의 각 항목들은 주의 깊은 분석을 필요로 하며, 많은 경우, 당신과 당신의 사업을 위한 최선의 결정을 내리기 위해 전문가의 도움이 필요하다. 각 항목에 있어서 사전에 기본 조사를 한 후 변호사, 회계사나 다른 전문가와 상담하는 것은 회의 시간을 더 효과적으로 사용할 수 있게 한다.

창업 초기 체크리스트에 필요한 정보와 양식은 인터넷을 통해 충분히 제공하고 있다. 인터넷에 "사업 초기 체크리스트(business start-up checklist)"를 검색해 보라. 정부 관련 단체나 비영리 단체들 무료로 제공하는 자료를 얻을 수 있다.

창업 초기 체크리스트를 작성할 때는 언제까지 할 것인지 기한일(Due date)을 작성하는 것이 필요하다.

이 체크리스트에 나열된 주제들은 다른 책들에 있는 내용과 동일한 것이 많다. 작성하면서 약간 부담스러운 느낌이 들 수 있다. 그러나 많은 참고 웹사이트들에서 도움을 받을 것이다.

창업 초기 체크리스트	작성 기한일
각 항목들을 조사하는 데 도움이 되는 웹사이트들이 제시되어 있다. 어떤 항목들에 대해서는 회 계사나 변호사 혹은 전문가와 상담을 필요가 있다.　*역자주: 국내 현실에 맞게 원본수정	
1. 회사명 선택하기. 도움이 되는 사이트는 대법원 인터넷 등기소 사이트 　www.iros.go.kr 에서 '법인상호검색' 으로 열람하라.	
2. 회사 형태의 결정 　(즉, 개인기업, 주식회사, 유한 회사).	
3. 입지를 선택하라. 　도움이 되는 사이트는 소상공인 진흥원 사이트인 www.seda.or.kr 에서 　'상권정보' 로 열람하라.	
4. 정부 허가 사항 또는 지방 자치 단체의 인가사항 들을 확인하라.	
5. 지적 재산권으로 보호하라(즉, 저작권, 디자인권, 특허권) 　도움이 되는 사이트는 특허청 사이트 www.kipo.go.kr 이다.	
6. 전문가와 관계 형성(즉, 은행직원, 회계사, 변호사, 세무사 등)	
7. 사업에 필요한 기본적인 측면 고려 　(즉, 당좌 예금 계좌, 전화, 명함, 문구류, 소프트웨어, 4대보험)	
8. 사무실 정비 (즉, 시설, 장비, 원재료, 비품 구입)	
9. 홈페이지가 필요한지 결정. 필요하다면, 다음 주요 단계들을 따를 것: • 웹사이트 목표 결정 　• 누가 만들 것인지 결정 　• 도메인 이름 등록 　• 사이트 개발 　• 웹호스팅 회사 찾기	
10. 기타:	

외부 전문가 Sources of Help

다른 사람들의 재능과 전문 지식에 접근할 방법은 많다. 여기서 몇 가지 방법들을 제시하고자 한다.

자문 위원회 Advisory Board

창업 단계와 초기 성장 단계의 사업은 자문 위원회를 만들기에 좋다. 이사회가 있을지라도, 자문 위원회는 회계사나 마케팅 컨설턴트, 혹은 다른 사업가 같은 전문가들의 재능과 전문 지식을 활용할 수 있는 매력적인 방법이다. 이 사람들은 그들의 시간과 전문지식을 무료로 제공하기도 한다. 그들의 역할은 말 그대로 자문이다.

몇 달 간격이나 1년에 몇 회 정도 조찬회의나 점심회의를 하는 것은 일반적인 자문 위원회의 표준 내규(Standard Operating Procedure) 이다. 지금까지의 많은 논의들과 같이 자문 위원회에서도 당신의 제품이나 서비스를 정제하고 표적 시장을 확인, 도달하는 것에 대해서 주로 논의하게 될 것이다.

> **통찰력 혹은 지혜**
> 자문단과 정기적으로 만나 그들의 전문지식이 당신의 사업을 성공으로 이끌 수 있도록 활용하라.

사회 자원 Community Resources

종종 대학 캠퍼스에 위치해있는 지역 소상공인 센터나 SCORE에 연락하라. 또 어떤 도서관들은 사업가들을 위한 지역 사회 자원의 목록을 갖고 있다. 그리고 지역 사회 대학이 기업가 정신 과정을 제공한다는 것도 잊어서는 안 된다.

또한 사업가들을 돕기 위해 만들어진 많은 웹사이트들이 있는데, 다운로드 할 수 있는 양식들이 많이 있다. 인터넷을 통해 "사업 시작하기(starting a business)"를 검색하면 찾을 수 있다.

공인회계사, 변호사, 컨설턴트 CPAs, Attorneys, Consultants

대부분이 아니지만, 많은 사업가들은 마케팅, 회계, 세금과 인건비 지급과 같은 기업 업무들에 대해 외부의 도움을 필요로 한다.

어떠한 외부 컨설턴트를 이용하든지 그들이 당신의 사업 유형과 관련해 갖고 있는 경험이 많을수록 좋다. 이제 진단과 분석에서 당신이 사용할 외부 전문가 들을 확인하라.

4단계 결론: 계획을 준비하고 실행하라
Step 4 Conclusion: Prepare Your Plan and Take Action

지금까지 나의 인생 여정은 어떤 하나의 일이 다른 일로 이어지게 하거나, 하나의 무언가가 내가 있는 대부분의 상황을 좌우하는 일이 잦았다. 나는 내 여생을 내 의도에 따라 움직이게 하고 싶다. 당신도 그럴 것이라고 생각한다.

이 책을 통하여 당신의 미래에 있어서 자기 주도적이 되었기를 바란다. 특히 당신이 인생에서 맡고 싶은 역할이나 하고 싶은 종류의 일, 그 중에서도 당신이 시작하고 싶은 사업에 있어서 당신의 주도력이 높아졌기를 바란다.

"새로운 도약"이나 "과감히 뛰어 든다"과 같은 용어들은 생각하고 사업 시작을 계획한 것에서 실제로 행동하는 것으로의 옮겨가는 출발점을 표현하기 위해 사용된다. 15장의 성공기업가 사례, 티어드롭 비디오의 조 파다빅은 그의 사업을 운영하기 위해 본업을 그만두기로 결정하기 전 느꼈던 '정보 과다로 인한 분석 불능(analysis paralysis)'을 이야기했다. 무수히 많은 다른 사람들도 보상이 위험보다 훨씬 대단할 것을 믿고 과감히 뛰어들어서 기업가가 되었다.

캔자스시티 스타(The Kansas City Star)의 객원 칼럼니스트 마크 타우워 (Mark Towers)는 "자기 자신을 새로운 행동 방식으로 생각할 필요는 없으나 새로운 생각의 방식으로 스스로 행동하는 것은 필요하다."라고 말했다. 지금 여러분들은 사업가처럼 행동하기 시작할 때이다. 이 책의 실전 단계를 완성함으로써 이미 창업 초기 단계를 많이 거쳤다. 「실전 단계 16.2」에서, 당신은 사업가로서의 여정을 계속하기 위한 다음 단계들에 대해 알아본다.

진단과 분석

가까운 미래에 도움을 얻을 수 있는 외부 전문가는 누구인가?

————————

————————

————————

————————

————————

————————

————————

————————

————————

————————

————————

"끝날 때까지는 끝난 게 아니다"
요기 베라(Yoggi Berra)

16.2

실전 단계
4단계 결론, 다음 단계들
step 4 conclusion, next steps

사업을 시작하는 것에 있어서 앞으로 나아가기 위해서 창업 초기 체크리스트를 통하거나, 외부 전문가 구축을 위해 당신이 밟아야 할 다음 단계는 무엇인가?

_____

_____

_____

_____

_____

_____

_____

성공 기업가 사례의 서론

우리의 마지막 성공 기업가 사례는 당신이다. 당신의 이야기가 어떻게 되기를 바라는가? 여기에 적어보라.

성공 기업가 사례: 당신

지금부터 3년 후를 미리 생각해본다. 당신의 사업 이야기는 어떻게 될 것인가?
여기에 적어보라. 이야기의 마지막에서, 지금까지 어떻게 해왔는지를 확인하기 위해 이것을 다시 읽을 미래의 날짜를 정하라.

축하합니다.

당신의 사진

부록
Appendix
목차
Table of Contents

8.1

실전 단계
기업가적 자질, 기질, 행동
Entrepreneurial Attributes Temperaments, Behaviors

1단계. 각 항목의 장점을 평가하라. 아래의 각 항목에서 당신의 기업가적 태도가 어느 정도인지를 평가하고 빈칸에 1, 2, 3, 4, 또는 5점 척도를 써 넣어라.

척 도

1	2	3	4	5
없음	낮음	중간	약간 높음	매우 높음

자질과 기질
___ 1. 창의성
___ 2. 도전정신
___ 3. 신뢰성
___ 4. 성취 욕구 (높은 성취 지향성)
___ 5. 남들의 의견을 요청하고 활용하는 능력
___ 6. 끈질긴 정신
___ 7. 인내력
___ 8. 내적 통제 위치(자신의 운명이 자신의 노력에 의해 좌우된다 생각)
___ 9. 결단력
___10. 계산된 위험 감수자

행동

___ 1. 창업에 필요한 기회를 찾기 위해 주의를 기울인다

___ 2. 협력이나 투자를 찾는 데 설득력이 있다

___ 3. 자신의 경험을 통해 배우기 위해 깊이 생각하는 시간을 갖는다

___ 4. 일을 효율적으로 하기 위해 목표 지향적이다

___ 5. 과단성이 있다

___ 6. 환경의 불확실성과 유동성을 줄이기 위해 철저히 현실적이다.

___ 7. 성공과 실패에 직면하기 위한 자신감이 있다

8.1

11.1

실전 단계
주요 경쟁자들에게서 배우라
learning from key competitors

지역 전화번호부, 인터넷을 찾아보고 주위 사람들에게 물어서, 성공한 사업 중에서 당신의 제품/서비스와 유사한 것을 판매하는 곳을 알아보라. 그리고 이 사업들에 대해 할 수 있는 최대한의 것을 찾아보라. 당신 지역의 소매점이라면, 방문해보라. 그렇지 않다면, 문헌이나 인터넷을 통해, 혹은 소비자나 중간 공급자와 이야기해 정보를 수집하라. 그리고 다음 질문에 각각 답하라:

a. 사업체의 이름과 위치

_____

_____

b. 제품(들)과 서비스(들)의 명세

_____

_____

c. 가장 잘 팔리는 것은 무엇인가?

_____

_____

d. 잘 하고 있는 것은 무엇인가?

_____

_____

e. 어떻게 개선될 수 있는가? (언제나 개선의 여지는 존재한다.)

_____

_____

모든 주요 경쟁자에 대해 이 활동을 반복하라.

실전 단계

사업 아이디어 개념 시험 — 구두 조사
concept testing–oral survey
응답자용 답변서
respondent answer form

12.1

지침

조사할 각 응답자에게 이 답변서를 복사해 준다. 174쪽~179쪽에서 당신이 작성한 다음 각 섹션에 대한 정보를 응답자에게 설명해 준다. 응답자에게 각 섹션의 관련 질문들을 하고, 응답자의 답변을 기록한다.

응답자 성명 _____

A. 설명 Description

응답자와 설명을 공유한다.

조사 질문 – 응답자에게 묻기

1. 이 제품/서비스를 구매할 생각입니까?

  –혹은–

다른 사람들이 이 제품/서비스를 구매할 것이라고 생각합니까?

2. "네"라고 대답한 경우, B부터 G까지의 항목을 계속해주십시오.

  –혹은–

"아니오"라고 대답한 경우, 이유가 무엇입니까?

12.1

B. 마케팅 방법 Marketing Methods

응답자와 마케팅 방법을 공유한다.

조사 질문

1. 당신(혹은 다른 사람들)에게 접근하기에는 어떤 마케팅 방법이 제일 효과적일 것이라고 생각합니까? (제 제품이나 서비스에 관해서 어떤 경로로 알게 될 것이라고 생각됩니까?)

2. 추천할만한 다른 마케팅 방법에는 무엇이 있습니까?

C. 특색 Features

나열한 특색들을 응답자와 공유한다.

조사 질문

1. (당신/다른 사람들에게) 제품/서비스의 어떤 특색이 가장 유용하며 그 이유는 무엇입니까?

2. 다른 어떤 특색들이 유용할 것이라고 생각됩니까?

D. 이점 Benefits

예상되는 소비자의 이점들을 응답자와 공유한다.

조사 질문

1. 당신(혹은 다른 사람들)에게 어떤 이점이 가장 가치가 있습니까?

2. 확인되지 않은 다른 이점들이 있습니까?

E. 가격 Pricing

예상되는 가격(가격대)을 응답자와 공유한다.

1. 이 가격/가격대에서, 당신/다른 사람들이 이 제품을 살 것이라고 생각합니까?

2. 대부분의 소비자들이 지불할 의사가 있는 가격은 얼마라고 생각합니까?

3. 어떠한 요소들이 더 높은 가격을 매기는 것(혹은 가격대를 높이는 것)을 정당화할 수 있습니까?

12.1

F. 구매 수량 Quantity

1년 동안 소비자들이 얼마나 많이 구매할 것인가?

주의: 판매가 일시적인 경우 이 질문은 생략한다.

G. 응답자와 관련된 인구 통계학적 정보

인구 통계적 질문들을 아래에 적어보라. 나열된 인구 통계적 질문들을 묻고 응답자의 답변을 기록하라

당신의 나이(대)는?　　　　　　함께 사는 가족의 인원은?

교육 수준은?　　　　　　　　　수입(대) 수준은?

거주하는 지역은?

모든 응답자들과 이 과정을 반복하라.

간략 사업계획서 실습

목 차
계획서를 완성하고 나서 별도의 페이지에 작성한다.

□ **사업 요약**
- **제품/서비스의 간략한 설명**

_____

_____

_____

_____

_____

- **경쟁 우위 요소**

_____

_____

_____

- **시장 기회와 표적 시장**

_____

_____

_____

_____

- **창업자/창업팀의 강점**

_____

_____

_____

- **미래에의 비전**

_____

_____

□ 사업, 제품/서비스 설명
• 사업장 위치(왜 그곳이 당신의 사업에 적당한 곳인가?)

• 회사 형태(예: 개인사업자, 주식회사, 유한회사 등)

• 제품/서비스

제품/서비스 특색	소비자 이점

• 경쟁자 분석

직접적인 경쟁자- 모두 쓰시오 (경쟁자의 제품 또는 서비스의 장점)	당신의 사업(경쟁자의 제품 또는 서비스 보다 더 개선하는 방법은 무엇인가?)
경쟁자명:	
주소:	
장점:	

경쟁자명:	
주소:	
장점:	

경쟁자명:	
주소:	
장점:	

간접적인 경쟁자 (당신의 제품의 대체품들)	당신의 사업(경쟁자의 제품 또는 서비스 보다 더 개선하는 방법은 무엇인가?)
경쟁자명:	
주소:	
장점:	

경쟁자명:	
주소:	
장점:	

• 경쟁 우위 요소

제품/서비스	경쟁 우위요소

□ 운영관리 및 조직

• 핵심 인력의 경험과 강점

성명	역할	경력	강점

• 주요 직책, 업무 내용을 자세히 설명하시오

성명	직책	업무 내용

• 외부 전문가와 자문위원

역할	성명, 전화번호
기술 전문가	
자금 전문가	
창업컨설팅	
회계사/세무사	
변호사	
창업센터 상담사	
마케팅 전문가	

• 사업 구조(제품 설계부터 판매까지의 과정 설명, 그림형태 설명)

- **제품/서비스 생산 방법의 개요**

□ **마케팅 전략**
- **산업에 대한 일반적인 설명**

당신의 제품이나 서비스에 대한 시장 현황/소비자 요구 사항을 자세히 쓰시오 (시장규모 등).

_____

_____

_____

_____

- **표적시장**

당신의 제품이나 서비스를 구매하는 사람들의 유형에 대해 쓰시오.(나이, 성, 소득수준, 가족 상태, 경력, 여가 활동, 교육정도 등)

_____

_____

_____

당신의 제품이나 서비스를 왜 구매하는가?

_____

_____

- **경쟁자 분석**

제품/서비스	타켓 소비자	전략/예상 판매량

- **마케팅 활동(고객 접촉 방법)**

마케팅 아이디어(Idea)	마케팅 도구 (Tools to be	예산(Budget)

- **가격 전략**

당신의 제품의 가격은 얼마로 할 것인가?(경쟁사 대비 선정의 이유)

제품/서비스	가격	경쟁사 대비 선정의 이유

- **유통 과정**

당신의 제품이나 서비스를 잠재고객들에게 어떻게 판매할 것인가?(구체적)

_____

_____

_____

당신의 제품이나 서비스를 판매하는 장소는 어디인가?(예: 00동, 전국)

_____

_____

□ 재정 계획
• 창업 초기 자본과 지출

창업 초기 자본과 지출 사례(단위: 천원)			
창업 초기 현금(1 열)	1 열	2 열	3 열
자기 자본			
대출			
창업 초기 현금 합계(3 열)			
창업 초기 비용(1 열)			
회사 설립 비용			
사무용품비			
개점 전 광고비(간판비포			
인쇄비			
소프트웨어 비용			
임차 보증금			
임차료			
초기 제품(재료)비			
회의비용			
기타 보증금			
기타 비용			
창업 초기 비용 합계(2 열)			
시설 투자금(1 열)			
컴퓨터 설비			
사무실 설비			
총 시설 투자금(2 열)			
창업초기 비용과 시설 투자금 합계(2열계: 3열)			
결론: 사업을 시작할 충분한 자금이 있는가? (예, 아니오, 잘 모르겠음)			

- **매출 추정**

일일 매출 내역	판매량	금액
주간 매출 내역		
월간 매출 내역		

- **판매 관리 비용 추정**

판매 관리 비용(월평균)		
항 목	내 역	금 액
인건비		
복리후생비		
광고선전비		
세금과공과금		
회의비		
지급수수료		
출장비		

항 목	내 역	금 액
도서인쇄비		
통신비		
소모품비		
지급 임차료		
교육훈련비		
판매촉진비		
관리비		
감가상각비		
기타 비용		
총 판매관리비		

• 손익계산서

구 분	1년(천원)	2년(천원)	3년(천원)
매출액* (1 열)			
매출원가			
매출총이익			
판매 관리 비용(1열)			
인건비			
복리후생비			
광고선전비			
보험료			
세금과공과금			
회의비			

구 분	1년(천원)	2년(천원)	3년(천원)
지급수수료			
사무용품비			
출장비			
도서인쇄비			
통신비			
소모품비			
지급 임차료			
교육훈련비			
판매촉진비			
관리비			
감가상각비			
기타 비용			
총 판매관리비(2열)			
영업이익(3열) (매출총이익-판매관리비)			
* 매출 가정:			

- **출구 전략**

_____

_____

_____

_____

국내 창업 지원 사업 개관

예비 기술창업자 육성사업
　대학과 연구기관을 주관으로 지정하여 해당기관이 보유한 창업지원 인프라를 활용하여 예비기술창업자(팀)의 창업준비 활동을 지원하는 사업이다. 신청대상은 예비창업자(2인 이상의 예비창업팀) 또는 창업 후 1년 이내인 사람이다. 지원내용은 창업 준비 공간, 시제품 제작, 창업교육, 멘토 기술지도, 지식재산권 인증 등이며 개인은 최대 5천만원, 팀은 7천만원까지 지원한다.
　신청은 온라인 창업넷 (www.changupnet.go.kr/jiwon) 으로 한다.

창업 초기기업 육성자금(융자)
　우수한 기술력과 사업성은 있으나 자금력이 부족한 중소 벤처 기업의 창업자금을 지원한다. 신청대상은 창업 후 7년 미만인 기업과 창업예정인 사람이다. 지원내용은 시설자금 업체당 연간 30억, 운전자금 5억 원으로 대출을 한다.
　신청은 중소기업진흥공단(www.sbc.or.kr) 지역 본·지부로 한다.

유망특허 활용 기술창업 지원사업
　대학 및 연구기관 등이 보유하고 있는 다수의 우수한 미 활용 특허기술 중에서 창업유망 특허를 선별하여 기술창업 아이템으로 연계 지원하는 사업이다. 지원대상은 예비창업팀(2~4명) 또는 창업 후 1년 이내 기업으로 특허의 이전 및 사업화에 필요한 기술멘토링, 시제품 제작, 마케팅비용 등 최대 7천만원까지 지원한다.
　자세한 사항은 www.changu pnet.go.kr/jiwon 을 참고.

선도벤처 연계 기술창업 지원사업
　선도벤처기업의 노하우를 전수하고 예비 창업팀 또는 창업 후 1년 이내 기업의 사업화에 소요되는 창업공간, 시제품제작, 멘토링 및 기술 컨설팅 등을 지원하는 사업이다.
　자세한 사항은 www.changupnet.go. kr/jiwon을 참고.

기술창업 아카데미

대학 등이 우수한 예비 기술창업자를 발굴하여 창업실무, 사업모델개발 등 실전 창업교육을 실시하고, 수료생에게는 자금 입지 등 연계지원을 통해 창업 시 발생하는 문제를 사전에 예방하여 창업성공률을 높이기 위한 목적을 가지고 있다.

자세한 사항은 온라인 창업넷 (www.cha ngupnet.go.kr/jiwon)을 참고.

온라인 재택창업시스템

회사를 설립할 때, 직접 해당 기관을 찾아다니지 않고, 온라인상에서 기존 상호검색에서부터 4대보험 가입에 이르기까지 전 과정을 간편하게 처리할 수 있는 원스톱 회사설립시스템(www.startbiz.go.kr)이다.

신청대상은 10억 미만의 주식회사(법인) 발기설립 예비창업자이다.

창업대학원

창업에 대해 조금 더 세분화되고 심화된 공부를 원한다면 창업대학원을 알 아보는 방법이 있다. 창업대학원은 중소기업청에서 추진하는 창업역량 강화사 업의 하나이다.

서울: 호서대학교 글로벌창업대학원 02) 2055-2927 leader.hoseo.ac.kr

경기: 중앙대학교 산업창업경영대학원 031) 670-3008 iem.cau.ac.kr

대전: 한밭대학교 창업경영대학원 042) 821-1781 start.hanbat.ac.kr

진주: 경남과학기술대학교 벤처창업대학원 055) 751-3601 www.ceomba.org

전주: 예원예술대학교 문화영상창업대학원 063) 253-7071 yueg.yewon.ac.kr

기술보증기금(기술창업기업 특례보증)

기술은 가지고 있지만 자본이 없어서 창업을 하기 힘들다고 생각하는 사람들에게 사업자의 기술평가를 통해 회사 운영에 필요한 자금을 지원한다. 기술보증제도는 담보능력이 미약한 창업 후 5년 이내의 기술창업 기업이 보유하고 있는 무형의 기술을 심사하여 기술보증서를 발급하여 줌으로서 금융기관 등으로부터 자금을 지원받을 수 있는 제도이다.

자세한 사항은 http://www.kibo.or.kr 참고.

신용보증기금

신용보증기금은 담보가 부족한 기업을 평가해서 신용으로 대출을 받을 수 있도록 금융기관에 보증을 서주는 곳이다. 창업상담부터 창업 후 컨설팅까지 맞춤형 원스톱 서비스도 제공하고 있다.

자세한 사항은 http://www.kodit.co.kr/ 참고.

(사)한국창업지도사협회

창업지도사자격증을 소지한 사람들의 단체이다. 창업지도사는 삼일회계법인이 한국직업능력개발원에 등록한 민간자격증(등록번호제2010-057호)으로 분기별 1회 시험이 실행되고 있다. 자세한 사항은 http://www.jidosa.kr 참고.

시니어 비즈 플라자

창·취업을 준비하는 시니어를 위한 오프라인 커뮤니티 공간이다. 창업을 위한 준비 장소제공, 창업 컨설팅, 창업 교육, 전문 코칭들을 제공한다.

시니어비즈플라자명	연 락 처	위치
서울 은평 시니어비즈플라자	02-6015-9343/9690	서울 은평구 녹번동
서울 마포 시니어비즈플라자	070-7727-4100	서울 마포구 상암동
서울 노원 시니어비즈플라자	02-944-6032	서울 노원구 공릉길
경기 수원 시니어비즈플라자	031-241-1713-5	경기 수원시 팔달구
경기 의정부 시니어비즈플라자	031-828-8877-8	경기의정부시의정부3동
대구 수성 시니어비즈플라자	053-784-8261	대구 수성구 지산동
부산 사하 시니어비즈플라자	051-205-1014	부산 사하구 하단동

※ 위 7개소외 추가되는 곳은 www.seniorok.kr 에서 참조바람

창업자금 지원기관

지원기관	대상 및 금액	문의처
소상공인지원센터	* 소상공인 창업지원자금 * 최고 5천만원까지 대출가능 * 유흥관련업종은 지원대상에서 제외	www.sbdc.or.kr 1588-5302
근로복지공단	* 6개월이상 장기실업자가 점포창업을 원할 경우 점포임대비용 대출 * 서울과 광역시 거주자 1억원, * 기타지역 7천만원까지 대출가능	www.welco.or.kr 1588-0075
여성부(소상공인지원센터)[여성기술인력 창업자금]	* 해당분야의 기술이나 자격증을 보유한 사람으로, 사업자등록증 발급일로부터 1년 이내의 여성창업자 대상 * 최고 1억까지 대출가능	www.sbdc.or.kr 1588-5302
국가보훈처 창업지원자금	* 본인이나 가족이 국가유공자이거나 제대군인인 경우 * 2천만원까지 대출가능	www.mpva.go.kr 02-2020-5294
한국장애인고용촉진공단	* 장애인 자영업 창업자 * 최고 5천만원까지 대출가능	www.kepad.or.kr 1588-1519
한국여성경제인협회	* 배우자의 사망, 이혼 및 1년 이상 장기 실직으로 가족을 사실상 부양하는 경우 * 1인당 최고 3천만원 이내의 점포 임대 보증금	www.womanbiz.or.kr 02-702-4244
미소금융	* 개인신용등급 7등급 이하로 저소득 · 저신용계층에 해당하는 자 * 5천만원 이하	www.smilemicrobank.or.kr 1600-3500

본문 인용 문헌(In-Text Citations)

Page 17:

"Entrepreneurship Remains Strong in 2008, According to Kauffman Foundation." Ewing Marion Kauffman Foundation. Ewing marion Kauffman Foundation, 2009. Web. 10 June. 2009.

Page 32:

Price, Christine. "Occupation Directly Impacts a Woman's Retiremant, Study Says." Research News. Ohio State U, 19 Mar. 2003. Web. 11 Oct. 2008.

Page 35:

Grace, Francis. "Many Baby Boomers plan to Retire Late." CBS News. CBS News, 12 June 2007. Web. 29 Jan. 2009.

Charles Schwab and Age Wave. Rethinking Retirement: Four American Generations Share Their Views on Life's Third Act. Summary of Findings From a Landmark Cross-Generational Study. Charles Schwab and Age Wave, 15 July 2008. Web. 20 Sept. 2009.

Page 36:

Merrill Lynch. The 2006 Merrill Lynch New Retirement Study: A Perspective of Individuals and Employers. Merrill Lynch, 2006. Web. 20 Nov. 2008. 11.

"Older Workers 'Pushed' and 'pulled' Toward Self-Employment, A A R P Study Finds." A A R P.org. A A R P, 17 Mar. 2004. Web. 22 Apr. 2009.

Page 37:

"Kauffman Foundation Study Find More Than Half of Fortune 500 Companies Were Founded in Recession or Bear Market." Ewing Marion Kauffman Foundation. Ewing Marion Kauffman Foundation, 9 June 2009. Web. 30 Oct. 2009.

Page 44:

United States. Centers for Disease Control and Prevention. "Life Expectancy at All Time High; Death Rates Reach New Low, New Report Shows" CDC Online Newsroom. Centers for Disease Control and Prevention, 19 Aug. 2009. Web. 26 May 2009.

Crowley, Chris, and Dr. Henry Lodge. Younger Next Year for Woman: Live Strong, Fit and Sexy—Until You're 80 and Beyond. New York: Workman, 2004, 2005. Print.

Stein, Rob. "Baby Boomers Appear to be Less Healthy Than Their Parents." Washington Post. Washington Post, 20 Apr. 2007. Web. 10 Jul. 2009.

Page 53:

Bates, Karen Grigsby. "Study Highlights the Importance of Saving" NPR. NPR, 17 July 2006. Web. 29 Mar. 2009

Page 57:

Charles Schwab and Age Wave. Reathinking Retirement: Four American Generations Share Their Views on Life's Third Act, Summury of Findings From a Landmark Cross-Generational Study. Charles Schwab and Age Wave, 15 July 2008. Web. 10 Jan. 2009. 5-6. Print.

Page 64:

Wadhwa, Vivek, Richard Freeman, and Ben Rissing. Education and Tech Entrepreneurship. Ewing and Marion Kauffman Foundation, May 2008. Web. 14 Jan. 2009. 5. Print

Page 64:

Campbell, Anita. "Top 30 Most Profitable Businesses During 2008." Small Business Trends. Small Business Trends. 2 Feb. 2009. Web. 30 May. 2009.

Page 65:

"Small Business Adapt to Economics Pressures by Finding Creative Strategies to Thrive." RingCentral. RingCentral, n.d. Web. 20 Sept. 2009.

Page 66:

Terry, Mark. "7 Tips for Retirement Entrepreneurs." Bankrate.com. Bankrate.com. 13 Sept. 2007. Web. 20 Sept. 2009.

Page 73:

Shane, Scott A. "Start-Up Failure Rate Vary-Choosing the Right Industry Matter." Small Business Trends. Small Business Trends, 28 May 2008. Web. 20 Sept. 2009.

Page 74:

Terry, Mark. "7 Tips for Retirement Entrepreneurs." Bankrate.com. Bankrate, 13 Nov. 2007. Web. 16 Dec. 2008.

Page 90:

Covey, Stephen R. The Seven Habit of Highly Effective People. New York: Fireside, 1990. Print.

---. "Books." Stephen R. Covey. Stephen R. Covey, n.d. Web. 20 Mar. 2009.

Page 99:

Gray, Farrah. Reallionarie: Nine Steps to Becoming Rich from the Inside Out. Deerfield Beach, FL: Health Communications, 2004. Print.

Page 110:

Trevelyan, Rose. " Entrepreneurial Attitudes and Action in New Venture Development." International Journal of Entreprenership and Innovation 10.1 (2009): 1-21. Web. 9 Mar. 2009.

Page 111~112:

Nandram, Sharda, and Karl J. Samsom. New Perspectives Gained through the Critical Incident Technique. Nyenrode Business Universiteit, Apr. 2007. Web. 5 Jan. 2009. NGR Working Paper Ser. 07-04

Page 132:

Bhide, Amar V. The Origin and Evolution of New Businesses. New York: Oxford Up, 2000. Print.

United Kingdom. Dept. for Business Enterprise & Regulatory Reform. Supporting Innovation in Services. Dept. for Business Enterprise & Regulatory Reform, n.d. Web. 5 Fed. 2009.

Page 138:

Popcorn, Faith, and Lys Marigold. Clicking: 17 Trends That Drive Your Business-And Your Life. New York: HarperCollins, 1997. Print.

"2009 Trends to Watch." Entrepreneur. Entrepreuneur Media, n..d., Web. 15 Sept. 2009.

Page 140:

United States. Census Bureau. Chare. Population by Generation. Census Bureau, 2005. Web. 8 Jul. 2008.

Page 143:

Eddy, Nathan. " Five Tech Trends to Watch in 2009." eWeek.com. Ziff Davis Enterprise, 2 Jan. 2009. Web. 15 Sept. 2009.

Page 217~218:

Dun & Bradstreet. Industry Norms & Key Business Ratios, 2005-2006. Dun & Bradstreet, 2005. Print.

Risk Management Association, ed. Annual Statement Studies: Industry Default Probabilities and Cash Flow Measures, 2006-2007. RMA, 2006. Print.

Page 225:

Zasky, Jason. "The Odds are Against You: Why Entrepreneurs are Unlikely to Succeed." Risky Business. Failure Magazine, 2009. Web. 15 Aug. 2009.

Page 229:

Gale Editorial Staff. Encyclopedia of American Industries. 5thed. Toronto: Grey House, 2008. Print.

Standard & Poor. Standard & Poor's 500 Guide. Columbus: McGraw-Hill, 2009. Print

일반 참고 문헌(General References)

Web

Advani, Asheesh, Financing a Not-Yet-a Business Idea, It's next to impossible to raise funds for your "brilliant idea." But our expert offers some smart financing tips," July 10, 2006.

www.Entrepreneur.com

Barnes, Tim, "What makes a good business idea?" 24 November 2007, Cambridge University.

Http://www.cue.org.uk/file/training-day-tim-barnes.pdf

"Five Reasons to Start a Small Business at Age 50"

Http://www.sba.gov/50plusentrepreneur/runningbusiness/index.html

Gangaram, Singh, and Anil Verma. "Work History and later life labor force participation: Evidence from a large telecommunications firm." 2001. San Diego State University.

Http://www.retirementresearch.org/papers/abs_transition%20retire_E.htm

Godwin, Leslie, "Working for Free Can Be Priceless: Six Ways Becoming An Expert Reduces Start-Up Risks."

Http://businessknowhow.com/startup/workfree.htm

National Federation of Independent Business (NFIB) Small Business Economic Trends, September, 2008,

Http://www.smallbusinessnewz.com/tag/national-federation-of-independent-business

Reinventing Aging: Baby Boomers and Civic Engagement. Harvard School of Public Health-MetLife Foundation Initiative on Retirement and Civic Engagement, 2004. Web. 12 Oct. 2008.

Wadwha, Vivek; Freeman, Richard; Rissing, Ben, Education and

Tech Entrepreneurship, May 2008, Ewing Marion Kauffman Foundation

Http://www.kauffman.org/pdf/Education_Tech_Ent_042908.pdf

Print

" A Quantitative Content Analysis of the Characteristics of Rapid Growth Firms and Their Founders." Journal of Business Venturing 20.5 (2005): 663-687.

Carter, Nancy, Larry Cox, Paul Reynolds, William Gartner, Paticia Greene, and the Ewing Marion Kauffman Foundation, The Entrepreneur Next Doors, © 2002.

Kourilsky, Marilyn, Making a Jab: A Basic Guide to Entrepreneurship Readiness, © 1999, Ewing Maion Kauffman Foundation.

Singh G.; DeNoble A., "Early Retirees As the Next Generation of Entrepreneurs Entrepreurship Theory and Practice," Volume 27, Number 3, March 2003, pp. 207-226(20), Blackwell Publishing